中国社会科学院　学者文选

聂宝璋集

中国社会科学院科研局组织编选

中国社会科学出版社

图书在版编目(CIP)数据

聂宝璋集 / 中国社会科学院科研局组织编选. —北京：中国社会
科学出版社，2002.10（2018.8 重印）

（中国社会科学院学者文选）

ISBN 978 - 7 - 5004 - 3575 - 4

Ⅰ.①聂… Ⅱ.①中… Ⅲ.①聂宝璋—文集②经济史—研究—
中国—近代—文集 Ⅳ.①F129.5 - 53

中国版本图书馆 CIP 数据核字（2002）第 079696 号

出 版 人	赵剑英
责任编辑	李　是
责任校对	谢　康　李云莉
责任印制	李寡寡

出　　版	中国社会科学出版社
社　　址	北京鼓楼西大街甲 158 号
邮　　编	100720
网　　址	http：//www.csspw.cn
发 行 部	010 - 84083685
门 市 部	010 - 84029450
经　　销	新华书店及其他书店

印刷装订	北京市十月印刷有限公司
版　　次	2002 年 10 月第 1 版
印　　次	2018 年 8 月第 2 次印刷

开　　本	880×1230　1/32
印　　张	12.25
字　　数	291 千字
定　　价	69.00 元

凡购买中国社会科学出版社图书，如有质量问题请与本社营销中心联系调换
电话：010 - 84083683

出 版 说 明

一、《中国社会科学院学者文选》是根据李铁映院长的倡议和院务会议的决定，由科研局组织编选的大型学术性丛书。它的出版，旨在积累本院学者的重要学术成果，展示他们具有代表性的学术成就。

二、《文选》的作者都是中国社会科学院具有正高级专业技术职称的资深专家、学者。他们在长期的学术生涯中，对于人文社会科学的发展作出了贡献。

三、《文选》中所收学术论文，以作者在社科院工作期间的作品为主，同时也兼顾了作者在院外工作期间的代表作；对少数在建国前成名的学者，文章选收的时间范围更宽。

中国社会科学院

科研局

1999 年 11 月 14 日

目　录

航 运 篇

编 外 篇

代　序

——聂宝璋先生传略

　　聂宝璋先生，河北省蓟县（今天津市蓟县）马道庄人。1922年生，1941年北京市立一中毕业后，考入私立天津工商学院。时值日本侵略者对沦陷区的统治日益加紧，出于对侵略者的愤恨和青年学生的爱国热忱，1944年初他毅然弃学，辗转逃到大后方。1945年初就读于昆明西南联大。翌年抗战胜利，西南联大复校，遂转读于天津南开大学。1947年毕业，获学士学位。同年考入南开经济研究所，1949年毕业，获硕士学位。毕业后参加华北人民政府举办的"大学毕业生暑期学习团"，结业后即分配到南京中央研究院社会研究所（即现在中国社会科学院经济研究所的前身）任助理研究员。现为中国社会科学院经济研究所研究员、该院研究生院博士研究生导师及南开大学兼任教授。

　　1949年进所迄今半个多世纪，聂宝璋先生一直孜孜于中国近代经济史的研究，在这块土壤里辛勤耕耘不辍，尤其在买办、航运及洋行领域的研究里，取得了令人瞩目的成果。

　　聂宝璋认为，在中国近代经济史这门学科中，洋行买办问题的研究是一个十分重要的课题。其所以重要，是因为买办是半殖民地社会所特有的阶级。在旧中国国民经济中，买办经济日益占有不可忽视的地位。因此，早在 50 年代初参与编辑《中国近代经济史统计资料选辑》一书时，他即开始注意这个问题。随后他与他的老师陈振汉教授合作，着手收集整理编辑中国近代航运史资料。不料在 1957 年的政治风暴中陈先生未能幸免，被误划为"右派"，工作也随之被迫中辍，聂宝璋遂转而全力研究近代中国买办阶级问题。由于长期积累，他在短短的几年之间即完成专题论文三篇，但直到十年动乱后才得以补充修改，汇集成书，是为《中国买办资产阶级的发生》，1979 年由中国社会科学出版社出版，并于 1984 年再版。

在这部著作中，聂宝璋对买办阶级的发生、发展和演变过程进行了系统的研究。他认为第一次鸦片战争以后外商自由雇用买办与公行时期的买办在性质上有着根本的不同，中国近代社会的买办乃是侵略势力扩张的产物。在方法上他从买办职能的发展变化着手，具体地分析论证了在早期外商势力急骤扩张中洋行买办从雇员身份进而由兼营商业到独立商人的发展变化进程。充当买办者，不仅需要保证金、营运资金，往往还开设自己的商号，同洋行联手经营，有时还要为洋行经销经购，包购包销。因此，洋行离不开买办，买办也离不开洋行，买办与洋行的经济势力大体取得同步发展。到第二次鸦片战争以后，随着洋行势力的大扩张，买办商人开始以一个阶层的力量崭露头角，在很多重要领域里，都能察觉到买办活动的踪迹，特别在商品流通领域里，19 世纪后期一个"买办的商业高利贷剥削网"已经开始形成。

这部书出版以后，很快引起国内外学术界的注目。1982 年第 6 期《天津社会科学》上，国际知名学者傅筑夫教授以《进一步加强经济史研究》为题发表文章评论说：《中国买办资产阶级的发生》一书，"是以丰富的中外文资料为基础进行深入分析，潜心研究的科学成果，对中国近代经济史研究工作的开展，无疑起着良好的作用"。在《读书》1984 年第 9 期，徐盈撰写的《旧时代的新研究》一文指出，聂书"早已引起国际的重视"。确实，此书问世以后，欧美及日本学者反应良好，例如日本青年学者黑田明伸在《东洋史研究》第 40 卷第 1 号发表评论说，"聂先生着眼于金融，颇具卓见"，"以旗昌轮船公司为对象所作的个别经济的分析，可以说为今后的研究方向作出先驱性业绩。其他方面的论述，多数也超过了目前的水平"。（此文已译载于《经济学动态》1982 年第 5 期）

　　1979 年下半年起，聂宝璋重新开始搁置多年的航运史资料的收集整理工作，经过 3 年多的紧张劳动，终于编辑成书，是为《中国近代航运史资料》第一辑（1840—1895 年）。此书分为上下册，1984 年由上海人民出版社出版，全书计达 120 万字。

　　《中国近代航运史资料》第一辑，是继中国近代工业史、农业史、手工业史、对外贸易史和铁路史等资料书之后的又一部大型经济史资料书。外商引进的轮船是资本主义各国从事海外殖民地掠夺的有力工具。外商在华航运势力的扩张，在很大程度上表明外国在华经济势力的扩张。轮船的引进，对中国封建社会政治经济必然产生深远的影响，因而对中国近代航运史研究的意义，远不限于航运业本身。然而，国内对中国近代航运史的研究十分薄弱，见于成果的文章不多，专著更少。各有关部门保存的大量珍贵的早期航运史档案，至今未见整理出版。相比之下，国外近年来却开展了规模可观的档案资料的收集编辑工作，出版了多种有关中国近代航运业的文献资料，发表了不少论文专著，甚至长江线旧式木船及旧中国的河道管理等都作为专门问题研究，国外也有著作出版。台湾方面也曾发表有关中国早期轮船经营的论著。因此，《中国近代航运史资料》一书的问世，可以说填补了建国以来中国近代经济史研究中的一席空白。[①]

《中国近代航运史资料》第一辑一书，是聂宝璋在 30 年的时间中断续收集资料，沙里淘金，付出极大精力的心血结晶，特别是在十年动乱期间，他在研究条件尽失及身患重病的厄境中，依然发愤治事，不肯中辍。录入书中同读者见面的虽仅 120 万字，但征引的文献却在 200 种以上，摘抄的原始资料当以千万计。所选辑的资料，大都出自档案、函牍、笔记、奏章、中外文报章等多种中外文献。此外，还尽可能地根据录入的文字资料，制成统计图表，使读者一目了然，得到明确的数量概念。其所用功力，自不待言。聂宝璋是一位经济学者，但他继承了中国史学的优良传统，治学态度极为严谨，对所征引的资料反复校勘，即使是一个标点符号或一个页码的错误也决不肯放过。

《中国近代航运史资料》虽然是一部资料书，但在该书的前言中及章节标题、材料编排上，同他过去发表过的关于航运史研究的专题论文一样，表明了他对航运业乃至这一时期整个中国经济发展历史的一系列重大问题的基本观点。作者认为，西方侵略者依靠暴力手段，既破坏了中国的航权又攫取了中国的土货贩运权。在这里，外商的保险行号起了不容忽视的作用，通过保险控制中国引水权，打击中国旧式运输业，从而在第二次鸦片战争后外国在华轮运势力获得了迅速的扩张。

中国自己的近代轮运企业，是在外国轮运势力已经垄断了中国江海航线的条件下出现的，它以后的发展也始终未能摆脱后者的垄断。从轮船招商局创办的前前后后，大致可以看出在错综复杂的阶级和民族矛盾中中国近代社会经济演变的进程。至于中国

---

① 思毅：《中国近代经济史研究中一席空白的填补——评介聂宝璋编〈中国近代航运史资料〉》，见《南开经济研究所季刊》1985 年第 4 期。

民族资本小轮业的出现与发展，则走着一条十分崎岖而曲折的道路。虽然早在 19 世纪 50 年代就有个别华商投资于轮运业，但在中外反动势力的重重压迫下历经近半个世纪，才得以小轮公司的形式正式出现。在对大量历史资料整理研究的基础上，聂宝璋认为，对外商强行引进的轮船，既要看到在外国侵略势力扩大中国市场中它所起的核心作用，也要看到它对中国封建经济结构以及封建政治、文化各方面所起的深远影响，否则就是不全面的。它对中国封建社会经济结构的冲击及其对中国近代航运业产生的促进作用，不是一眼可以望穿的。轮船是由外商强行引进的，因而在中国并非如资本主义国家那样是应产业革命过程中的需要而产生和发展起来。中国的封建社会经济远未达到这个阶段。从航运业进行考察，可以看出，"从中央到地方到处都能通过轮船体现出明显的封建经济体制对资本主义的'异体排它性'"。聂宝璋进一步强调指出，在中国资本主义的发展历程中，"封建主义的反动性丝毫不亚于帝国主义的侵略性"。[①]

　　洋行史的研究是聂宝璋多年来辛勤耕耘的又一个重要领域。在长期研究的实践中，他深切感到在中国半殖民地深化过程中深入研究洋行问题的重要性——在华洋行势力的扩张同封建社会经济的发展、经济结构的变化以及政治、文化各方面都有着千丝万缕的联系，洋行问题不搞清楚，很多问题也不容易搞清楚。但洋行问题的研究恰恰是中国近代经济史研究有待开拓的领域。因此，他耗费不少精力时间，写出三篇专题论文，大致从 18 世纪中叶起至 19 世纪末叶，分阶段地、系统地论证了在华洋行势力扩张的过程和特点。

① 聂宝璋：《轮船的引进与中国近代化》，《近代史研究》1988 年第 2 期，第 161 页。

聂宝璋认为，到鸦片战争前夕，广州公行形同虚设，对洋行商人的猖狂活动，特别在走私贩毒方面，清政府已经无力约束、管制。鸦片战争后五口通商时期，公行制度被迫撤销，洋行势力急骤扩张，但商品贸易并未能打开局面，暴力掠夺是这一时期洋行势力扩张的主要特点。到第二次鸦片战争以后，船运及同它直接间接联系的码头、仓栈、保险、银行、船舶修造等各种行号企业纷纷创办起来，他把这一时期的洋行区别于前此以暴力掠夺方式暴发起来的"商业大王"概括为在华洋行商人的第二代。第二代外商势力扩张的基本特点就是轮船运输体系的建立，在这个体系中，由洋行母体离析出来的各个独立企业逐步形成独立的行业，各个企业间的"交叉投资关系"中，开始出现洋商资本垄断集团。这些都为在华洋行势力的进一步扩张奠定了基础。

进入 19 世纪 70 年代后，在华洋行势力的扩张又进入了新的阶段，为适应新情况，洋行经营方向与方式都有了变化。投资领域的扩大、资本的集中、由商品输出向资本输出的转换、由商业领域向政治领域的渗透，都是值得注意的动向。同时也应看到，届至甲午战争，洋行商人不断因封建经济结构及政治体制的阻碍，难以为所欲为，例如上海洋行商人对上海织布局染指的企图，就始终未能得逞。

聂宝璋的这些论述，有些是对流行观点提出的质疑，有些则是发前人所未发的论证。将近一个半世纪的在华洋行势力扩张史的研究，给人以清晰的脉络和轮廓。他对洋行史的研究，不能不说是对开拓中国近代经济史研究的贡献。

半个世纪来，聂宝璋在自己的研究岗位上做了大量的工作，他之所以能有上述贡献，是同他严肃认真的学风和扎实严谨的史料功底分不开的。他常对他的学生讲，搞科学研究就要有科学精神，所谓科学精神，就是严肃认真，一丝不苟。有时碍于主客观条件，做到这一点并不容易，因而科研工作者需要有一颗科学的良心，执著地追求科学的真理。科研工作者要对得起科学，这就是科学的良心。但是，科研又是一个无底洞，每个人的能力都是有限的，因此，科研工作者经常保持谦虚的态度是至关重要的。或许是因为他恪守"科学良心"的精神与谦虚谨慎治学态度的缘故，他在科研成果中体现的严谨作风，颇获学术界的称道，而他自己却常常不满足于已有的成就，并且常常以近乎挑剔的态度去反思自己过去的研究。他说，科研工作者要有自我否定的勇气。他毫不讳言自己在学术研究中也曾受到"以阶级斗争为纲"这一类"左"的思潮的影响，因而在著述中不无"否定一切"的痕迹。他认为，在学术领域中强调"政治挂帅"，就容易偏离科研轨道，政治与科学是两个不同的范畴。他曾表示在他的《中国买办资产阶级的发生》一书中，就有些问题需要重新考虑，只有实事求是才能使自己的研究成果经得起时间的检验。

　　中国社会科学院经济研究所经济史室素来以重视史实而颇获好评。聂宝璋就一贯强调资料工作的重要性。他常说，无扎实资料功底的研究，是无源之水无本之木，只能成为"一风吹"的过眼烟云。他从他的叔父——已故历史学家聂崇岐先生的教诲中获益良多："研究工作者切不可轻视资料工作"，资料的收集、整理与编辑，"好汉子不愿干，赖汉子干不了"。叔父的话语他至今未忘。实践证明，编辑一部专题资料并不是轻而易举的，它不仅需要广泛的涉猎，去粗取精、去伪存真的功力，而且它同研究工作一样需要有一个消化资料、提炼问题的过程。对个人来说，编辑资料是引向深入研究的条件与阶梯，对社会来说，又是"修桥补路"为人提供方便的"善举"。因此，保证资料书的质量是首要前提。为此，在编辑《中国近代航运史资料》第一辑时，为挖掘资料，他二下江南，赴上海面壁经年，逐日检阅盈室累案的中外早期报纸期刊、档案卷宗。在编辑航运史资料第二辑的进程中，他不顾年老有病之身，为获取"真经"，又四处奔波，远至东北的哈尔滨和号称"火炉"的武汉，都留下了他的足迹。凡收集到的资料，他均一一细细审阅，反复比较裁定后方才收用，力求尽量完善。可以告慰的是，约130万字的《中国近代航运史资料》第二辑（1895—1927 年）已经脱稿完成，2002 年由中国社会科学出版社出版。

热心助人和奖掖扶助新人是我国许多老一辈优秀知识分子的优良传统，聂宝璋也同样如此。还在《中国近代航运史资料》第一辑出版以前，很多单位和个人即不断洽商参考利用。他常常收到其他单位和许多素不相识的人的求教信，对于这些信件，他总是认真对待，有问必答。在繁重的工作和抱病的情况下，他还常常给素不相识的青年人解答问题，修改论文。一次为一个素昧平生的青年人提出的修改论文的意见竟达数千字之多，连错别字、标点符号都细细改正，知者无不钦佩。《中国近代航运史资料》第一辑出版后，对一些科研单位和个人特别是各省市港口史、江海内河航运史编写工作者的请求解答问题，聂宝璋更是多次给予指导帮助。对于自己多年辛苦收集的资料，他常常慷慨无私地提供给别人使用。有感于经济史研究的不景气局面，他总想通过自己的努力，去扶持帮助那些有志于此的年轻人。

聂宝璋从不把自己的观点强加给自己的学生。相反，他不仅要求学生不受他的著述中观点的限制，而且鼓励学生在认真研究的基础上要有创新。他常说，在师生之间要彼此尊重，学生在某些方面超过先生，这是先生的荣誉。

聂宝璋为人耿直，嫉恶如仇。他非常关心国家的四化大业，对社会上的不正之风、官僚主义深恶痛绝，他十分厌恶等级制度，非常钦佩经济研究所原所长孙冶方同志的"不唯书、不唯上"的知识分子优良品质。对于不利于四化建设的现象，他在力所能及的范围内秉笔直陈，不计个人得失。

从 1982 年起，聂宝璋开始招收硕士研究生，同时应南开大学兼任教授之聘代培研究生；1986 年国务院学术委员会通过他为博士研究生导师，1988 年起招收博士生。

聂先生虽年已八旬，身体欠佳，但仍每日伏案工作不止。我们衷心祝愿他健康长寿，为中国近代经济史的研究做出更多更大的贡献。

朱荫贵

洋 行 篇

19世纪中叶在华洋行势力的扩张与暴力掠夺

　　洋行是西方殖民主义者对中国进行经济侵略所设的行号。这些行号历来的称谓颇为纷歧，有的称为公司，有的称为代理行或贸易行，也有的称为洋行。特别在早期，大多称为洋行。不过在习惯上一般又均以洋行作为各种外商行号的总称。

　　外商在华开设行号，至今约有200年左右的历史。自18世纪末广州出现外商行号始，到19世纪末期的100余年期间，就其发展大致经历三个阶段：（一）鸦片战争以前，在东印度公司垄断条件下，英商与美商行号的出现及发展历程虽有所不同，但大都是以代理业务为主，因之这一时期的洋行，姑称之为"代理行号"。（二）鸦片战争以后，洋行业务由代理扩充到自营贩销，并开始向船运、船舶修造及银行等专业领域发展。（三）大约始自1870年以迄19世纪末期，由于苏伊士运河的通航及海底电线的敷设，除出现代理行号增设高潮外，洋行资本进一步从流通领域伸向生产领域，并且形成洋行在各通商口岸的垄断势力。总起来说，在华洋行的发展史，十分清楚地反映了资本主义国家经济侵华的历史。

　　侵略者扩大经济侵华活动是以破坏中国主权开始的。通过第一次鸦片战争，外来势力以武力征服清统治者，从而首先在政治上把中国变成为半殖民地国家。以暴力方式对中国进行掠夺乃是这一历史时期在华洋行势力扩张的基本特点。本文即企图对 19 世纪中叶在华洋行势力的扩张问题作一初步探讨。

一 第一次鸦片战争前广州代理行号的
开设与毒品贸易

第一次鸦片战争以前在广州开设行号的外商主要是英、美籍商人。

英商代理行号最初是在 18 世纪六七十年代兴起的"散商贸易"中产生的，又是代表"自由资本主义势力"在东印度公司垄断的条件下发展起来的。到第一次鸦片战争时，广州的代理行号已经历了 70 年以上的历史了。

18 世纪末叶，蓬勃发展中的西方自由资本主义与东印度公司的垄断势力的矛盾日益尖锐起来。为了维护原有的垄断地位，① 东印度公司极力限制散商的活动。1780 年它的"伦敦委员会"就曾向其广州的大班团体（监理委员会）发布命令，"不属于商馆的英国商民"不得在中国停留。1786 年英国议会通过决议："监理委员会"对于航行中国的领有执照的"港脚商人"（按：即孟买商人）有充分的管辖权力。② 但是，行政立法上的硬性规定，到底未能阻遏散商贸易发展的趋势。就在 1782 年，广州出现了一家柯克

---

① 作为英国在东亚推行殖民掠夺政策的工具，"东印度公司除了在东印度拥有政治统治权外，还拥有茶叶贸易、同中国的贸易和对欧洲往来的货运的垄断权"。参见《马克思恩格斯选集》，第 2 卷，人民出版社 1965 年版，第 257 页。

② 格林堡：《鸦片战争前中英通商史》（M. Greenburg, British Trade and the Openning of China, 1800—1842），中译本，商务印书馆 1951 年版，第 19 页。

斯·理德行（Cox—Reid & Co.），这就是横行中国 100 多年的英国大殖民地洋行怡和的前身。①

在东印度公司的长期垄断下，出现这样一家代理行号，当时是具有重要意义的。它突破了东印度公司垄断的藩篱，打开了代理行号开设的先例。隔了两年，到 1784 年，一艘"中国女皇号"（Empress of China）驶抵广州。据说这是"侵犯"东印度公司的第一艘美国商船。② 这艘 360 吨商船的"船货管理员"山茂召几年后就与人合伙创办一家行号，"从事代客买卖"。③ 到 18 世纪末，广州英美代理行号，已达 24 家以上。④ 以至于 1800 年东印度公司不得不宣布放弃中印间贩运贸易业务，让于散商船只进行，自己则只颁发执照。⑤

自此以后，这些行号招致了更多的代理业务。日益增多的英印散商船舶要求在广州设有代理人，并建立固定的委托关系。⑥ 还有很多商船的大班径自以"领事"的名义在广州留驻下来，成为"常驻代理人"或自行开设行号。由随船流动，仅靠收取运费及 2.5％佣金的船大班，⑦ 进而成为代理行号主东，这在 19 世纪初叶

---

① 格林堡：前引书，第 20 页。

② 布莱克斯黎：《中国及远东》（Blakeslee, China and the Far East），转引自姚贤镐：《中国对外贸易史资料》，第 1 卷，第 169 页。

③ 行号名称不详，大约不到十年即行倒闭。参见丹涅特：《美国人在东亚》，中译本，姚曾廙译，商务印书馆 1959 年版，第 61 页。

④ 费正清：《中国沿海贸易与外交》（J. K. Fairbank, Trade and Diplomacy on the China Coast, 1842—1854），第 1 卷，第 60 页。

⑤ 杜勒斯：《昔日对华贸易》（F. R. Dulles, The old China Trade, 1930），第 146 页。

⑥ 格林堡：前引书，第 159 页。

⑦ 丹涅特：前引书，第 15 页。

已经成为外商的"个人历史或贸易常规"上的屡见不鲜的情况
了。[①] 著名的兼营委托代办贸易的美国普金斯行 (J. & T. H.
Perkins)、英商巴令行 (Baring Bros，亦称巴林行) 以及宝顺洋
行的前身达卫森行 (W. S. Davidson & Co.) 都是一些"船大班"
在这个时期先后开设的。前述的柯克斯·理德行则几经改组，
1803 年改为比尔·麦尼克行 (Beale，Magniac & Co.)。[②]

不过，这批名符其实的以经营代理业务、收取佣金为主的新
兴代理行号，随着业务进一步发展，不久就由接受散商船只的委
托进而"规定船只航行细节、对船长发指示"，并开始自行置备船
只，直接参与冒险生意追求利润了。[③] 由业务活动看，这时的代理
行号不仅是西方自由商人从事对华贸易的据点，而且成为资本主
义国家经济侵华的前哨站。代理行号业务的扩张，使船大班原来
在对华贸易中的作用消失。[④] 在这种情况下，1813 年东印度公司
不得不再次向自由资本主义势力让步。印度贸易的开放"给了英
国走私贩子以新的强烈的刺激"。[⑤] 跟着在广州又曾出现一个创设
代理行号的高潮。1818 年由美商船主罗塞尔 (Samuel Russell)
与布朗埃维 (Brown & Ives) 的大班阿密顿 (Philip Ammidon)
创办的老旗昌行 (S. Rus sell & Co.) 开业了。开创伊始，曾规

---

① 格林堡：前引书，第 132 页。

② 福士：《回忆录》 (R. B. Forbes, Personal Reminiscences)，1882 年版，第
333—335 页；丹涅特：前引书，第 63 页；格林堡：前引书，第 25—27 页。

③ 格林堡：前引书，第 159 页。

④ 丹涅特：前引书，第 62 页。

⑤ 马克思：《鸦片贸易》，1858 年 9 月 25 日，《马克思恩格斯论中国》，严中平等
编译，人民出版社 1957 年版，第 84 页；另参见北京对外贸易学院编：《马恩列斯论国
际贸易》，北京对外贸易学院 1959 年版，第 412—413 页。

定"开业五年".① 1823 年期满,重行改组,并于 1824 年 1 月 1 日起正式营业.② 这就是著名的老牌殖民地洋行旗昌。在相当长的一段时间内,这家洋行也只经营代办业务。自己无船,亦不以自己名义贸易.③ 次年(1825 年),又一家美商奥理芬行组成,通称"同孚洋行"(Olyphant & Co.).④

在此期间,英商行号也有发展。1819 年比尔·麦尼克行改组为麦尼克行(Magniac & Co.),同时出现了泰勒尔·孖地臣行(Taylor and Matheson & Co.).⑤ 到 1823 年,颠地行(Dent & Co.)也由达卫森行改组而成.⑥

这批代表自由资本主义势力的代理行号的手脚可以说从开始起就不是干净的。起初,它们只能选择东印度公司垄断以外的经营项目,即鸦片与原棉,其他没有选择的余地。进入 20 年代,原棉贸易一度衰落,很多代理行号实际已逐渐成为专营鸦片的贩子。鸦片走私贸易迅速扩大。"1816 年起,在对华出口贸易的每个发展阶段上鸦片走私所占的比率愈来愈不相称地大量增加".⑦

在公行制度下,外商对华贸易是以广州为限的。由于广州地区鸦片贸易的查禁及走私利润的刺激,与日俱增的鸦片贸易也难于在广州一口消纳等等,广州代理行号大规模走私贩毒活动遂在沿海各地广泛展开。1812 年首先派船自广州沿海北上开辟私贩鸦

① 福士:前引书,第 337 页。

② 《北华捷报》(North China Herald),1891 年 6 月 5 日,第 683 页。

③ 丹涅特:前引书,第 62 页。

④ 亨特:《广东番鬼录》(W. C. Hunter, The "Fankwae" at Canton, Shanghai)1911 年,第 15 页。

⑤ 格林堡:前引书,第 108 页。

⑥ 费正清:前引书,第 1 卷,第 66 页;格林堡:前引书,第 125—126 页。

⑦ 马克思:《鸦片贸易》,1858 年 9 月 25 日,《马克思恩格斯论中国》,第 85 页。

片市场的是麦尼克行的孖地臣（Matheson）。[1] 猖獗的走私活动造成"供过于求"，1823 年终于出现一场进口鸦片的"跌价危机"。孖地臣遂又派船开往泉州。这个鸦片贩子的最初几次"冒险"收益虽然不大，但却使他看到了"希望"，并因此奠定了他扩大鸦片走私的基础。[2] 从此，他所在的麦尼克行就专事走私鸦片，并且很快成为最大的鸦片行号之一了。

在这个时候，美商旗昌刚刚组成，在鸦片贸易中还未能崭露头角。除麦尼克行外，重要鸦片行号还有另一家英商颠地洋行（即后来的宝顺洋行）。

值得注意的是在鸦片走私猖狂活动之中，代理行号不仅开辟了广阔的沿海走私市场，建立了广泛的贸易联系，还各自形成一套相当完整的业务体系。

在沿海"奸民"的勾串下，鸦片走私是以一种特有的方式进行。我们知道，广东珠江口外的零丁洋一向是洋商私贩鸦片的重要据点。承售鸦片的华商，将"银送夷馆，给予夷单，谓之写书，总办转售者谓之窑口"。然后再经由"窑口"自零丁由海路贩运北上，远达关东。沿海各口又"各有专司收囤转贩之户，由内河贩运者，亦实繁有徒"。[3] 此外还有由"漳泉奸民自用船只赴粤洋购买者"。[4] 他们的活动范围自广东以迄上海遍及整个沿海口岸。例如在上海"滨临海口，向有闽粤奸商，雇驾洋船就广东口外夷船贩卖呢羽杂货并鸦片烟土，由海路运往上海县入口，转贩苏州省城并太仓通州各路"。[5] 由当地"包买户"委托，洋商自备船只，

---

① 拉巴克：《鸦片快艇》（B. Lubbock, The Opium Clippers），第 61 页。

② 格林堡：前引书，第 125 页。

③ 道光朝《筹办夷务始末》（以下简称道光朝《始末》），第 3 卷，第 2—3、10 页。

④ 《宣宗实录》，1840 年 6 月 19 日，引自《鸦片战争》，第 1 卷，第 378 页。

⑤ 道光朝《筹办夷务始末补编》，第 4 册，第 945—946 页。

自广州运交沿海各地，则是当时走私贩毒的另一种方式①。

外商与沿海"奸民"之间的关系，起初仅仅是偶然的接触。随着时间的推移，渐渐已是"往来熟悉，勾串汉奸，以为内线，牟利私售"了。②"奸民"与外商甚至还有合伙贩运的。"漳泉沿海奸民，平日勾通夷船者，今多在船同事，习其教法，依其装饰"，由此而"夷船日多，烟贩愈炽"③。到第一次鸦片战争前夕，贩毒走私已到不可收拾地步。可见外商代理行号势力在中国沿海一带早已打开局面，建立了鸦片走私市场。这是一方面。

另一方面，广州代理行号还同时与印度散商保持日益广泛的代理业务关系。这种代理业务由于中西交通的迟滞有可能使一些代理行号从中获致垄断地位。例如仅仅麦尼克行一家所代理的印度散商，在孟买一处即达 50 家以上。④ 正是因为这个缘故，所以，1829—1830 年间的一个季度里，这家行号就独销了 5000 余箱鸦片，价值达 450 余万元，足占当时中国进口总额的 1/3。⑤ 麦尼克行如此，颠地行也不相上下。它的行东"嚩咃"与麦尼克行的"渣甸"同被列为贩售鸦片的元凶。⑥ 据说在东印度公司垮台前夕，由这两家行号所经手的"贸易"额，即占广州贸易总额的 2/3。⑦

① 马士：《东印度公司对华通商编年史，1635—1834》(Chronicles of the East India Company Trading to China, 1635—1834)；拉巴克：前引书，第 129 页。

② 《宣宗实录》，1840 年 6 月 19 日谕旨，《鸦片战争》，第 1 卷，第 378 页；费正清：前引书，第 1 卷，第 67 页。

③ 黄少司寇奏议，第 13 卷，转见《鸦片战争》，第 1 卷，第 474 页。

④ 参见马士：《中华帝国对外关系史》(以下简称《关系史》)，中译本，第 1 卷，三联书店 1957 年版，第 96 页；格林堡：前引书，第 124 页。

⑤ 格林堡：前引书，第 124 页。

⑥ 道光朝《始末》，第 3 卷，第 2—3 页。

⑦ 费正清：前引书，第 1 卷，第 133—134 页。

从贩售毒品中所获致的利润不待说是十分可观的。鸦片代理业务一般佣金率为3％，收益1％，运至广州每箱鸦片所获净利即达20元，走私至其他沿海各地，每箱更高出广州价格50—100元[1]。只消根据历年鸦片进口的不完整统计，即可粗略估算广州的代理行号，由鸦片代理业务及走私盈得利润，累积计算，当以千百万计。

应该指出，代理行号大量经营鸦片贸易，并不单是为了利润。在中西贸易中，鸦片还是抵补贸易差额的必要手段。1830年前后，虽已开始利用伦敦汇票代替进口金银的办法补偿贸易差额，但最终仍然取决于鸦片进口数量。鸦片进口数量愈大，则藉以平衡贸易而开出的伦敦汇票数额也就愈多。特别自1833年出于英国国内自由资产阶级的压力，迫使东印度公司废除对华贸易的垄断以后，华茶也成了散商行号的出口经营项目。偿付华茶所必需的汇兑业务给予代理行号的负担，从此就更加繁重起来，有人曾经描绘说"即使不是为了利润，仅仅为了汇划，就要大量经营鸦片贸易"。[2]

因此，鸦片的年平均进口量成倍地增加，据统计，1811—1812年间每年平均进口还只有4494箱，1821—1828年间即已达9708箱。[3] 1828—1835年间是18712箱，到1835—1839年间更达35445箱，平均每年为9000箱。[4]

毒品贸易的激增，同时又刺激了代理行号船运业务的开展。例如麦尼克行在东印度公司解散以前所开行的鸦片飞剪船即不下

---

① 格林堡：前引书，第27页。

② 马士：《关系史》，中译本，第1卷，第238页；格林堡：前引书，第127页。

③ 马士：《关系史》，第205—206页。

④ 同上书，第238—240页。

10 艘①。到 1834 年改组为渣甸洋行（即怡和）以后，已经拥有一支包括 12 艘坚实、快速的飞剪船船队，其中一半是专作中国沿海鸦片生意的②。由于鸦片及船运业务的开展，又连带着使金融汇兑与保险等项业务也成为一部分代理行号的经营项目。宝顺与渣甸不仅兼营赚钱的汇兑与保险，而且还曾投资创建专业保险行号。老牌殖民地保险行于仁（Union Insurance Society of Canton）及谏当（Canton Insurance Office）就是 1835 与 1836 年由这两家大鸦片商分别于澳门与广州开设的③。

多方面的业务关系及它自身所形成的完整业务体系，使渣甸、宝顺等行迅速取代了东印度公司而居于对华贸易的垄断地位。它们是鸦片的最大卖主，也是华茶的最大买主④。

因此，东印度公司宣布废除对华贸易的垄断以后，广州虽曾再次出现"自由商人"竞设行号的高潮，由 1833 年的 66 家增至 1837 年的 150 家⑤，但新设行号在整个对华贸易总额中所占不到一半，少数行号的垄断地位并没有因此受到影响。渣甸、颠地两家甚至还由此签订一项"不许第三者参加"，双方共同垄断中国沿海走私鸦片的"协议"。⑥

当然，垄断并不能最终排除竞争，而是意味着更为激烈的竞争。以旗昌为首的美商行号是渣甸、颠地等英商的一支主要竞争力量。从 30 年代起，旗昌即置备船只，大规模从事中国沿海鸦片走私生意。到第一次鸦片战争的时候，它在广州的地位，甚至已

---

① 拉巴克：前引书，第 70 页。
② 费正清：前引书，第 1 卷，第 134 页。
③ 《汇报》，1874 年 7 月 4 日；《申报》，1881 年 12 月 15 日。
④ 费正清：前引书，第 1 卷，第 135 页。
⑤ 格林堡：前引书，第 170 页。
⑥ 同上书，第 138 页。

超过渣甸与颠地。

根据上面叙述，人们可以看到，早在第一次鸦片战争以前，广州的外商代理行号势力经过 70 多年的发展，已经有了相当的基础。由于内地奸民的勾串，尤其在华南沿海各地，走私贩毒活动亦已广泛展开。在这种情况下，清政府管理对外贸易的公行制度，事实上已经难以为继了。到了鸦片战争前夕，限制外商的各项规定，不过形同具文，往往起不到限制的作用。经过鸦片战争连形式上的规定也被迫一扫而光。西方"自由商人"从此获得了掠夺中国人民的最大限度的自由。

二 鸦片战争后西方商人的设行
活动与暴力掠夺

（一）19 世纪 40 年代初期的商品侵略与外商设行活动

鸦片战争以后的洋行，乃是已有代理行号的延续。所不同的是，原来代理行号的活动还要在不同程度上承受公行制度的约束，而鸦片战争以后公行制度被迫裁撤，增辟五口通商，任何一个来华的外国商人都可在口岸地方任便选择华商自由交易。这些外商既可享有减税特权，又有领事裁判权的庇护，一系列政治特权的让予给在华洋行势力的扩张提供了前所未有的便利条件。对华贸易的前景，不仅直接鼓舞了西方商人，甚至连曼彻斯特的制造家们都发狂起来。[①] 一个侵略头子濮鼎查在江宁条约签订后就曾踌躇满志地说："所有兰开夏的棉纺厂都不能满足（中国）一省织

---

① 伯尔考维茨：《中国通与英国外交部》，中译本，商务印书馆 1959 年版，第 17 页。

林之用。"① 跟着西方商人迫不及待地把大批洋货输入中国，存储待售。连一些刀、叉、钢琴等西方生活用品都涌至中国。②

事实上外来侵略势力起初只及于通商口岸，还不能打入内地市场。即使在新开口岸，洋行的商品侵略活动也难以顺利展开。因而出现洋货滞销与严重积压现象。大批涌入口岸的洋货不得不屯储在仓栈里久久不能出手。各通商口岸，情况大抵类似。

例如在宁波，开埠后的第一年（1844 年）对外贸易额尚有 50 万元。5 年过后，不但没有增长，"反不逮此数之什一"。③ 1846 年舟山曾有一名外商戴维逊（Davidson）报道说，宁波有大量英国进口的棉布和丝绒上市，但英籍洋行却一家都没有，连唯一的一名英商麦肯茨（Mackenzie）不久也退回到上海。④

福州的情况同样不妙。虽然从邻近的红茶产区可以买到较广州价格低 20％—25％的红茶，⑤ 然而这项有钱可赚的贸易到底没有迅速发展起来。原因之一是，内地茶商自福建产区将货物运销广州的"老习惯"难以改变，使外商无从插手。⑥ 当地人民群众不

---

① 英国国会档《额尔金勋爵 1857—1859 年特别使团通讯》（Reported in a memorandum by Mr. Mitchell, British parlimentary papers, 1857—1859), Correspondence relating to the Earc of Elgin's Special Missions, 1857—1859, 第 244 页；G. winggrove Cooke：China：being the "Times" special Correspondence from China in the years, 1857—1858, 第 168—169 页。

② 库克：《1857—1858 年泰晤士报中国特别通讯》，第 168—170 页。

③ 班思德：《最近百年中国对外贸易史》，中英合璧本，第 37—38 页。

④ 英国蓝皮书《最近中国各口贸易统计》(B. P. P. Returns of Trade of Various Ports of China, Down to the latest period.) 第 45 页。

⑤ 英国蓝皮书《1846 年中国各口贸易统计》(B. P. P. Returns of Trade of the ·Various Ports of China for the Year 1846), 第 19—20 页。

⑥ 《澳门月报》（Chinese Repository），第 15 卷，1846 年 4 月号，第 208—213 页。、

间断的反侵略斗争，也迫使一些外商不得不放弃觊觎已久的设行计划。窜人福州的外国商人往往被搞得狼狈不堪，以致福州开埠以后在 9 年的时间内一直没有外商经营的"合法贸易"。虽然不时有他们的船只窜人，但这些都是走私贩毒与海盗护航。①

广州在公行时期就设有外商商馆，对外贸易已有长期的历史，而又地处南海之滨，与香港、澳门毗邻，在侵略者的眼中，犹如瓦特岛之于英国，长岛之于美国一样，香港乃是插入中国领土的一个楔子。② 侵略者蓄意掠夺这块领土以作为扩大侵略的跳板。然而在鸦片战争以后初期，香港还不能立刻发挥很大作用，"贸易将仍在广州继续进行。"③ 历史地理的因素使广州仍居于重要地位。人们可以看到，一些老牌殖民地洋行把总行仍设置在广州。

广州的外商侵略活动时间最长，走私贩毒最为猖獗，但由此所招致的当地人民"仇洋"的愤懑情绪也最激烈。鸦片战争以后，中外冲突事件不断发生。离开商馆活动的外商到处受到中国人民的无情攻击，连龟缩在商馆以内的外商也没有安全保障。获得五口任便交易特权的外商，长时期都不能越过广州城门雷池一步。这种激烈的不可调和的民族斗争必然影响外商贸易活动的展开。据统计：1837 年广州对外贸易进口额为 18539777 元，出口额为 36075260 元；到 1846 年二者分别降至 13294898 元及 22917409 元。④

洋行势力扩展最快的口岸是上海。在这里，交易便利、物产丰足，商贾辐辏，不仅临近丝茶产区，且有广大长江腹地。这是

---

① 班思德：前引书，第36—37 页。

② 马士：《关系史》，第 1 卷，第 354 页。

③ 1841 年 4 月 21 日巴麦尊致义律，同上书，第 729 页。

④ 马士：《关系史》，第 1 卷，第 410—411 页。

侵略者垂涎已久的重要港口。因此，开埠的第一年，英美籍洋行即开设 11 家之多。① 然而上海外商的商品贸易同样没有迅速展开。以 1850 年为例。这一年上海英国工业产品的进口总额较之 1844 年不但没有增加，甚至减少 70 万镑。② 有些洋行，由于商品贸易之停滞，设行不久，旋即闭歇。③ 那些历史较久、基础雄厚的老牌殖民地洋行，如怡和、宝顺、琼记、仁记等，在商品贸易代理业务方面，也毫无起色。其收益"并没有与贸易成比例的增加"，④ 所以当时获取任便交易特权的殖民地商人并不曾大量经营"商品交易"，而是热衷于走私、贩毒等暴力掠夺。1846 年设上海分行的旗昌以及怡和等行，在此以前很久即已派人设立趸船走私贩毒了。⑤ 洋货匹头商泰和洋行（Reiss & Co.）迟至 1849 年才出现在上海。⑥

　　厦门情况也颇类似。这个口岸是同福州同年开埠的。开埠以前，来自广州的外商早已开辟了鸦片走私市场。开埠以后跟着就开始设行活动。其中有著名的德记行（Tait & Co.）、合记行（Syme，Muir & Co.）等。然而这些洋行也不是经营商品贸易而是拐骗华工的人口贩子。⑦

---

　① 马士：《关系史》，第 1 卷，第 399 页。

　② 伯尔考维茨：前引书，第 17 页。

　③ 英国蓝皮书《英国下院特别委员会对华贸易报告书》，1847 年（B. P. P. Report from the Select Committee of the Commons on Commeraial Relation With China，1847），第 5 卷，第 61—62 页。

　④ 英国蓝皮书《下院 1847 年对华商务关系报告书》 （B. P. P.，Report：Commercial Relations With China Ordered by the House of Commons 1847），第 358 页。

　⑤ 斯塔克波罗：《普莱斯考特与鸦片飞剪船》（E. A. Stackpole，Prescott and the Opium Clippers），1954 年版，第 52—53 页。

　⑥ 蓝宁等：《上海史》（Lanning and Couling，History of Shanghai），第 466 页。

　⑦ 英国蓝皮书《下院 1847 年对华商务关系报告书》，第 56—57 页。

五口通商初期，西方资产阶级侵略势力的扩张并不曾因为商品贸易之不能迅速展开而顿受挫折。争先蜂拥来到中国的大半不是"商人"，尽是些穷凶极恶的海盗。各个"通商口岸"遂成为这批殖民主义海盗盘踞的巢穴。像上海竟成为他们前来淘金的"黄金之国"。[①] 一个资产阶级作家记述当时的情况说，"上海开埠以后，无恶不作的亡命之徒从四面八方聚拢在这里。其中有逃亡的水手，有遭贬斥的醉鬼，有来自加利福尼亚的投机破产者，有来自香港与澳门的罪犯，也有来自菲列滨（今译菲律宾——编者）等地的埠头流氓"。[②] 此外，还有很多牧师的后代居然也厕身于这批冒险家的行列一起窜入中国，他们希望在中国这块乐土上干上几年"航海的生涯"，捞上一笔横财以后再回国竞选议员。[③] 这些人当中大都是"单干户"，与洋行往往没有隶属关系，名义上是"商人"，实际上既谈不上固定职业，甚至都没有固定的栖止之所，只不过是希望"至多在两三年内发一笔横财就远走高飞"的海盗。[④]

所以，"五口通商"初期，各口洋行的数量虽在不同程度上也有所增长，但远不及来华"外商"人数增长之速。据统计，1837年在华洋行计 150 家，外商 307 人。到 1855 年，洋行增至 219家，外商竟达 1038 人。[⑤] 两相比较，前者增加 46%，后者增加两

① 莱特：《中国关税沿革史》，中译本，姚曾廙译，三联书店 1958 年版，第 86页。以下简称《沿革史》。

② S. F. 莱特：《赫德与中国海关》（S. F. Wright, Hart and Chinese Customs）第 238 页。

③ 拉巴克：《中国飞剪船》，第 6 页。

④ R. 阿礼国：《大君都城》（R. Alcock, The Capital of Tycoon），第 1 卷，第 38页。

⑤ 马士：《关系史》，第 1 卷，第 389—390 页。

倍半之多。

　　当然，洋行并不比"单干户"好些。这些自诩为战胜者的洋行商人凭藉其长期与中外统治者保持千丝万缕的联系，更能利用政治特权掩护其海盗罪行。"单干户"那种来去匆匆、飘忽不定、行踪诡秘的海盗特点，在一些行号身上也有反映。以旗昌洋行为例。这家洋行的"股东"从中国掠夺巨额财富以后即可"退休"而去，而且这已成为它的"惯例"。[①] 为了适应海盗生涯，该行还规定三年一改组。届至三年期满就退休的退休，入行的入行，重新调整。[②] 可见这类洋行不啻是冒险家的据点、海盗的组织。它们一般都有多年发展的基础，熟悉中国沿海市场情况，拥有资本及运输力量等"单干户"所不具备的发财捷径和掠夺条件。因而往往成为"单干户"的投靠对象。一个贩毒老手，旗昌的"老船长"透露说："合伙总比单干强"。但"单干户"多，企图入股者众，挤进这家洋行也并非易事，以至这个"船长"就几次想入伙旗昌而不可得。[③] 这就表明在海盗商人之中，洋行实际处于首领地位。"单干户"也有自行挂牌"营业"的，但终不能与老牌洋行相比。

　　总之，鸦片战争以后，不论老行、新行、大行、小行，"洋行商人"或是"单干户"，没有一个是守规矩的。暴力掠夺乃是这一时期洋行发展的基本特点。下面我们就来看看殖民主义强盗的暴力掠夺罪行。

（二）殖民主义商人的暴力掠夺罪行

　　正如马克思引用邓宁格的话形容殖民主义海盗那样："像自然

---

　　① 格里芬：《飞剪船与领事》(E. Griffin, Clippers and Consuls)，1938 年版，第263 页附注。

　　② 斯塔克波罗：前引书，第 39—40 页。

　　③ 同上。

惧怕真空一样，资本是惧怕没有利润或利润过于微小。一有适当利润，资本就会胆壮起来。10％会保障它在任何地方被使用；20％会使它活泼起来；50％的利润会引起积极的大胆；100％会使人不顾一切人的法律；300％就会使人不顾犯罪，甚至不惜冒绞首的危险了。"[①] 19 世纪中叶殖民主义者对中国的暴力掠夺正是这样。只要能够捞钱就可不择手段。然而，这批歹徒尽管无恶不作，却并没有"绞首的危险"。他们踏上中国这块"乐土"以后，竟能如履坦途，一无顾忌，关键之一是领事的庇护，因之有必要先从领事谈起。

领事　名义上是"专理商贾事宜与各该地方官公文往来"的外交官员，实则是维护海盗商人利润的政治代表。遇有华洋纠纷，领事不仅可出面干预，而且外国商人可以通过领事直接向中国官方要挟。[②] 因而猎取领事职位的洋行商人越来越多。人们可以看到，19 世纪中叶很多洋行，特别一些老牌殖民地洋行，几乎没有不挂上一个或一个以上的领事头衔的。鸦片战争后，有些甚至就以领事名义向各口岸伸张势力。例如 1844 年宁波刚刚开埠，旗昌洋行就派出它的大股东吴利国（H. G. Wolcott）去该地充当美国领事。1846 年又转任上海。[③] 同年，这家洋行就在上海开设了分行。在天津开埠时，旗昌又派出它的股东 F. B. 福士（Forbes）充当天津领事，于是又开设了天津旗昌分行。[④] 在这里，旗昌显然是把领事作为扩张势力的开路先锋的。

美国的领事本来就是"商人领事"，英国领事则是由英国外交

---

① 马克思：《资本论》，第 1 卷，人民出版社 1956 年版，第 961 页，注 250。

② 外商"欲行投禀大宪，均应由管事官（即领事）投递"，见《中外旧约章汇编》，第 1 册，第 42 页。

③ 格里芬：前引书，第 258 页。

④ 《北华捷报》，1875 年 8 月 28 日。

部任命的一项"官职"。以商人身份兼职领事的"商人领事",其利用领事职权,"走私作弊,事所恒有",清政府对之"向章只准与地方官面商事件,不准行文往来"。于是这些"商人领事"就"上半天勾通作弊之商人,下半天即可亲身赴道署商办公事;此日到关受罚之商人,即明日道台来拜之领事"①。

至于官职领事与洋行同样瓜葛不清。例如英国派驻上海的领事巴尔富,宁波领事罗伯聃都是大鸦片商怡和的"好朋友"。当这两个口岸开埠的时候,怡和老板就指示它的经理人达拉(A. G. Dallas)要多多藉助于这两个领事的照拂,以便大规模走私。② 因而在"官职领事"管理下的外商并不比其他外商好些。他们照样可以"把关税逃避得一干二净"。③

对于殖民主义者的暴力掠夺,领事的作用远远不限于"照拂"。在很多情况下领事不仅唆使、怂恿与包庇,而且直接地参与。尤其重要的是他们可以行使"领事裁判权"。

所谓"领事裁判权",就是外商的犯罪行为只由领事裁判、不受中国法律制裁的特权。中外之间的"争斗、词讼、交涉事件",中国籍人民"照中国例治罪",外国籍者则"由领事等官捉拿审讯,照本(外)国例治罪"。④ 而划归领事负责的罪犯,往往通过包庇与抵赖,最后又能豁免与释放。在这方面,美国领事较为突出,以至很多海盗商人"都要求取得美国公民资格的特权"。因为一当取得美籍身份,即可轻易地通过美国领事干预化有罪为无罪,

① 《通商章程成案汇编》,第 4 卷,第 6、15 页,光绪十二年。

② 费正清:前引书,第 1 卷,第 170 页。罗伯聃原亦为该行行员。同书,第 160 页。

③ 莱特:《沿革史》,第 88 页。

④ 1844 年 7 月中美五口贸易章程第二条,《中外旧约章汇编》,第 1 册,第 54—55 页。

达到豁免与释放的目的。显然，领事裁判权实际就是罪犯保护权。以外交官员身份出现的领事实际就是管理罪犯的罪犯。连一个美国侵略头子、驻华公使列维廉都认为"向中国勒逼领事裁判权，乃是一椿无耻之尤的事，其恶劣程度不下于苦力贸易或鸦片贸易"。①

凭藉领事的特权，使殖民主义商人的无本生利或一本万利的海盗行径就更加有恃无恐、无法无天了。

拐骗华工、贩卖人口　拐骗华工、贩卖人口的罪行，鸦片战争以前即已有之。鸦片战争以后就更加猖狂。为了源源不断地从中国向西方输送廉价劳动力，很多洋行干起拐骗华工的勾当。

拐骗华工贩卖人口的中心最初是广州、澳门与厦门，后来又扩展到汕头、上海、天津等口岸以及贵州等内地省份。据不完全统计，仅厦门一口"出口华工"，1845—1852 的七年期间，共计5000 余名，而 1851 年一年即达 2000 名之多。② 其中有男性，也有妇女，而且还有不少未成年的儿童。

拐骗华工的方式，主要是诱拐和掠捕，受骗的华工一旦落入人口贩子的魔掌，就必然要受双重盘剥，洋行把华工当做奴隶买卖，盈得利润以后，资本家还要在华工身上榨取剩余价值。为了偿付运输费用及"身价"，资本家对华工的剥削也必然加倍地残酷。受拐骗者则在失却自由的同时，还失却了生命的保障。一个侵略分子目击残酷虐待华工情况后写道，当华工被诱骗到"收容所"以后，即被剥去衣服，在胸部打上字样号码，编号以后，有

① 丹涅特：前引书，第 273—274 页。

② 英国蓝皮书《关于中国移民问题与英国在华贸易监督的通讯，1853 年》，第9—10 页，转见姚贤镐：《中国对外贸易史资料》，第 465 页。

些被直接装船外运,有些则先特制牢笼,囚禁待运。[1] 在外运以前,"审问及清点人数之时,从者得免虐待,不从者则惨遭毒刑,甚至枪杀";及至"送往国外,卖为奴隶,受尽磨难,其能存者,万不得一"。[2] 至于运输途中海上地狱的悲惨遭遇,尤其令人发指。总之,妻离子散,家破人亡的悲剧,是不胜枚举的。

因此,在外商所至之处,造成一种人人自危的恐怖现象。例如广州地区的人口贩子,"始犹暗用诱术,近则明用强抢,省城附近一带村落,行人为之裹足,民情恟惧异常"[3]。上海地区同样是"先用拐骗贩卖,继而遍地捉人,人情汹汹"[4]。

然而,正是这种残酷卑鄙的"奴隶买卖",竟成为在华洋行所追逐的一项"业务"。从事这项业务的有英、美、法、葡等各种国籍的商人和行号。前面提到的厦门两家挂着洋行招牌的德记与合记,都是典型的人口贩子。连伦敦的第一流商行和银行,与香港一些公司和人士一样,在澳门的"苦力贸易"中也都有份,并还"获得巨额利润"。[5] 拥有船只的洋行,就更加以竞运华工为能事,赚取运输费用。为了多装多运,一般船只竟把华工所占舱位每位压至 8 平方英尺(2×4 英尺)。这意味着人既难于转侧,双腿亦不能直伸。加以其他恶劣条件,以至一艘载运 298 人的苦力船在前往古巴的航程之中,有 135 人丧生,死亡率竟高达 45%。[6]

从事华工运输的,以美籍船只最多。1852—1858 年间仅从汕

① 马士:《关系史》,第 2 卷,第 182 页。

② 费什:《中国活动三年纪事》(C. B. Fisher, Personal Narrative of Three Years Services in China),1863 年版,第 264—265 页。

③ 咸丰朝《始末》,第 50 卷,第 1—2 页。

④ 《同治上海县续志》,第 30 卷,第 20 页。

⑤ 埃德迩:《香港史》(E. J. Eitál, History of Hongkong),第 500—501 页。

⑥ 马士:《关系史》,第 2 卷,第 185—186 页。

头由美船运出的"苦力"即达 4 万名。① 据说 1860 年华工运输几乎为美船所垄断。② 以"清高"标榜的美商老牌殖民地洋行同孚 (Olyphant & Co.) 就是以输送苦力为基础扩展它的轮运业务的。1877 年这家洋行与秘鲁政府订定合同中曾经规定以开辟中秘航线、每年航行 28 次、每次输送 500 名华工为条件换取秘鲁政府"每年 16 万元的补助"。③

但是，惨绝人寰的"奴隶贸易"，比起"鸦片贸易"来还是仁慈的。从事这项罪恶勾当的人口贩子，毕竟不以毁灭"奴隶"的肉体为目的，"因为使它们继续活下去"更有利可图。而吸食鸦片者，则最终能使他们"精神本质腐化、堕落和毁灭以后，还毒杀他们的肉体。"④

海盗护航　"护航"是西方殖民主义者最为典型的海盗行径，也是对殖民地落后国家最露骨的暴力掠夺。一个海盗商人只消以三四百元买一条小船武装起来，即可悬挂洋旗，进行"护航"，收取护航费。曾经有一条 140 吨的纵帆双桅小船"厦门号"（Amoy pocket），每自宁波到泉州往返护航一次即能获利 500 元。自宁波至上海单程护航一次即可净得 536 两白银⑤。因而海盗商人都竞相争逐这项无本生利或一本万利的"生意"。其中有些时而挂牌营业，时而落牌撤销的小洋行，实则是经营"护航"的匪窟。例如"奥斯汀洋行"就是犯下海盗护航罪行而受审的英籍流氓奥斯汀

---

① 汉德逊：《中国海的美国船》（D. Handerson, Yankee ships in China seas），第 186 页。

② 坎贝尔：《中国苦力外流》（P. C. Campbll, China Coolie Emigralion），第 116 页。

③ 《海事》（American Neptune），第 17 卷，第 2 期，第 141—142 页。

④ 《马克思恩格斯论中国》，1957 年版，第 81 页。

⑤ 费正清：前引书，第 1 卷，第 366、342、337 页。

(Samuel Austin) 开设的①。《北华捷报》透露了这家"洋行"的底细。原来竟是奥斯汀从福州英国领事取得一纸临时执照，以一艘 15 吨"Swan poon"号及 2 只雇来的再加以武装的宁波船，专为"护航"而在定海开业的一家行号。②当他的海盗罪行败露以后，这家"洋行"也就同时消失了。利之所趋，如蝇之逐臭，从事"护航"业务的当然不限于奥斯汀。像旗昌这样的大行也公然登报招徕，兼营"护航"业务。③

　　所谓"护航"就是保护航行免遭海盗侵袭。然而严重的是，西方殖民主义者在中国领水里的"护航者"本身就是海盗。1849年曾经有一艘英籍船只"引水号"在"护航"中杀死 60 名中国无辜船民，掳走 123 人，其中 45 人每人被勒以 300—3000 元的"赎款"。1847—1850 年 4 年之间，12 艘英籍"捕盗船"曾经掠夺了139 只中国商船，杀死或监禁了 7325 人。而这些海盗又可以"护航"为名向其政府邀领"赏金"，每捕掳"海盗"1 名，赏金 20镑。④据说从 1851—1868 年的 17 年当中，英国海军为鼓励屠杀中国船民而付出的"赏金"为数达 35000 镑之多。⑤海盗商人既能从中国船民手中掳掠财物，又能从侵略者当局领取赏金，就更加助长了这批"护航者"以杀人放火为能事的凶焰。至于中国船民在海盗商人的骚扰下固然难免蒙受意外的损失，有时不得不武装以

---

　　①　莱特：《沿革史》，第 185 页。

　　②　《北华捷报》，1859 年 7 月 23 日，第 203 页。

　　③　《上海新报》，同治元年十一月十四日广告。

　　④　费正清：前引书，第 1 卷，第 336—337 页。1849 年 5—10 月间被英国侵略者击毁的"海船"，有案可稽的不下 57 只，杀死 1100 人；同时还有 2000 人"漏网"。参见蓝宁等：《上海史》，第 382 页。

　　⑤　福克斯：《英国海军与中国海盗，1832—1869》（G. Fox, British Admirals and Chinese Pirates, 1832—1869），第 201—204 页。

自卫；而有自卫武装的船商，则又会被"护航者"借口商船武装，诬指为海盗，横加迫害。英国的"海军"就曾以情况不熟为由，索性不分青红皂白把所有中国船商一律作为海盗看待。中国沿海广大船民走投无路，又被迫转而接受海盗"护航"的各种苛刻条件。海盗商人为了竞争生意采用各种手段，把许多"护航"条件强加之于中国船商。如不同意"护航"，甚至硬把洋旗插上华船，然后依旗征收护航费，如不如数交费，则又以违反合同论，压迫地方官府，强行勒索。① 但是，即使接受苛刻的"护航"条件，仍然难逃海盗劫掠的厄运。华商雇用外商护航，无异引狼入室。一位西方作家曾描写这些名之为护航的"保户"，实际都是"保虎"。从敲诈、抢夺直到暗杀，无所不为②。

与拐骗华工、走私贩毒一样，海盗商人所以敢于利用"护航"如此肆虐，同样是凭借侵略者政治特权的维护。从英国首相巴麦尊到香港殖民主义政府的高级法庭，都是"护航"的支持者。③ 而具体合作的仍然是各口领事。

领事为"护航者"的海盗行径提供两方面的作用。一方面在陆上兜揽护航生意，一方面运用领事裁判权的特权包庇海盗商人的罪行。尤其严重的是有些领事自己就是海盗的同伙。葡萄牙领事就曾与海盗护航的葡艇之间签订协定，赃物之中得分取 4% 作为领事的一项固定收入。而葡萄牙当时与清帝国还是非条约国家，因之它本来无权享受条约国家的特权。然而它的领事却照样可以通过"司法判决"手段庇护葡籍罪犯。葡领如此，作为有约国家英、美诸国领事就更有过之而无不及。一艘 1851 年即已放弃"护

---

① 费正清：前引书，第 1 卷，第 336—337、342 页。

② 莱特：《沿革史》，第 184、247 页，注 6。

③ 莱特：《赫德与中国海关》，第 77 页。

航"的英商船只，到 1853 年英国领事还为它直接出头向 20 艘中国渔船勒索 1000 余元的"护航费"。①

　　走私漏税、偷贩毒品　鸦片战争以后侵略者攫夺的各项特权中，除裁撤公行、增开口岸、外商任便贸易、派驻领事外，还有"秉公议定"的税率，即通称的"协定关税率"。所谓"协定关税率"即除一部分品目订为从价 10％左右的税率外，余均从价 5％以下。这种税率无疑是有利外商的。其有利的程度，"竟比（外国）商人们本身所敢于提出的还更加有利一些"。② 因为偷漏比"协定关税率"还要有利，所以，洋行商人仍然偷漏成风。

　　洋行商人所以能猖狂走私偷税，显然是政治特权庇护的结果。我们知道，以监督外商缴税为职责之一的领事往往就是走私偷税的同谋。因而这些领事，由于自己商业活动的牵连，明知走私偷税也"佯作不知"。③ 旗昌洋行大股东祁理蕴，竟然以美国驻上海领事的身份，"首先作俑"，"开走私漏税之端"。④ 资料记载说，厦门整个港口贸易差不多都是英籍商人进行的，然而该口的英国领事对于英商的走私偷税非法行径，几乎起不到任何监督作用。⑤

　　以领事为护符的走私贩子同时还以贿赂、收买等手段勾结中国海关人员及地方官府，因而使他们对走私偷税现象也就"明知故纵"。一方面是领事的"佯作不知"，一方面是中国官府的"明知故纵"。就在这种里应外合的"巧妙安排"之中，使走私偷税达

---

　　① 费正清：前引书，第 1 卷，第 343 页；马士：《关系史》，第 1 卷，第 458—459 页。

　　② 莱特：《沿革史》，第 10 页。

　　③ 1850 年 9 月 27 日文翰致巴麦尊，《沿革史》，第 174 页。

　　④ 咸丰朝《筹办夷务始末补遗》，第 1 册上，第 173 页。

　　⑤ 费正清：前引书，第 1 卷，第 348 页；格里芬：前引书，第 133—134 页。

到空前猖狂的程度。走私贩子"可以任意毫不拘束地在他们所愿意去的地方，用他们所愿意用的方法去进行贸易"。例如他们可以在吴淞提前卸货，而到了上海空船结关，逃避货税，或是利用并舱办法以多报少，或是用顶替办法以假充真。总之，花样愈出愈奇。到后来，这种无法无天的行径，使一些侵略头子都感到无法约束难于管理了。[①]

1856—1857 年间，中国对外贸易的中心自广州转移上海以后，麇集在上海的海盗商人，怀着"把整个中国变成一个巨大的口岸"的野心，进一步向长江一线深入扩张，阴谋开展"不受口岸限制"的贸易。还不等长江开放，成批的歹徒、恶棍即已渗入长江沿线各地。还在 1861 年 3 月"长江通商章程"颁布以前，长江一线的"半海盗性"的走私和贸易即已全面展开。[②] 在这种情况下，清政府竟企图借助于"通商章程"限制海盗商人的非法活动，规定外商船只能在设置领事的约开口岸从事贸易，否则"不惟不准开舱启货，甚且不准前往"[③]。事实上外籍船只的活动根本没有口岸的限制，随处均可私买私卖。

至于走私偷运商品项目，从洋纱洋布直至土产，无所不包。其中甚至还有封建政权专利的盐斤以及违禁品军火。资料记载说，走私盐斤的船只"均无牌照，传集究讯，抗不到案"。[④] 为武装封建政权以镇压革命运动而偷运军火的活动，尤其惊人。1843—1858 年间，"沪港两埠，凡售船用器具之（外商）商号，均有大小枪枝出卖"。据统计，1866 年一年进口军火，即有雷管 9900 余

①　莱特：《沿革史》，第 86—89、95 页。

②　莱特：《赫德与中国海关》，第 238 页。

③　《通商约章类纂》，第 24 卷，第 30 页。

④　同上书，第 15 卷，第 29 页。

万支，火药 238 余万磅，来福枪约 3 万只，大炮 42 尊。而按合同进口的火药尚不在内。①

当然，走私最大的项目还是鸦片。

偷运鸦片是在华洋行商人最赚钱的一项"生意"。据说一个"船长"从印度贩运鸦片，一次就能获利 3000 元。② 美商琼记洋行（A. Heard & Co.）以每月 1000 元的租金雇赁一条双桅帆船"敦琼号"（Don Junn）贩运 286 箱鸦片，由广州运销上海即能从两个口岸的差价中获取 2 万元的暴利。③ 而据马丁计算，700 元一箱的鸦片，扣除保险及运输费用以后，代理人仍可得到 113 元的利润。④ 暴利具有无比的诱惑力，以至每一个英美在华洋行商人都"充分地利用了他们的资力去作这项毒品生意"，追逐鸦片利润。⑤ 香港的主要洋行"都经营鸦片生意"。⑥ 靠贩毒起家的怡和、颠地、旗昌、琼记大鸦片商在沿海各地普设趸船，囤储分销，并自有船队，往来贩运。为数众多的较小行号，也都把走私贩毒列为主要"生计"。它们的资力虽然有限，却可以借助于大行的趸船作为贩毒的囤栈。⑦

在贩毒活动中，领事仍然扮演极其卑鄙的角色，有些领事就是贩毒商人的同谋犯、合作者。一方面由领事以政治特权给鸦片

---

①　《英领报告》，1866 年，上海，第 6—7 页。

②　斯塔克波罗：前引书，第 53 页。

③　费正清：前引书，第 2 卷，第 22 页；班思德：前引书，第 72—73 页。

④　马丁：《中国的政治、商业与社会》（R. M. Martin, China, Political, Commercial and Social）第 2 卷，第 258 页。

⑤　《北华捷报》，1855 年 11 月 3 日，转见马士：《关系史》，第 1 卷，第 612 页，注 1。

⑥　《通商约章类纂》，第 24 卷，第 337 页。

⑦　费正清：前引书，第 1 卷，第 349 页。

贩子安排各种便利条件；另一方面则由鸦片贩子支持领事的活动经费。例如宁波英国领事的收入，一度完全由定海的宝顺洋行鸦片趸船所供给。① 美国的商人领事本身就是鸦片商人，就更便于假借领事职权走私鸦片了。

（三）鸦片贸易的扩大及所谓"物物交换方式"

1850 年一个英国侵略头子曾经写道："鸦片贸易在我国对华商务关系中是一个最重要的因素，不仅因为对我们印度帝国的收入有重要意义，而且因为它的规模庞大，对外汇情况也很有影响。同时它所运用的资本比对华贸易中任何其他部门的英国资本都大。"② 这个侵略分子的话说得并不错，鸦片贸易在英国对华贸易中确实具有重要意义。但鸦片贸易对在华侵略势力的扩张有什么作用，却丝毫没有涉及。事实证明，鸦片贸易是早期在华洋行赖以扩张的一个最重要的领域，洋行贩销毒品的线路同时又是伸入内地搜购丝茶的渠道。

前面提到，第一次鸦片战争以后，西方对华商品贸易迟迟未能打开，对华贸易的停滞不振，直接影响到资本主义国家的经济发展。马克思指出："1843 年的条约，不是扩大了美国和英国对中国的出口，而是加速和加重了 1847 年的不景气的危机。"③ 危机过后，对华贸易中须臾不可离的"委托贸易"都难以推行。发过狂的英国制造家们再不敢冒中国市场的风险，不得不要求在华行号预付船货价款，或由洋行在自己账下购进船货，往返中国贩销，

---

① 费正清：前引书，第 1 卷，第 170 页。

② 1850 年 3 月 23 日包令致文翰，英国国会档《1849 年中国各口贸易》（B. P. P., Returns of Trade of the Various Ports of China, for the year 1849），第 2—3 页，转见姚贤镐：《中国近代对外贸易史资料》，1840—1895，第 1 册，第 420—421 页。

③ 《马克思恩格斯选集》，第 2 卷，人民出版社 1965 年版，第 23 页。

以便转嫁可能发生的损失。① 原以代理业务为主进而兼营独力贩销，这是 19 世纪中叶在华洋行业务活动的一个值得注意的变化。

总起来说，洋行商人虽曾千方百计地推销棉毛匹头洋货，终于进展不大。直到 1854 年英国制造中心的老板还在不断地鼓噪："进口中国的棉毛织品，无论是价值还是数量，都还不如八年前。"②

但是，匹头洋货贸易尽管不能大规模展开，"鸦片却是唯一的例外"。鸦片战争以后，鸦片进口量以前所未有的速度递年剧增起来。前面提到，鸦品贸易主要是走私偷运，因而不可能有完备的确切数字。据统计，历年中国鸦片的"消费额"是：③

1842 年	28508 箱	1853 年	54574 箱
1845 年	33010 箱	1854 年	61523 箱
1848 年	38000 箱	1855 年	65345 箱
1852 年	48600 箱		

另一个统计是上海一口的"需要量"：1848 年计 16960 箱，1853 年 24000 箱，1857 年高达 31970 箱，较之 1837 年全国鸦片进口额还多。据英国官方文件透露，1845 年输华鸦片计 38000 箱④。与此比较，上述"消费额"可能还要偏低。

下面让我们看看巨额进口鸦片是怎样运销的。

---

① 伯尔考维茨：前引书，第 11—12、16 页。

② 爱德华·勒费窝：《清末西人在华企业，1842—1895 年间怡和洋行活动概述》(Edward LeFevour, Western Enterprise in Late Ching China, A Selective Survey of Jardine, Matheson & Co.'s Operations 1842—1895, Harvard, 1970)，第 9、7 页。

③ 马士：《关系史》，第 1 卷，第 626、613 页。

④ 英国国会档《1847 年中国各口贸易报告》(B. P. P, Returns of the Trade of Various Ports of China, for the year 1847)，第 40 页。

首先，鸦片商人以造型新颖、装配精良、号称"世界第一流"的鸦片飞剪船从印度等地浮洋跨海把大量鸦片运至中国。这些船只，配有"空前大胆"、驾驶熟练的船员，在激烈竞争中，逆着季风飞速地往返中印航线，为数经常在六、七艘以上。[①]

鸦片运抵中国以后，一般先由香港、澳门地区洋行趸船接触，再由一种"较小的船只"转运到沿海各地趸船。有人记录 1845 年 11 月进出香港的鸦片船只不下 80 艘，其中属于怡和洋行名下的即达 19 艘之多。[②] 此外，还有一种专在中国沿海"偏僻的港汊"自由贩运鸦片的"精锐的船只"。[③] 据统计，当时常年游弋在中国水域、武装齐备的各色大小鸦片船只总不下四五十条。[④]

重要的是趸船，这是一种停泊于口岸以外固定地点、逃避稽查、便于走私、囤储鸦片的船只。鸦片战争以前，港澳零丁一带早已有之。鸦片战争以后，自香港、汕头、泉州、福州、厦门、定海直到吴淞口等已开未开口岸，几乎到处都设有趸船。其中以香港、吴淞最多。怡和、宝顺、太平、麦克威克（Mac Vicar & Co.）、旗昌等大洋行都在吴淞设有各自的趸船。[⑤] 有的还不止一只。1845 年怡和一家就拥有 14 只趸船。[⑥] 1850 年仅吴淞一处停泊趸船竟达 10 只之多。[⑦]

---

① 拉巴克：《中国飞剪船》，第 3—4 页；赛尔：《中国和中国人》（H. C. Sirr, China and Chinese），第 1 卷，第 265 页。

② 安达考特：《香港史》（G. B. Endacott, History of Hongkong, Cambridge, 1958），第 73 页。

③ 拉巴克：前引书，第 3—5 页。

④ 赛尔：前引书，第 265 页。

⑤ 拉巴克：《鸦片飞剪船》，第 278 页。

⑥ 爱德华·勒费窝：前引书，第 15 页。

⑦ 马士：《关系史》，第 1 卷，第 610 页。

为了充分发挥趸船的作用，适应物物交易的需要，趸船不只用来存储经营鸦片，而且同时兼营棉毛匹头洋货。有时除经营本洋行业务外，同时也接受一些没有趸船的小洋行的委托。① 有的趸船除设置外商经理人员外，还配备一套买办、通事、看银师一类华籍雇员，② 并还保留必要的周转资金。③ 可见这种趸船实际已是各口鸦片走私贸易的中心与据点。

自沿海市场接纳鸦片向内地宣泄，除各色中间商人外，清政府的地方官员也往往掺杂其间。出于经济上的需要，希图从鸦片贸易中捞取好处，不少官方人员染指这项生意。1845 年 4 月 26 日英国侵略分子德庇时致耆英的信中透露，（广州）黄埔地区的鸦片走私贸易中，"中国政府的低级官员就是主要的贩卖者，获利甚厚"。④ 有时清政府的官船甚至直接靠拢停泊在广州外海零丁洋的鸦片船只提卸鸦片运往广州出售。⑤ 在上海地区，连漕运线路都成为贩运鸦片的渠道。1851 年就有大批经运河北上京师的漕船"每只都装运一分鸦片"，以至吴淞待售的麻洼土出现了异乎寻常的大量需求。⑥ 以漕船作为贩运鸦片的工具，显然是有官方力量参与的。

官商勾结经营鸦片，对那些不愿冒违禁风险的私商来说是为了"壮胆"。在官府方面，由商人出面，又可避人耳目。⑦ 但贩运

---

① 马丁：前引书，第 2 卷，第 343—344 页。

② 爱德华·勒费窝：前引书，第 22 页。

③ 马士：《关系史》，第 1 卷，第 258—260 页。

④ 英国国会档《1842—1856 年关于中国鸦片贸易的文件》（Papers Relating to the opium Trade in China, 1842—1856），第 21—22 页。

⑤ 斯卡思：《旅华十二年见闻》（J. Scarth, Twelwe Years in China）。

⑥ 爱德华·勒费窝：前引书，第 23 页。

⑦ 同上。

鸦片的主要还是商人。

不管是官是商，都有其特定的贸易方式。一般说来，除现款交易、期票交易外，最为普遍的是物物交易方式。[1]

所谓物物交易，即以丝茶交换鸦片、匹头洋货。这种交易方式本来是不能适应资本主义商品侵略要求的，因为在进口洋货销售以前，外商要与华商协议物物交换价格，签订合同，因而无法通过货币价格控制中国市场。同时物物交易方式旷日持久，一笔交易的完成，每每需要经年累月，因而不能加速资本的周转。然而直到19世纪60年代，物物交易方式却广为流行，这主要是因为中外商人都能从中图利的缘故。

资料表明，外商控制中国丝茶市场以前，生丝价格（茶也一样）主要是"依据国内市场确定的"。[2] 物物交易价格一般又以丝茶市价作为折合标准。[3] 由于长期大量鸦片进口造成的白银枯竭、银根吃紧，遂使国内市场以银两确定的丝茶价格必然偏低；相反，由于鸦片消费量递年剧增，又必然导致进口量的增加与价格的偏高。在这种情况下，外商"如果以货易钱（银）（不是以物易物），那么（鸦片、洋货）价格就很低"。[4] 但通过物物交易，以价钱偏高的鸦片交易价格偏低的丝茶，外商显然有利可图。中国丝茶商人"只在某丝茶价格上附加相当数额"，即可作成一笔

---

① 英国国会档《1847年下院小组委员会关于对华商务关系的报告》（B. P. P. Report from the Selective committoe of the Commons on commercial Relations with China，1847），第5卷，第151—152页。

② 威廉士：《中国商业指南》（S. W. Williams, The Chinese Commercial Guide, 1863），第137—138页。

③ 英国国会档《1847年下院小组委员会关于对华商务关系的报告》，第5卷，第61—62页。

④ 同上书，第89页。

买卖①，因而也能有钱可赚。吃亏的只有丝茶直接生产者和鸦片消费者。

物物交易的方法，以上海为例，大致不外以下两种。

一种是在上海就地完成交换、作成贸易。中国鸦片批发商人可以先用丝茶从口岸鸦片经纪商手中换取鸦片提货单，然后持单向趸船提货。也有时先由丝茶商人以丝茶直接到趸船换取提货单，再以现银售予鸦片商人。自上海取得鸦片或其他洋货的批发商"总是把它运至苏州售现"，苏州商人进货以后，"再贩运全国各地"②。

另一种是把鸦片、洋货运至内地交换。在这里，洋行买办开始显示了重要的作用。19 世纪 40 年代末期从上海购进鸦片运至苏州交换丝茶，即当时外商所津津乐道的"苏州方式"（Soochow System）就是怡和洋行大买办杨坊与宝顺洋行的一个买办所首创的。③ 据资料，广东早年曾实行过的根据合同派人到内地茶区购茶的办法，1847 年在上海也已实行。④

由此可见，不论哪一种方式，通过"物物交易"，总是把鸦片、洋货与丝茶紧密联系在一起。鸦片、洋货的出售与丝茶的购买是同时进行的。就是说，购进鸦片就必须同时出售丝茶；反之，出售丝茶就一定得购进鸦片。

本来，各个通商口岸具有不同垄断势力的各种华商公所对外

---

① 英国国会档《最近中国各口贸易报告》（B. P. P. , Returns of the Trade of the Various Ports of China, Down to the Latest Period），第 45—46 页。

② 同上。

③ 郝延平：《十九世纪中国的买办：东西的桥梁》(Hao Yen—Ping, the Compradore in Nineteenth Century China：Bridge between East and West)，第 83 页。

④ 英国国会档《1847、1848 年中国各口贸易报告》（Returns of the Trade of Various Ports of China, for the year 1847、1848），第 61—62 页。

商的侵略活动是有一定遏制作用的。这些行会组织十分严密。资料记载说："在通商码头，一货有一货之公所，公举善于经纪之人，常年住彼，谓之坐庄，专门探听货物之滞旺、价值之高下，往来送信，以定产区发货收买客货之多寡。设货到而价已贱，即暂贮公所，以待善价。"为了维护自己的利益，"坐庄"甚至不肯与外商"对手交易"①。然而在物物交易场合中，经营鸦片往往同时经营丝茶，鸦片、洋货与丝茶业务紧密联结一起，使原有公所的业务界限不复存在。鸦片公所就是一个例证。有的丝商竟也成为鸦片公所的成员。②不难设想，在鸦片公所就能完成鸦片、洋货与丝茶的交易。特别是买办势力打入某些公所以后，华商同业公所原有对外商势力的阻遏作用就更加难以为继了。③

总之，洋行早期丝茶出口业务在很大程度上是循着鸦片进口的途径展开的。④在鸦片贸易的带动下，西方殖民主义商人对华商品侵略的局面也在逐步打开。进展不快、时有起伏的洋货匹头贸易，就发展趋势讲，随着时间的推移，"纵未突飞猛进，而每年颇有增加"。到1858年止，英制洋布贸易，"十六年间所增之数，约有百分之五十"。出口丝茶贸易，虽受战争影响，变化却极为显著。同期华茶出口数量由7000万磅增至10300万磅；华丝则由1787包猛增至85970包⑤。

事实极为清楚：洋行商人极力扩大鸦片贸易，不单是可以从

---

① 道光朝《筹办夷务始末》，第70卷，第15页。

② 爱德华·勒费窝：前引书，第18—19页。

③ 参见拙著《中国买办资产阶级的发生》，中国社会科学出版社1979年版，第49—53页。

④ 费正清：前引书，第1卷，第297页。

⑤ 班思德：《最近百年中国对外贸易史》，中英合璧本，民国二十年，第32—35页。

中捞取暴利，且可通过鸦片商人、洋行买办等中间商人向内地渗透，开辟掠夺丝茶市场，把运销鸦片的线路变成为搜购土产的渠道。

三　洋行势力的扩张

19 世纪中叶在华洋行势力的扩张，显然是与上述种种暴力掠夺分不开的。暴力掠夺是西方殖民主义者资本原始积累的一个重要源泉。正如马克思所说那样，他们"直接靠掠夺、奴役和杀人越货而夺得的财宝、源源流入宗主国，在那里转化为资本"[①]。

搜集早期西方海盗商人掠夺中国的完整数字几乎是不可能的，但由一些零星材料可以看出其数量已极为庞大惊人。有人统计，怡和洋行鸦片盈利一项由 1827 年到 1847 年的 20 年间即达 300 万镑。"其中大部分为 1837—1847 年间所积累"[②]。旗昌洋行历年盈利数字我们迄今未曾见及，但资料足以证实它的大股东不断地把其自中国掠夺所得流向美国转化为资本的事实。例如祁理蕴于 1846 年曾把 50 万元巨款带回美国[③]。达兰欧回国时一次就带走 60 万元[④]。靠殖民起家、自诩为"海上船长之王"的旗昌另一名大股东福士，[⑤] 1855 年至 1856 年间在美国铁路公司的投资中，来自中

---

① 《马克思恩格斯选集》，第 2 卷，第 258 页。

② 马丁：前引书，第 2 卷，第 258 页。

③ 格里芬：前引书，第 263 页，脚注。

④ 洛克伍德：《琼记洋行》(S. C. Lockwood, Augustine, Heard & Co.：American Merchants in China on the Eve of the Opening of the Yangtze, 1858—1862, Harvard, 1971)，第 135 页脚注。

⑤ 克拉克：前引书，第 289 页。

国的资本不下 40 万元，1858 年一次又由中国汇回 12.8 万元投资到美国铁路公司的证券上①。资金的外流也并不限于大的洋行，连一些"单干户"也不例外。一个于 1847 年来到上海最早充当外籍"引水"的美籍"船长"包德（Potter）也把他来自中国的掠夺所得投资于加利福尼亚②。

但是，当把在中国的掳掠所得"源源流入宗主国"转化为资本的同时，这批西方海盗商人时刻也不曾忘怀中国这块"冒险家的乐园"。前面提到的那个达兰欧在美国赔尽输光投机失败以后，1860 年他又窜回中国回到旗昌重操旧业，以便继续从中国掠夺资财。而包德其人则压根儿没有离开中国，他一面投资于加利福尼亚，一面在上海开设船坞，随后更以其盈得的一笔横财再次投放到美国内"中西部的开发事业"上去。人们可以看到洋行业务的繁荣景象及其扩张的规模。虽然在本文所讨论的时期内在华洋行势力还不曾形成后来那样庞大体系，但 19 世纪中叶，特别是一些老牌大行，在业务上从收取佣金为主转变成独力贩销的同时，开始发展船运、保险、贸易、船舶修造、银行等各种专业企业。这是 19 世纪中叶在华洋行势力发展的又一值得注意的变化。

首先是船运。船运是暴力掠夺的必要手段。没有足够的船运力量，就不能扩大对中国的海盗掠夺。自鸦片战争以后，很多洋行便纷纷置备"漂亮的船只"，或是扩充已有的船队③。旗昌洋行就曾以巨额鸦片利润在短短几年之内一举添置数艘鸦片飞剪船④。

---

① 刘广京：《十九世纪中叶英美在华轮运势力的竞争》（Liu Kwang Ching，Anglo—American Steamship Rivalry in China，1862—1874，Harvard，1962），第 20—21 页。

② 格里芬：前引书，第 20—21 页。

③ 克拉克：前引书，第 59—60 页。

④ 斯塔克波罗：前引书，第 30 页。

50 年代初，几乎所有大洋行，诸如仁记、华记（Turner & Co.）、琼记等无一不是兼营货运的"大船行"。① 其中怡和洋行，包括趸船在内，以庞大鸦片飞剪船为基础的中国沿海分销系统（Coastal distribution System）每年的费用约达 25 万—30 万元之巨②。所有这些开支，连同丝茶贸易投资，都依赖相当于该行投资额 15％的鸦片利润来维持。③ 日新月异的鸦片飞剪船"一艘接着一艘"地出现在中国领海，差不多每一家英美洋行都拥有一艘或多艘这类出色的"快船"。④ 飞剪船队的大小被作为衡量洋行实力的标准。资产阶级作家曾经把飞剪船在中国领水飞扬跋扈的 19 世纪中叶誉为"飞剪船时代"。

在这个时期里，虽然由于机械还不够完善等技术方面的限制，轮船只能作为"辅助性船只"有限度地使用，⑤ 但由于鸦片贸易急剧发展的需要，终于在 1850 年由大英火轮公司开辟了香港至上海的定期航线。⑥ 过了三年，单单大英一家就不下 5 艘轮船在这条航线上航行。⑦ 而且早在 1848 年鸦片走私猖獗的香港、广州地区，颠地洋行（Lyall, Still & Co.）就曾以 3 万两的资本创办一家省港小轮公司（Hongkong & Canton S. Packet Co.）。⑧ 这是中国近代史上最早出现的一家专业轮船公司了。第二次鸦片战争以后，

---

① 拉巴克：《鸦片飞剪船》，第 320 页。

② 爱德华·勒费窝：前引书，第 8、15 页。

③ 同上书，第 29 页。

④ 克拉克：前引书，第 59—60 页。

⑤ 同上书，第 331 页。

⑥ 《北华捷报》，1851 年 1 月 11 日，第 94 页。

⑦ 莱特：《沿革史》，第 187 页。

⑧ 埃德迩：《香港史》（Eitel, History of Hongkong），第 276、346 页；中英年历（Anglo－Chinese Calander），1851 年，广州，第 96 页。

长江航线被迫开放，外国洋行纷纷置办轮船，中国沿海长江航线遂为外国轮运势力所垄断。

紧随着外国轮运势力兴起的是保险与船舶修造业。在资本主义商业经营中，船运、保险与船舶修造，如影之随形。哪里有船运，哪里就有保险与船舶修造。1853 年带头打入福建武夷茶区的旗昌洋行，1855 年又把一艘"孔夫子号"轮船开进了闽江，[①] 福州华茶出口业务也跟着迅速开展起来。1855 年计木下 15739700 磅华茶由 3 家英国洋行、2 家美国洋行运往外国市场，1856 年一下子增至 40972600 磅。其中的三年平均出口华茶均达 35476900 磅。[②] 船运及华茶贸易的展开，又转而刺激保险业的发展，旗昌在福州的中国互助保险公司的代理业务就是这个时候开始的。[③] 1857 年怡和洋行为了开展船运业务，把保险作为吸引华商货运主的手段，将原设在广州的谏当保险公司分别在香港与上海开设了分号。[④] 进入 60 年代，保险与船运几乎同时出现竞设高潮。例如在上海，旗昌洋行于 1862 年创办旗昌轮船公司以后不到一年，就创办一家扬子保险公司，资本 40 万两[⑤]。怡和洋行除谏当外，先后代理 8 家保险公司的业务，并于 1866 年又投资创办"香港火险公司"。[⑥]

外商船舶修造业与船运及保险业的发展趋势大体雷同。最早出现船舶修造业的是香港。50 年代以后，上海进出外船日益频

① 《北华捷报》，1855 年 4 月 21 日，第 153 页。

② 马士：前引书，第 1 卷，第 406 页。

③ 《北华捷报》，1856 年 1 月 5 日，广告。

④ 爱德华·勒费窝：前引书，第 136 页。

⑤ A. 莱特：《二十世纪香港、上海及其他中国商埠志》(A. Wright, Twentieth Century Impressions of Hongkong, Shanghai and Other Treaty Ports of China)，第 450 页。

⑥ 爱德华·勒费窝：前引书，第 136 页。

繁。1851 年一下子就出现 5 个"造船以及与造船有关的"外商行号。曾经充当过上海港引水的美籍"船长"贝利斯（Baylies）及包德于 1856 年都曾投资上海修船厂坞。到 1859 年至少又出现另外三家。①

此外，值得注意的是银行。鸦片战争以后，日益扩大的鸦片贸易带来了越来越多的汇兑、承兑以及资金周转等金融业务，从而刺激了西方银行家在中国的设行活动。1845—1846 年伦敦银行业即曾伸出触角，企图与在华洋行建立联系。② 总行设在伦敦的丽如银行于 1845 年最早在广州开设了分行。1850 年前后，几乎就在大英火轮公司开辟华南定期轮船航线的同时，丽如又开设了上海分行。继丽如之后，呵加剌、汇隆、麦加利等银行也分别于1855 和 1856 年出现在上海。主要由在华洋行商人醵资、总行设在中国的汇丰银行于 1865 年创办以前，中国的外商专业银行已不下 9 家之多。③

尽管如此，第二次鸦片战争以前，这些银行的活动当时并未能攘夺洋行自己的金融业务。巨额鸦片利润足够用作鸦片贸易资金的通融与周转。以怡和为例，它就曾以鸦片利润挪作资金向鸦片商人、买办，或是通过买办商人向清地方官员贷款。④ 通过贷款，洋行不仅可以赚取利息、扩大资金，而且还能控制、利用华商、买办为其效劳。所以洋行往往把金融作为仅次于船运的业务。基础雄厚的老牌洋行没有不经营金融业务的。洋行也"就是

---

① 汪敬虞：《关于十九世纪外国在华船舶修造业的史料》，《经济研究》1956 年 6月号。

② 洛克伍德：前引书，第 23 页。

③ 汪敬虞：《十九世纪外国在华银行势力的扩张及其对中国通商口岸金融市场的控制》，《历史研究》1963 年第 5 期。

④ 爱德华·勒费窝：前引书，第 137—138 页。

它自己的银行"。① 拿琼记洋行来说，它在买卖汇票、收兑承兑方面，年复一年地成为一个赚钱的重要项目。② 旗昌洋行在汇兑业务方面，连 1850 年开设上海分行的丽如银行竟都不是它的对手。③

以上我们只不过简要地勾画一个洋行势力扩张的轮廓。事实上正是这些规模庞大的洋行，19 世纪中叶已在某些行业形成自己的垄断基础。各个通商口岸虽曾出现不少新设行号，然而在老牌大行面前，小行势必相形见绌。由竞争进而垄断，由垄断导致更为激烈的竞争这一资本主义规律制约着在华洋行势力的发展。在总数 200 余家的洋行之中，船运势力主要为少数几家英美行号所分享，酒类钟表贸易则由为数不多的法国、瑞士商人所独占。有 12 家英国洋行控制着伦敦、孟买、加尔各答等地大保险公司的代理业务。④ 这些就是一般所说的"商业大王"或"王子商人"(Merchant Princes 或 Princely Hongs)。

"商业大王"一方面在世界金融中心保持"高度信用关系"，与海外工业资本建立了千丝万缕的联系；另一方面又在中国口岸以其政治经济力量为后盾造成不拔势力。它们"习于大宗交易，惯于大出大入"，"从头到脚充满了商业大王的气息"。⑤ 从领事职位、海关，直到通商口岸的外商"商会"组织等等，都直接间接在这批"商业大王"掌握之中。从航运、保险、引水、银行直到商品贸易、鸦片走私，它们也都各自有其完整的业务体系。因而

---

① 郝延平：前引书，第 77 页。
② 洛克伍德：前引书，第 37 页。
③ 福士：《回忆录》，第 359 页。
④ 费正清：前引书，第 1 卷，第 160 页。
⑤ 密契：《维多利亚时代在华的英国人》(A. Michie, Englishman in China during the Victoria Era)，第 1 卷，第 257—260 页。

这批"商业大王"对华商固然作威作福，肆无忌惮，即使在外商之中亦睥睨一切。在西方殖民主义者经济侵华活动中，"商业大王"当然推脱不了罪魁的责任。

四 结束语

哪里有侵略，哪里就有反抗；哪里有压迫，哪里就有斗争。殖民主义商人赤裸裸的侵略与掠夺，理所当然地要遭到中国人民各种方式的反击与斗争。例如 1848 年以香港艇工为主体的劳动人民拒绝服从当地"统治条例"而大批离港。[①] 1861 年厦门当地人民"曾经数次集会"，"提议拆毁外国商行，袭击苦力船只，以减轻这种制度的祸害"，并且相约"此后如有人与德记、和记洋行进行贸易，即应处死"。[②] 上海也发生过类似事件。在广州，1859 年"吕宋夷人"利用法籍船只"掳捉内地民人出洋种地，非止一次，致令民情汹汹，激成愤怒，见夷人则群相殴打"。[③] 同年 4 月 12 日阿礼国透露广州的情势说："最近十天来，愤怒的群众用残酷的手段"杀死人口贩子，"以泄仇恨"。[④] 恩格斯当时就对中国人民寄予深切同情并曾作了生动的记述："中国人暗带武器，搭乘商船，而在中途杀死船员和欧洲乘客，夺取船只"，"连乘轮船到外国去的苦力都好像事先约定好了，在每个放洋的轮船上起来骚动殴斗，夺取轮船。他们宁愿与轮船同沉海底或者在船上烧死，也

① 麦耶:《中日商埠志》(W. F. Mayers，Treaty Ports of China and Japan)，1867年，第 62 页。

② 坎贝尔:《中国苦力外流》，第 102 页。

③ 咸丰九年七月，谕军机大臣，咸丰朝《始末》，第 41 卷，第 47—48 页。

④ 英国蓝皮书《关于广东人口外流的通讯》(B. P. P. Correspondence Respecting Emigration From Canton)，第 1 页，转见姚贤镐：前引书，第 469 页。

不愿投降"。①

　　以爱好和平、辛勤诚朴著称于世的广大中国人民本来对来华外商是以礼相加，并不曾给予仇视的。1861年英国侵略头子卜鲁斯曾经写道："镇海、舟山、温州的中国当局和居民，起初对于到那儿去的欧洲人本来很好，毫无侵害地让他们到那儿住下来，让他们在温州作很大的生意。不幸在没有任何权利管束之下，坏蛋逐渐聚集起来。这些坏蛋经常凌辱那些无抵抗的居民还不够，终于在这个口岸及其邻近水面当起海盗和土匪来"，以致中国政府最后决定对外国人封闭这几个口岸，"逼得人民用群众暴行来寻求报复"。②

　　显然，中国人民与洋行商人之间的斗争，是以压迫与反压迫、奴役与反奴役、掠夺与反掠夺为内容的殖民主义者与殖民地之间的民族斗争。正如马克思所说："英国政府的海盗政策已引起了一切中国人反对一切外国人的普遍起义。"③ 近百年来中国人民前仆后继的反对帝国主义的斗争，就是以这个时候为开端的。

（《近代史研究》，1981年第2期）

---

①　恩格斯：《波斯和中国》，《马克思恩格斯选集》，第2卷，第19页。

②　1861年5月30日卜鲁斯致罗素，《英国外交档》，F. O. 17/352。

③　恩格斯：《波斯和中国》，《马克思恩格斯选集》，第2卷，第19—20页。

19世纪60年代外国在华洋行势力的扩张

第二次鸦片战争后，从暴力掠夺中发展起来的在华洋行势力的扩张又进入了一个新阶段。本文即企图对这一阶段洋行势力扩张的历程及其特点进行初步研究，以就教于读者。

一 19世纪60年代在华洋行势力扩张的趋势

19世纪60年代是在华洋行势力空前扩张的年代。

我们知道，五口通商时期的20年，就是侵略者暴力掠夺的20年。第一次鸦片战争以后蜂拥来到中国的西方商人猖狂从事走私贩毒、拐卖人口、海盗护航等暴力掠夺活动。暴力掠夺使掠夺者满载而归；同时在华洋行也得以在通商口岸站稳脚跟，奠定了"商业大王"的地位。然而掠夺者很快就不以"五口通商"为满足。早在19世纪50年代初期外国商人就叫嚣"向五个通商口岸以外的地方进逼"[①]。从

---

① 伯尔考维茨：《中国通与英国外交部》（以下简称《中国通》），江载华、陈衍译，商务印书馆1959年版，第14、15页。

此外商突破口岸的非法活动日甚一日。第二次鸦片战争终于爆发了。

通过第二次鸦片战争，侵略者从清政府手中攫夺了更多的特权。约开口岸由 5 个增至 14 个，横贯中国、深入华中腹地的长江航道沪汉段也同时被迫开放。侵略者在中国取得的"新胜利"，曾经引起西方资产阶级极大的震动。在他们眼中，中国的许多领域，还都是有待填补的真空。"初来乍到的外国商人，立刻就能从自己脚下发掘财富。"[①] 1867 年上海英国领事追述当时的情况说，在英国国内被"新开口岸所取得的胜利冲昏头脑的大有人在"，因而"资本狂热地涌入中国，转瞬之间，从事对华贸易的洋行增加了 3 倍"。[②] 朝野上下都为争先到中国这块有待开垦的处女地上淘金激动不已。

侵略者通过第二次鸦片战争所取得的"胜利"，对于在华洋行商人所产生的鼓舞与刺激作用，尤其难以估量。当时在评价商人中间曾经有一个"流行的看法"，即"认为（他们的）政府的任务是用剑撬开中国牡蛎的外壳，而商业界的任务是采取珍珠。"[③] 如今在剑与火的威逼下，中国门户洞开，几乎整个沿海及长江中下游广大地区"自由贸易"的特权业已攫夺在手。在这些"商人"看来，到中国"采取珍珠"，犹如探囊取物。因而一些在五口通商时期大发横财满载而归的洋行老板，如美商旗昌、琼记等洋行老板金能亨（E. Cunningham）、德兰欧（W. Delano）、库利芝（Coolidge）等人又纷纷返回中国，准备再大干一场。[④] 在华外商与其国内商界遥相呼应，并且积极进行各种准备活动。

---

① North China Herald（以下简称 NCH），1864. 11. 26，p. 191.

② British Consular Report（以下简称 BCR），1867，Shanghai，pp. 117—118.

③ 《中国通》，第 3—4 页。

④ Lockwood，A. Heard & Co. 1859—1862，p. 131，Ft. 6.

(一) 空前规模的"调查"旅行

为了扩大侵略，19 世纪 60 年代侵略者以前所未有的规模展开了对中国内地的广泛调查旅行活动。以搜集内地商业、政治以至社会风俗等各种情报为目标的各种"调查队"、"旅行团"实际扮演的是侵略先锋队的角色。

1861 年有一伙外商由广州出发，先后分两路向内地窥探。一路经陆路前往上海[1]；另一路则自广州水陆兼程北向汉口[2]。没过几年，人们就发现香港鸦片贸易除沿海路向北销往上海以外，别有自广州经湖南运销汉口一线[3]。

也是 1861 年，分别以英国海军司令官贺布 (James Hope)、代理领事官巴夏礼 (H. S. Parkes) 及美国水师总领、"赫福号"旗舰 (Hartfort) 指挥官施碟烈伦 (C. S. Stribling) 为首包括上海怡和、宝顺、琼记等大洋行商人在内的英美两支武装"远征队"由上海出发，经过南京、九江，穿过太平军占领区直达汉口。沿途收集政治、商业方面的"第一手情报"。情报的内容几乎无所不包，"凡是停留过的地方，对每一件东西都要搞到样品，包括煤炭及其产量在内"，"每处都要记下主要商人的姓名及他们开办的字号，也要了解到这些地方对开展商业活动有哪些不利因素"，以及"长江行船的一切有关情报：浅滩、堤岸、激流、潮汐"等等。[4]英国"远征队"的"萨利勒少校" (Sarel) 和布莱克斯通船长 (Blaokston) 又由汉口转船岳州，换乘木船前往荆州，然后沿江

①　NCH，1861. 6. 1，p. 86.

②　Ibid.，1861. 6. 15，p. 95.

③　BCR，1869，Hankow，p. 80.

④　英国国会档：1861 年 1 月 9 日额尔金致巴夏礼；转见 S. Wright，Hart and Customs，p. 200；Lockwood，Ibid，pp. 92—93。

而上进抵川东门户夔府①。他们的最终目标是西藏②。结果因"困难"只走了 1800 英里，中途返回。③

　　华南、华中内地固然是侵略者觊觎已久的目标，华北、东北以及内蒙古同样处在侵略者的视野之内。大约在 1863—1864 年间，有一个名叫"韦廉臣"（A. Williamson）的伦敦布道会教士利用在烟台传教的机会到各地"旅行"，著有《华北、满洲、东蒙及朝鲜等地旅行记》（Journeys in North China，Ma Mchuria and Eastern Mongolia，With Some Accounts of Corea），及《北京芝罘间经由运河陆路旅行记》（Notes of a Journey from Peking to Chefoo overland via the Grand Canal）④，名为"旅行"、"游历"，实则窥探中国北方广大地区的自然资源。1867 年的一份山东煤铁矿资源的报告就是这个"传教士"提出的⑤。很可能也是这个传教士，1866 年 4 月从牛庄经陆路到北京，复于 1867 年秋先后两次在南满"旅行"，一次是向北经由海城及辽阳到沈阳，一次是自海岬直到中朝边界。据说他"访查了沿海及内地的每一个重要地点"。⑥

　　这些不过是荦荦大者。实际上，在我们所考察的历史时期内，侵略者对中国内地的各种窥探调查活动绝不止于以上数端。仅就此数端而言，已可以看出其旅行路线纵横交错贯穿中国大部省份，侵略者的足迹已经遍及整个中国。其侵略意义有些是在"旅行"

　　①　今重庆市奉节县。——编者注

　　②　NCH，1861. 6. 1.

　　③　Ibid.，1861. 8. 31，p. 138.

　　④　Ibid.，1866. 3. 24，p. 47；《近代来华外国人名辞典》，中国社会科学出版社 1981 年 12 月版，第 515 页。

　　⑤　North China Daily News，1867. 6. 25（以下简称 NCDN）。

　　⑥　Ibid.，1867. 12. 24，p. 3667.

当中就已明显地表现出来，例如上海洋行商人势力沿长江一线的扩张；有些则是在此后的年代中陆续显示出的，例如川江通行轮船的试航，直到 1898 年才由英国侵略分子立德（A. Litlle）所完成。不管怎样，这些空前规模的内地探查活动无疑是 19 世纪 60年代侵略势力扩张的一个重要组成部分。

（二）大规模的增设行号活动

侵略者一方面对中国内地窥探调查，另一方面展开增设行号活动。无论已开口岸还是新开口岸都曾出现竞设行号的高潮。例如天津，1861 年开埠之初，华南原有各口的"所有主要洋行都纷纷派出各自的代理人跑到这里"，开展商品的经销与委托贸易并开设行号。[①] 旗昌、怡和、广隆（Lindsay & Co.）、密妥士（Meadows & Co.）、怡昌（Platt & Co.）、立土么（Phillips, Moore & Co.）等大洋行不过一年光景都在这里设立了据点。[②] 到 1866 年天津已有英行 9 家、俄行 4 家，美、法、义大利（意大利）行各 1 家，总数已达 16 家之多[③]。甚至在开埠以前的 1859—1860 年间山东芝罘就有华南各口的"洋行代理人"做"有限的生意"[④]，开埠以后立即有世昌洋行（Stammann & Co.）之设[⑤]，两年之后，天津的密妥士也在此开设了分行[⑥]。东北牛庄在开埠的 1861 年也出现了洋行，美特兰·布什洋行（Maitland, Bush & Co.）

---

①　BCR, 1865—1866, Tientsin, p. 148.

②　NCH, 1861.7.20, 雷穆森:《天津》, 许迅凡、赵地译,《天津历史资料》1964年第 2 期, 第 20 页。

③　BCR, 1866, Tientsin, p. 106.

④　Ibid., 1864, Chefoo, p. 125.（芝罘, 今山东烟台市。——编者）

⑤　NCH, 1861.7.20, 广告。

⑥　Ibid., 1863.11.21, p. 186.

便是其中之一①。随后怡和、宝顺洋行相继在牛庄开设了分号，到 1865 年已有洋行 4 家②。

在长江一线新开各口增设洋行也有过之而无不及。据资料记载，至迟在 1860 年，怡和、宝顺等行的外商即曾深入到江西河口、景德镇、义宁州等城镇"置货"③。1861 年开埠的汉口，当年除旗昌、琼记、宝顺、怡和等大行外，还出现杜德雷洋行（Richard Dudley & Co.）、麦克凯拉洋行（J. Mackellar & Co.）等佣金代理行号。华茶经纪商威里森（Cravan Wilson）及兰哈德（Hugo Reinhard）等也开始挂牌营业④。在九江，1861 年曾有宝泰（Cameron & Co.）等洋行之设⑤。到 1864 年，仅仅时隔三年，除原有的 10 家英商、3 家美商在这里开设分行外，又新设 2 家洋行。而且这些洋行都分别建立了各自的仓栈⑥。

原有各口的情况是，上海在 1845 年有洋行 11 家，1865 年已增至 88 家。其中计有银行 11 家、经纪商行 13 家、船坞 3 家、其他各类行号企业 35 家，在全部洋行中，英商最多，包括孟买商人的 7 家行号在内共计 58 家，约占总数的 65%⑦。其余美籍商行 6 家，德、荷籍商行 15 家，法商（包括瑞士）计 8 家。在银行业

---

① NCH，1861.10.6.（牛庄，今辽宁营口市。——编者）

② Ibid.，1866.7.7，p.106；China Directory，1863、1864，Hongkong；Edward Le Fevour，western Enterprise in Late Ching China；A Selectire Survey of Jardine，Matheson & Co. s. Operations，1842—1895，Harvard，1970，p.171.

③ 夏燮：《中西纪事》，第 17 卷，第 20 页。（河口，今江西铅山县城；义宁州，今江西修水县城。——编者）

④ NCH，1861.7.20，广告。

⑤ Ibid.，1861.10.26，p.179.

⑥ BCR，1862—1864，p.75.

⑦ Trade Report，1865，Shanghai，p.133.（此处分计数与总计数统计不合，相差 13 家之多，较之《领事报告》，可能分计数字有误，存疑。）

中，除法兰西银行外，则全属英商①。由上述不完整的统计可以看出，这些行号并非全属新设，有相当一部分是各洋行在各新开口岸增设的分支机构。如宝顺洋行，1864 年即已在香港、广州、厦门、上海、汕头、福州、九江、宁波、汉口、天津、淡水、打狗、基隆等地遍设据点②。怡和、旗昌等行的分支号数目也不相上下。而在新设行号中，又有一部分是老牌洋行的股东、伙友，为扩大业务凭藉其熟悉中国社会商情的条件而分立门庭、另设行号。因此，第二次鸦片战争以后并不曾因为新设行号的增多而使原有"商业大王"的势力有所削弱；相反，这些老牌洋行由于投资领域扩大，原有的垄断势力又获得了进一步的膨胀。这些下面即将谈到。

（三）经济侵华的野心

西方资产阶级及在华洋行商人并不以增开口岸、开放长江等特权为满足，他们的企图是不受任何限制地进入中国内地，自由开行设栈，把中国变成一个无限倾销商品的大市场。为此，他们千方百计企图排除妨碍商品流通的阻力，尽力扩大商业活动范围。为了达到这个目的，洋行商人的计划之一是，"及早修建铁路和在内地河道行驶轮船"③。与此相关的还有架设电线以及进口机器，开设工厂。

首先从铁路谈起。早在第一次鸦片战争以后不久，洋行商人已有在中国筑路的倡议，如 1844 年怡和洋行修筑印度与广州之间

---

① BCR，1865，Shanghai，pp. 137—139.（此处分计数与总计数只差一家，暂无从查考，存疑。）

② Hongkong Almanac，1845；Anglo Chinese Calender，Canton，1851；China Directory，1863、1864.（打狗，今台湾省高雄市。——编者）

③ 《中国通》，第 51 页。

铁路之议①。第二次鸦片战争以后，洋商筑路之议此伏彼起，最早提出的是美商琼记洋行，1859 年 4 月该行老板曾经通过美使华若翰（J. E. Ward）向清政府提出修造一条上海苏州间 60 英里铁路的计划，并提出在两个城市间架设电线的要求。结果由于清政府反对等原因，筑路之事只是计划了一阵，不得不作罢。架线事确已达到备料阶段，一个名叫麻瑞的医生，在琼记的支持下，把 80 英里长的电线运抵中国，准备择日开工，但结果却同筑路一样成为泡影。

时隔三年，筑路计划再次提出。1862 年，包括琼记在内的上海 28 家洋行共同签署了首先由上海英商商会向英国当局提出的一项"建议"。其中提到：为在整个中国不受限制地进行贸易，必须不断地施加压力迫使清政府给予外商通向内地的特权②。随后，这些大洋行联合向江苏巡抚李鸿章申请成立"苏州上海火车局"，要求修筑沪苏线铁路③。尽管这项联合提出的申请较之琼记独家倡议来得有力，但李鸿章仍未予批准。理由是："铁路只有由中国人自行管理，才会对中国有利；在内地（为筑路）雇用许多外国人，却有重重障碍；而且人民对于因筑路而被夺去土地，也一定非常反对"④，这个计划就此烟消云散。但是洋行商人并没有死心，1865 年上海又有人组织一家公司，企图修筑一条由上海到吴淞全长 10 英里的短程铁路⑤。同时在广州也有一伙商人向广东当局提

---

① E. LeFevour, Ibid, p. 107.

② 《中国通》，第 31 页。

③ 美国外交文件，FM112, R. 6，Vol. 6. (1861. 12. 13—1863. 12. 28)，上海历史研究所藏。

④ 马士：《中华帝国对外关系史》，第 3 卷，第 79、80—81 页。

⑤ 同上。

出一项创办中国铁路公司的计划，意欲修筑广州佛山段铁路①。这两次计划也与历次一样没有结果。

19世纪60年代掀起的这股筑路风在英国国内也有反映。在酝酿从缅甸进入中国西部省份的"通商计划"时，为修筑一条由仰光通往扬子江流域的铁路，在中国有着经济权益的英国商人送交英国政府的"建议书"，竟达数百份之多②。

筑路可以说没有丝毫进展，架设电线事却有所突破。继琼记之后，旗昌洋行在1862年创办轮船公司之际，曾经成功地在上海总行与金利源码头间架起了电线③。虽然由于当地人民的反抗，架线木杆"头天竖起，二天拔除"④，没有能存在下去。但旗昌老板却赢得了第一个架设电线的"声誉"。到1865年又有一名美商连那士（Reynolds）"在浦东及吴淞排列木桩做电线报"，结果与旗昌如出一辙，架线杆"被乡人拔去"⑤。

再看生产领域里外国侵略者的种种活动。据已有资料，1877年创办"上海火轮机织本布公司"的英籍商人斯凯格（C. T. Skeggs）早在1865年就起意招股设厂，这是外商第一次为设立机器织布工厂进行的招股活动。消息传出，首先在当地手织工人中引起强烈反响。尽管斯凯格公开招股，但华商裹足不前，"绝无顾而向之者"，以致设厂计划只能搁浅⑥。三年之后，即1868年，英商轧拉佛洋行（Glover & Co.）曾创办一家"火轮机织本布公司"，企图纺织本地土布，但公司也只是停留在招股阶

① W. F. Mayers, Treaty Ports of China and Japan, 1867, p. 113.
② 《中国通》，第4页。
③ NCH，1862.3.29.
④ NCDN，1876.9.7, p. 235.
⑤ 《上海新报》，同治四年五月十四日。
⑥ NCDN，1879.3.20, p. 259；《申报》，1879年3月21日。

段，一直不曾开车生产。在其招股章程中曾经提到该厂之设"不致有碍各乡机户"，明显地流露出对"各乡机户"的顾虑①。人们有理由推断，这个设厂活动之所以半途中辍，与当地手工织户的反对不无联系。

在此期间曾经开车生产的只有两家纺丝厂。其一即 1861 年英商美哲（J. Mejor）创办的"怡和纺丝局"，这家为扩大华丝出口利用机器加工生产的纺丝局确曾存在了 8 年，但终于未能逃脱停业的命运。其停业原因之一是中国丝商的"坚决反对"以及"产丝者怀有成见"②。另一家是美商古利芝洋行（Ezra Goodridge &. Co.）于 1867 年创办的丝厂，据说开工不到一年即行停业③。

在这里值得一提的是 1868 年投产的"牛庄豆饼厂"。1861 年外侨初到牛庄之时，即注意到"按科学原则建造并用蒸汽操作的豆饼厂"取代土法手工制作豆饼、豆油的问题④。经过几年筹划，外商进而购地置机开始生产。在牛庄豆饼厂创办的同时，承销东北豆石的中心广东汕头，也出现外国人以机器生产豆饼的活动⑤。当然这些都与洋行商人日益扩大的豆石贩运贸易有着直接的联系。机器制作豆饼与机器纺丝，同属为贸易服务的加工制造业，它的盛衰理应与贸易共命运，然而仅仅一年多的时间牛庄豆饼厂即以卸机撤厂告终。其所以匆匆停业，主要原因仍然是因为当地手工

---

① 《上海新报》，1868 年 9 月 12 日。

② BCR，1872，Shanghai，p. 145；NCH，1875. 4. 1，转见孙毓棠编：《中国近代工业史资料》，第 1 辑，第 67、68 页。

③ G. C. Allon, Western Enterprise in Far Eastern Economic Development，1954，p. 165，参见汪敬虞：《十九世纪西方资本主义对中国的经济侵略》，北京人民出版社 1983 年版，第 371 页。

④ BCR，1873，Newchuang，p. 71.

⑤ Ibid.，1869，Newchuang，p. 90.

工人为维持生计而反对这个新式工厂①。

总起来看，19 世纪 60 年代西方侵略者依恃特权引进机器设备，妄图把封建的中国变成印度那样的殖民地市场，但这只不过是"过奢的希望"。通过《天津条约》，中国这个"牡蛎"的外壳确乎已被进一步撬开了，然而外来势力仍然不能为所欲为。由于中国社会各阶层的反抗，外商筑路架线开展机器制作等等意图最终都一一化为泡影。尽管如此，侵略者的野心却显示了进一步扩张的方向。

（四）商品侵略的扩大与贸易投机

外商的这些意图虽然大部落空，但 60 年代初期他们确曾一度把对华商品贸易推到前所未有的高峰。

资料记载，在进口方面，1858—1861 年间，外商即"争相输入大宗货物、待价而沽"②。在天津，为了扩大贸易甚至出现中英间的"直接运输"③。在芝罘，开埠不到 3 年，年度贸易值已达 5804142 两④。长江一线各口贸易增长较之北方各口尤其显著。据统计，自英国向中国输出工业产品总值，1857 年为 2449982 镑，1858 年为 2876447 镑，1859 年即增至 4463140 镑。两年之间增加 82％以上。此后在 1860—1861 年间的贸易值都保持在这个水平上⑤。出口方面的情况大体相同。虽然长江下游华丝产区长期受到战争干扰，以致生丝出口一度陷于停顿状态，但华茶出口一直保

---

① Trade Report, 1881, Newchuang, p. 13.

② 班思德：《最近百年中国对外贸易史》，中英合璧本，民国二十年，第 81 页。

③ BCR, 1869, Tientsin, p. 3.

④ Ibid., 1864, Chefoo, p. 125.

⑤ 姚贤镐：《中国近代对外贸易史资料》，第 1 册，第 637—638 页。

持继续增长趋势①。有人估计 1858—1859 年度华茶出口总额 6500
余万镑。1862—1863 年度出口额已达 12000 余万镑。4 年期间差
不多增长 1 倍②。

　　值得注意的是商品贸易增长的势头，很快就出现停滞的征兆。
上海洋行商人在一份报告中曾经提到，《天津条约》签订以后，
"从这些新开口岸的开放而产生的对华贸易改善的直接希望，当然
同 1843—1845 年第一次开放五口通商时一样是被估计得过高
的"③。当时流行的一种说法是"所有英国兰开厦纱厂之出口，以
供中国一省制袜之需，犹恐不足"④。如今"1860、1861 年和 1859
年同样是在继续夸大的程度上进行的"⑤。既然进口远远超过中国
的实际需要，势必造成积压滞销。拿棉布来说，1859—1861 年进
口还"大见兴奋"，1862 年起就已"每况愈下"了⑥。欣喜若狂的
洋行商人于是又转而对不能打开贸易局面发出了阵阵怨言。1865
年怡和洋行就抱怨贸易无利可图、抱怨过度进货，甚至还抱怨由
于"在中国漫无限制地成立银行和货币容易流入各个商业部门"
所引起的投机。尽管如此，外商银行仍然在日益猖獗的贸易投机
中大捞油水。进口商人不断地利用银行贷放扩大投机，企图扭转
败局，以致投机越来越盛、危机越来越深（下面还将谈到，在这
次投机热潮中曾经造成 5 家银行一齐垮台的严峻局面）。直到 1867
年，怡和洋行的报告还说："从商业和货币的意义来说，在中国还

① 班思德：《最近百年中国对外贸易史》，中英合璧本，民国二十年，第 120—125 页。
② NCH，1863.1.31，p. 19.
③ BCR，1869—1871，pp. 226—230，译文见姚贤镐：前引书，第 636 页。
④ 班思德：前引书，第 64、118 页。
⑤ BCR，1869—1871，pp. 226—230，译文见姚贤镐：前引书，第 636 页。
⑥ 班思德：前引书，第 64、118 页。

从来没有像今年这样从一开始就令人沮丧。"① 到 1869 年英国《领事报告》还在强调:"市场存货过多,仍然造成亏损。"② 即使在这种情况下,棉布进口额还在照样增长,1867 年计 4617800 匹,到 1871 年竟增至 14439151 匹之多③。

严酷的事实是,不论中国自然经济的顽强性、华商同业的排它性以及侵略者激起的中国人民的仇洋暴动等等,都不足以使追求暴利的洋行商人有所收敛。相反,他们却进一步抱怨《天津条约》规定的特权不足以消纳更多的洋货。他们抓住 1868—1869 年间"修约谈判"的机会企图胁迫清政府实现他们"奢望"的一切。特别是在冲破口岸的界限、向内地扩张贸易等问题上,外国商人异常嚣张,以致英国驻华公使阿礼国也认为英国商人的态度是"妄自尊大"④。

这里顺便指出,外商叫嚣突破口岸界限是一回事,非法深入内地活动则是另一回事。事实上外商的侵略活动从来不受约款的约束。例如广隆洋行(Lindsay & Co.)老板汉德森(J. Handerson)在天津设行以后利用三联单深入到蒙古东南部收购羊毛⑤。1864 年,英商美林携带木箱 16 只,"不容查验,运赴沈阳"⑥。另一名英商利渣士洛洵于 1862 年到张家口租定栈房、张挂牌号,开设"隆泰行"。在战火纷飞的安徽祁门县及江西吴城镇也都发现外国商人开设行栈之事⑦。牛庄的外商 1865 年即企图深入

---

① 《中国通》,第 41—42 页。

② 同上。

③ 班思德:前引书,第 118—119 页。

④ 马士:前引书,第 2 卷,第 234 页。

⑤ NCDN, 1884. 11. 17, p. 480.

⑥ 《通商章程成案汇编》,第 8 卷,第 21 页。

⑦ 同上书,第 5 卷,第 25—26 页。

内地直接收购豆石①。1868 年该口税务司报告说:"外国的售货商已与内地商贩发生直接接触,同时外国购买商也已能够自行向本地生产者购买大豆豆饼。"② 至于洋行老板派"华籍雇员"深入内地活动的现象就更加普遍了。显然洋行商人冲破口岸界限的要求不过是谋求把非法活动合法化、扩大商品侵略的一个步骤。

当然,我们在讨论国际间的商品贸易时,绝不能忽视在华洋行商人经营已久的以贩运土货为主要内容的"沿岸贸易"。在暴力掠夺年代兴起的非法的"沿岸贸易",1863 年通过中丹(麦)条约合法化以后,外商的活动更加嚣张。东北的豆石、华南的土糖、长江流域的棉、丝、茶都已成为洋行贩运的重要项目。就其数额而言,并不亚于国际间的商品贸易。据英国贸易部统计,1866 年中国 1 亿镑的对外贸易中,英国的份额为 7000 余万镑,"这个数字中至少有一半属于沿岸贸易"。而英国输入中国的棉织品只有 500 万镑③。美商、法商在"沿岸贸易"中也都占有一定份额。据 60 年代初期统计,投入沿海贩运贸易的德籍帆船竟达 200 艘之多④。外船承运的主要是华商货物。仍以东北豆石贸易为例,1862 年牛庄进口外船 86 只,27747 吨,1865 年增至 274 只,91118 吨。其中外商自己运货的仅 31 只,其余均为华商所租雇⑤。与日俱增的华商货运就这样成为洋行商人扩张其在华船运势力的基础。

---

① Reports from the Foreign Commissioners at Various Ports in China, for 1865, p. 14.

② Trade Report, 1868, Newchuang, p. 5.

③ 《中国通》,第 89 页。

④ 施丢克尔:《十九世纪的德国与中国》,乔松译,三联书店 1963 年版,第 51 页。

⑤ Trade Report, 1865, Newchuang, pp. 10—14.

二 外商轮船运输体系的建立与第二代洋商行号的出现

在资本主义经济体系中，贸易与船运是紧密联系的两个部门。贸易的扩大要求船运力量相应地增加，船运的便利条件当然也能促进贸易的扩大。而船运与贸易的发展又直接间接联系到码头仓栈、保险、银行以及船舶修造等各个环节、各个部分。19 世纪 60 年代在华洋行的投资活动从此以空前的规模在各个领域开展起来。如果说五口通商时期以暴力掠夺方式大发横财、在通商口岸形成垄断势力的"商业大王"是在华洋行的第一代，那么第二次鸦片战争以后出现的轮船、船舶修造、码头仓栈、保险、银行以及为贸易服务的加工制造等各种行号企业则是近代在华洋行势力扩张史上的第二代。在我们所讨论的历史时期，第二代行号出现的这个阶段的基本特点，就是轮船运输体系的建立。

我们首先从外商轮船公司的创办谈起。第二次鸦片战争以后，由于商品侵略的扩大、中西商品贸易的剧增，首先刺激了远洋轮运航线的建立。主要为了扩大华丝贸易的法兰西火轮公司在政府补助下于 1862 年开辟了中国航线[1]。其轮船吨位比大英更大、运价则更低、设备也更为完备[2]，从而使大英"作为邮件承运者在过去所拥有的那种垄断地位"终于完结了[3]。1865 年初英国利物浦霍尔特公司以 156000 镑资本创办的蓝烟筒轮船公司及 1867 年国

---

[1] A. H. Clark, The Clipper Ship Era, 1843—1869, p. 319；NCDN, 1865.5.9, p. 426.

[2] NCH, 1862.6.28, p. 102.

[3] E. J. Eitel, The History of Hongkong, 1895, p. 389.

家补助创办的美商万昌轮船公司也都开辟了中国航线①。此外在中印（度）间、中国南洋群岛间以及中国日本间还曾先后出现"中日（沿海和长江）轮船公司"、"东方暗轮煤船公司"、"唐商人火轮公司"及"中国轮船和拉布安煤炭有限公司"②等轮船运输公司。这些公司虽然有的甫办即停，但几年之间至少有 8 家轮船公司开辟中国航线。这种急骤的扩张无疑显示了外国势力扩大侵略的一个值得注意的变化。

然而这些并不是外商在华轮运活动的主力。虽然这些远洋航线的轮船也不时地兼营沿海及长江线的商品贩运业务，但控制中国土货贩运贸易的却是在华洋行创办的轮船公司。

上海洋行商人筹建专业轮船公司的具体活动是 1861 年初开始的。《北华捷报》认为"组织公司是开放长江水道、发展贸易最实际有效的办法"③。前面说过，就在这时包括洋行商人在内的英美两支武装"远征队"、"考察团"先后自上海开到汉口，不仅沿途搜集情报，而且几家大洋行还分别在汉口、九江安置据点、开设分号。返回上海不到一个月，琼记就把"火鸽号"开进长江，这是沪汉线上出现的第一艘商用轮船。旗昌老板也决心把旗昌"改造成像宝顺与怡和那样的托运商号"④。旗昌轮船公司就是在这种背景下由旗昌洋行以 100 万两资本于 1862 年创办的⑤，这是在上海出现最早、在全国规模最大的一家专业轮船公司。旗昌创办以

---

① F. E. Hyde, The Blue Funnel, 1957, pp. 1、19、144. Daniel Henderson, Yan Kee Ships in China Sea, p. 193.

② NCH, 1862. 2. 8, p. 22；American Neptune, 1957. 1, p. 7. W. F. Mayers, Ibid, pp. 11—12；Trade Report, 1867, Amoy, p. 68.

③ Ibid., 1861. 1. 10；1861. 1. 19.

④ Lockwood, Ibid, pp. 92—93；pp. 112—114.

⑤ NCH, 1862. 3. 29.

后，即以 5 艘轮船往来沪汉"专载客商往来货物搭客"①。除旗昌外，广隆等洋行则以 17 艘轮船在同一航线竞航②。短短两三年时光，长江内河航道就变成了外轮角逐渔利的场所。

外轮势力的急骤扩张，直接促进了洋货进口及土货贩运贸易。1864 年卜鲁斯的报告透露说，由于长江开放及通行轮船的结果，使上海自 1861 年至 1864 年三年之间，进口贸易总额从 1300 万两增至 2700 万两，计增 1 倍以上③。贸易的增长反过来又会刺激轮船业投资的扩大，二者交互作用，扩张不已。因此，犹如贸易中的"过度进货"一样，轮船业中也出现船吨供过于求的现象，一场压价竞争由此激烈展开。1863 年货运价每吨一度由 18 两猛降至 3 两④。1864 年首先在旗昌宝顺间签订一项"运价协定"：冬季上海至汉口间上程运价每吨 6 两，下程 4 两；其他季节各为 5 两与 3 两⑤。十分明显，这项"协定"实际无异两家对长江货运的联合垄断。

当然，两家的"运价协定"并不能排除其他洋行，包括琼记、怡和等大洋行的轮运势力的竞争。持续不断的竞争确曾给旗昌、宝顺在业务上造成相当困难的局面。尽管如此，1866 年时，旗昌轮船仍能控制长江贸易的 1/3 到 1/2⑥。据其股东 F. B. 福士的信件透露，这一年"华商交付的运费足以偿付旗昌的开支而有余"⑦。

---

① 《上海新报》，同治二年五月初一，旗昌告白。

② NCH，1863. 5. 30.

③ Ibid.，1864. 11. 26，p. 191.

④ Ibid.，1863. 5. 30.

⑤ Lui Kwang Ching, Anglo－American Steamship Rivalry in China, 1862—1877, p. 47.

⑥ K. C. Lui, Iibd, p. 55.

⑦ Ibid.，p. 63.

宝顺洋行则在一场来自伦敦的金融风潮中破产倒闭[①]。旗昌于是趁机收买其全部轮埠设备，包括上海唯一能容纳海轮的宝顺大船坞，总值达 55 万两[②]。旗昌自此实力大增，迫使宝顺、怡和不得不承诺一项协议：宝顺、怡和 10 年之内不在长江航线行轮（上海宁波线除外）。但旗昌必须在沪汉线上提供足够吨位，以满足上海洋行的需要，运价规定为上程每吨不得超过 6 两 5 钱，下程不得超过 5 两[③]。

从这项协议看，一方面上海洋行承认了旗昌在长江航线实际已经取得的垄断地位，另一方面旗昌又必须为上海洋行商人承担日益扩大的商品运输业务。19 世纪 60 年代，在对长江腹地的经济扩张中，旗昌轮船公司显然居于十分重要的地位。1867 年，上海英商又以 17 万两资本创办一家公正轮船公司，"欲与旗昌抗衡"[④]，但只有 2 只轮船，自然不是旗昌的对手。

外轮势力在沿海航线的历史比长江线更长，其扩张丝毫不亚于长江航线。早在 1847 年香港外商就曾创办过专业轮船公司（省港小轮公司），1850 年又曾开辟上海香港间轮船定期航线。到了第二次鸦片战争以后，很快出现了外商轮船公司。先是 1861 年左右一名香港英籍巨商拿蒲那创办的德忌利士轮船公司[⑤]。1865 年又出现一家省港澳轮船公司，资本 75 万元，创办人除拿蒲那外，还有企图创办轮船公司经营长江航线未能得手的琼记洋行。这两家轮船公司在此后的发展中分别在华南沿海及广东内河获得了类

---

① B. Lubbock, Opium Clippers, pp. 371—373, 宝顺洋行清算改组后仍用旧名。

② NCDN，1867. 2. 20.

③ Ibid.

④ 《上海新报》，1877 年 3 月 28 日。

⑤ Colin N. Crisswell: The Taipans—Hongkong's Merchants Princes，1981，pp. 97—99.

似旗昌在长江的垄断地位。特别值得注意的是，分别垄断长江及广东内河轮船运输的旗昌与省港澳两公司于省港澳创办后不久也订立一项"合同"：前者不行驶广东内河航线，后者则不得染指长江轮运。① 这是洋行商人为了维护各自的垄断权益而在中国领水划分势力范围的猖狂活动。

就已有资料看，在上海天津间的华北沿海线上，外轮势力自上海向北延伸的时间或许稍晚些，但在规模上并不比其他航线逊色。曾经有一家"上海天津轮船公司"，创办情况及资本不详。资料记载，它确实拥有一艘"普罗密斯号"轮船②。由公司名称看，它可能以经营沪津线为主，不过 1865 年即倒闭停业，存在时间不长，业务不曾正式展开。③ 但随后即有惇华（Borntrager & Co.）、惇裕（Trantmann & Co.）两家洋行的轮船出现在这条航线上。1867 年获得长江航运垄断地位的旗昌也插手进来，从而加剧了原有的轮运竞争。不到两个月，惇华就被迫撤出这条航线④。但惇裕洋行却经受住这场竞争的压力，它不仅没有撤出，反而于第二年（1868）以资本 30 万两（实收 194000 两）创办一家"北清轮船公司"⑤。这是继"上海天津轮船公司"之后行驶沪津线的又一家专业轮船公司。这家公司创办不久也与旗昌达成一项运价"协议"：上海天津间的货运运价每吨不低于 10 两⑥。这就表明沪津航线的轮运业务实际为北清、旗昌所垄断。

---

①　NCDN, 1867. 2. 25.

②　American Neptune, 1957. 7.

③　Ibid. , 1957. 10.

④　K. C. Liu, Ibid, p. 79.

⑤　NCDN, 1868. 8. 18.

⑥　K. C. Liu, Ibid, p. 79.

此外，在外轮势力扩张的时候，还应看到内港的外商拖驳力量。作为外商专业轮船公司的补充，拖驳公司也有相应的发展。以公司形式出现最早的一家拖轮企业是 1861 年美商惠洛克创办的"会德丰"（Wheelock & Co.）。1863 年又出现一家荣泰驳船行[①]。1865 年则有由裕盛洋行（Thorburn G）代理的"公易登船单"（亦称公顺驳船行）等。这些既经营拖驳，又经营商货起岸与转运的公司，实际活动范围往往并不以内港为限，有的甚至还把小轮自上海伸向宁波，经营小轮运输业务[②]。显然，上海的拖驳公司之所以接连出现，乃是内港轮运及贸易发展的结果。

据上所述，第二次鸦片战争以后不到 10 年，先后出现的以中国江海航线为经营对象的专业轮船公司竟达 6 家之多，其中旗昌、省港澳、公正、北清四家的开创资本不下 200 万两。约略估算，外商在华营运轮船，盛时至少在 50 艘以上，可以说已由"飞剪船时代"跨入机械动力的"轮船时代"。

然而，对于整个侵略势力的扩张来说，洋行商人扩大在华轮业投资的意义绝不止于轮船运输本身，而在于轮船运输体系的建立。在这里，以轮运、贸易为中心，在扩大轮运投资的同时，还分别扩大投资于船舶修造、码头仓栈、保险以及银行等各种企业。现在就让我们逐个进行简略的考察。

在船舶修造业方面。第二次鸦片战争以后，随着外国侵略势力自香港逐渐北移，沿途有外船进出的厦门、福州、上海均相继出现外商厂坞。特别是香港与上海两个外轮活动的中心，同时成为船舶修造的两个重要基地。本来就有厂坞的香港、黄埔地区，仅仅 60 年代就先后开办船厂达 12 家之多，1863—1867 年间单在

① NCDN, 1871. 7. 5；1879. 7. 3.

② Ibid., 1867. 9. 5；Almanac for the year 1865.

黄埔就出现 5 家。其中以"香港黄埔船坞公司"最为显赫，它拥有各种机动机具，"设备新颖"①。但香港的厂坞很快又超过了黄埔。同期新设者已达 9 家，规模较大的于仁、香港黄埔两家也都自黄埔迁到香港。

在上海，外商船舶修造业的扩张尤为显著。这不仅是因为长江线轮船数目大幅度增加，还因为侵略者对新辟航线"经验不足"、不断发生事故的缘故。原有的厂坞显然不能适应外商轮船迅速增多的需求。1859 年先有莫海德（D. Muirhead）创办一家浦东船坞②，随后在 1861 年由原来的"连那士虹口船坞"的一个股东柯立尔（C. S. Coyer）创办的"陆家嘴角船坞"、1863 年由德卢（G. H. Drew）创办的"浦东船坞"及著名的祥生船厂与耶松船厂。连香港的"痕记"这时也以"旗记"牌号在上海开设了分厂③。旗昌轮船公司附设船厂尚不在内。

顺便指出，船舶修造厂坞虽属工业生产部门，但却是适应外商在华轮运势力扩张的需要而产生的。它的存在首先是保证外商轮运的正常运行。从这个意义上说，船舶修造与其他生产制造企业在性质上有所不同，它实际上是外商轮运业的附属工业。

在仓栈码头业方面。船运贸易的扩张，自然要求相应的仓栈码头配合，二者亦步亦趋大体同步发展。设置码头仓栈者，首先是船运公司。当上海洋行商人深入长江各口之时，莫不抢先占地，开行设栈。例如 1861 年旗昌、琼记轮船首抵九江之时，即"勘定地基"，分别强行索地 30 亩与 15 亩，以后更增至 50 亩④。宝顺、

---

① Impressions, pp. 189、197—198.

② 《1859 年上海总览》，转见孙毓棠：前引书，上册，第 16 页。

③ Shanghai Almanac, 1865、1867. Shanghai Almanac & Dairy, 1865、1867. The Desk Hang List, 1865.

④ 夏燮：前引书，第 17 卷，第 6—10 页。

怡和轮船首航汉口之时，为了"立行通商"，也"看定民地基址，会同府县采勘，量宽 250 丈，深 110 丈，四至立石为界"。"交地之后，凭英商起造栈房"①。栈房建成以前，则先暂租栈房一所备用②。旗昌轮船公司在其轮船所及的每个口岸都选择邻近华商的最好地段设置栈房码头③。不仅旗昌，几乎每一家轮船公司都有不止一处的各自专用码头。旗昌一家所属就有金利源仓栈、金方东码头、金能新码头、下浦仓栈及机器厂等。④ 大英、怡和、琼记、万昌、惇裕都有以自己洋行名称命名的码头等等⑤。

但投资于仓栈码头者并不限于经营轮船运输的行号。例如1864 年复升洋行创办的公和祥，立德洋行创办的立德成以及加罗花码头、点耶洋行码头、仁记码头等，实际已成为专业码头了⑥。

在竞设仓栈码头的高潮中，设施规模越来越大。像立德成码头全部占地约达 50 亩，临河地段 1200 英尺，直码头计有 3 处⑦，从茶、米、糖到砖石、瓦块，无不承接存储，其上煤能力，每 5 小时可达 100 吨⑧。1867 年 1 月由布兰查德（Blanchard）经理的公正码头公司更能提供"无与伦比的码头与仓栈设施"⑨。旗昌所属的金利源码头宽达 300 英尺，仓栈容量竟达 30000—35000 吨，

---

① 夏燮：前引书，第 17 卷，第 6—10 页。

② 咸丰朝《筹办夷务始末》（以下简称《始末》），第 75 卷，第 5—6 页。

③ R. B. Forbes, Personal Reminiscenses, p. 365.

④ W. F. Mayers, Ibid, p. 385.

⑤ NCDN, 1872. 4. 17.

⑥ Ibid. , 1865. 4. 12.

⑦ NCDN, 1867. 2. 19, p. 2613.

⑧ Ibid. , 1866. 1. 9, p. 1251.

⑨ Ibid. , 1867. 1. 7, p. 2472.

其规模当可想见①。

在保险业方面，进入60年代，随着船运势力的大肆扩张出现了一个竞设保险公司的高潮。1864年伦敦《泰晤士报》公开鼓动说："为三分之一人类的贸易开办保险业务，业已摆在这些新来（到）中国的冒险家面前。"②经营"谏当保行"多年的怡和显得特别猖狂。为适应60年代初期英国在华船运贸易的需要，它的老板越来越认为"保险、银行如同船运一样，已发展成为它的至关重要的职能部门"。单只谏当一家远远不敷所需，几年之间它即招揽了8家保险公司的代理业务③。原来依赖英商保险的美商也开始广泛地染指于保险业。1861年琼记洋行"终于成为第一家代理美国大保险公司的行号"，由它代理的纽约保险公司至少有3家④。旗昌则在创办轮船公司以后，以40万两资本创办一家"扬子保险公司"，"专为旗昌船货保险"⑤。

除保险代理及附属保险公司外，重要的是独立的保险行号的增设。始自1863年，保家行、保安保险公司、保裕保险公司、华商保安公司等相继出现于上海。据1875年上海英国领事报告统计，连同谏当、于仁、扬子在内，7家保险公司资本共达57万镑，按当时汇价折算，约合白银200万两⑥。在香港，1866年香

---

① NCH，1862.3.29.

② Ibid.，1864.11.26，p. 191.

③ E. Lefevour, Ibid, pp. 136—137.

④ 同上书，第106—108页。按，1855—1856年旗昌洋行把"孔夫子号"开进闽江后，即在福州开展了"中国互助保险公司"的代理业务，说琼记是第一家并不确实。NCH，1856.1.5，广告。

⑤ Impressiong，p. 450.

⑥ 聂宝璋：《中国近代航运史资料》，第1辑，上海人民出版社1984年版，第605—606页。按，此资本额有待进一步核校。

港火烛保险公司也创办起来①，1870 年又出现一家维多利亚保险行②，连同总行设于香港的原有的谏当、于仁老牌保险行，外商保险势力自然不在上海以下。如果考虑到分支机构，保险公司也和其他行号一样，各个口岸都已遍设据点。以于仁为例，除香港总行外；汕头、厦门、福州、宁波、上海、镇江、汉口、烟台、天津及牛庄都设有分行。"迨日本通商，又设公司在日本各埠"③。就这样，保险既是为船运贸易服务的附属性企业，同时它本身显然已形成为一个独立的行业。

在银行业方面，从洋行势力扩张的角度，也有必要对银行业略加叙述。银行与轮运虽属不同的业务领域，二者之间也不像仓栈码头、保险与轮运业那样有直接的联系，但银行与贸易却有如鱼水，紧密相关。因此，历来在华洋行都把经营鸦片、洋货、丝茶、船运贸易所需要的贷放、汇兑等项业务作为附属业务由自己兼营。即使 19 世纪 50 年代丽如、汇隆、呵加剌、有利、麦加利等专业银行已经在中国次第出现，这种情况也基本没有改变。甚至在汇兑业务方面，银行还竞争不过洋行④，到第二次鸦片战争以后，情况开始发生了变化。

随着船运贸易的急骤扩张，1860—1864 年间出现了 5 家外商银行。其中法兰西银行与法兰西火轮公司是 1861 年一前一后在中国开设分行的。这两家法商行号的主要业务是华丝出口的金融周转与运输。此外的 4 家：申打剌、丽华、利申（又称利生）、利升则都是英商，加上原有的汇隆、呵加剌共计 6 家英国银行，1866

---

① Allen, Ibid, p. 120.

② 《上海新报》，1870 年 2 月 22 日。

③ 《汇报》，同治十三年五月二十日（1874 年 7 月 4 日），第 5 页。

④ R. B. Forbes, Ibid, p. 359.

年以伦敦的金融危机波及东方为导火线，转瞬间一起倒闭了。原因自然非止一端，前面提到的"在中国漫无限制地成立银行"、贷放活动中货币信用的滥用以及贸易投机等，与此不无直接联系。银行的大起大落与过度进货、贸易停滞几乎是同一进程。

看得出来，这些总行都不设在中国的银行，其业务范围虽然明显地扩大，但在很多场合仍需借助在华洋行的力量。在金融活动方面，洋行仍然有一定的影响。有些银行尚需洋行出头代理。例如在宁波，广隆洋行就是利申银行的代理人。它在福州的业务则由公易洋行代理。有的银行甚至以洋行名称命名。上海的丽华银行在香港的名称是"曷银行"。因为它的代理人是"曷公司"，即众所熟知的琼记洋行在香港的行名[①]。但在另一方面，种种迹象表明，洋行也不再满足于自己兼营银行业务的现状，而开始把这部分业务向专业银行转移。历来在外汇业务上占有垄断地位的怡和洋行于 1863 年以 30 万两资本在上海创办一家"怡和钱庄"，当然也未尝不可以称为"怡和银行"，它就设在怡和行内。1864 年至 1867 年 3 年之间怡和就是以它的支票作为支付手段收购华丝1000 万两。它的每月流水"几乎没有人数得清"，平均都在 100 万两以上[②]。就是说，上海怡和洋行的银行业务已经并附于"怡和钱庄"。怡和洋行的"银行部"已经升格为"钱庄"、"银行"。

洋行的银行业务转向专业银行的趋势由汇丰银行的创办表现得更加清楚。汇丰银行是 1865 年以 500 万元资本开业的。醵资者都是在中国活动多年、在香港根基深厚的老牌行号、"商业大王"。这些大洋行之所以要创办汇丰，是由于"近几年来在香港及邻近

---

① Shanghai Almanac and Diary, 1863、1865.

② NCDN, 1867.3.22.

的中日商埠中，本地贸易和对外贸易增长迅速，因而需要更多的银行"。而那些总行不在中国、主要经营中西外汇业务的银行则"难以满足已经发展得范围广泛、种类繁多的香港本地贸易的需要"。因此，汇丰创办伊始，就决定总行设在香港，并决定在外商洋行势力集中的香港、上海同时开业。总行所在的香港固然有董事会之设，在上海也有必要单独设立一个"当地董事会"。当然，汇丰的目标并不限于港、沪，而要"在中国多数城市开设分行"，但无疑港、沪二地是该行的两个最重要据点[1]。在开业后一个月，即 1865 年 3 月 27 日的一次特别股东大会上，主席报告说，在这样一个开始阶段内，往来账户的数量超过了他们的预计。大量钞票即将从伦敦运到，并将于短期内在市面上流通。汇丰银行的出现不仅反映侵略势力的扩张，也反映了洋行业务范围的变化。汇丰银行"可以说是旧式代理（行号）的银行业务部门合并成的专业企业"[2]。

据上所述，十分明显，第二次鸦片战争以后的一个时期，外商的轮船、船舶修造、码头仓栈、保险以至银行等行号企业纷纷创办起来，并形成各种独立行业。人们不难通过各个独立行业在资本及业务上的依存关系清晰地看到一个以轮船运输为中心的完整的体系，即轮船运输体系逐步建立起来，以洋行势力扩张而建立起来的这个体系又成为此后洋行势力进一步扩张的新起点。看不到这个体系，也就难于掌握洋行业务性质的变化及洋行势力扩张的深度。因为轮船运输体系的建立，意味着侵略势力对中国经济流通环节的控制。

---

① 《汇丰银行》，李周英、甘培根等译，中华书局 1979 年版，第 161 页。在参与创办汇丰的大洋行中，怡和是个例外。

② 同上书，第 6、7 页。

三 交叉投资与洋行商人垄断 集团的出现

问题还不仅如此。在轮船运输体系的形成过程中，除各个行号在业务上的依存关系外，洋行商人还以交叉投资的方式建立起企业内部的资本关系，从而导致资本垄断集团的出现。这些资本垄断集团在各个口岸所拥有的财势地位及其侵略作用当然不是原来的"商业大王"所能比拟的。我们首先从一些大型企业集资创办的过程谈起。

前述的轮船、船舶修造、码头仓栈、保险及银行的各个企业行号，大都由多家洋行联合集资创办，独资创办者很少。例如旗昌轮船公司，除主办者旗昌洋行外，还包括上海著名的公易（Smith，Kennedy & Co.）、顺兴（Ellisen & Co.）、义顺（Jarvie，Thornburn & Co.）、公平（Bower，Hanburg & Co.）、宝文（Johnson & Co.）、义记（Holiday，Wise & Co.）、泰和（Resis & Co.）、同孚（Olyphant & Co.）、禅臣（Siemssen & Co.）等 15 家洋行，其中既有美商，也有英商及欧洲大陆行号①。旗昌轮船公司能在激烈竞争中几次渡过难关并取得长江航线上的优势地位，这些有实力的行号在资本及货源上的支持，显然具有重要作用②。省港澳轮船公司的情况也是如此，在它的股东名单中，除其"永久代理人"琼记洋行外，还有同孚、迪康（R. Deacon & Co.）、监麻治（Camajee & Co.）及德忌利士轮船

---

① K. C. Liu, Ibid, pp. 183、29.

② R. B. Forbes, Ibid, 366.

公司①。在保险业中情况尤为普遍。保家行的主要投资人有祥泰、履泰、太平、沙逊与汇隆。②宝裕行的"合伙人"则有鲁麟、协隆、琼记、履泰、立德等洋行③。甚至原由宝顺洋行独家经营的"于仁洋面保安行",此时经过改组,也变成"怡和、仁记、沙逊、祥泰、华记、义记、禅臣七大富行"的合资企业④。怡和经营的"谏当"也不例外,其股东几乎包括"香港所有的知名洋行"⑤。扬子保险公司虽属旗昌独家创办,不过,15家洋行在资本及货源上支持旗昌,也就无异是对扬子的支持。

再看船舶修造业。大家知道,香港黄埔船坞公司的主要创办人包括与船运业关系密切的怡和及大英、德忌利士两家轮船公司。著名的上海船坞公司(Shanghai Dock Co.)的大股东为高易(Cowie & Co.)、宝顺、旗昌及太平(Lavers & Co.)4家洋行⑥。银行也是一样。汇丰银行的主要创办人苏石兰(T. Sutherland)曾经写道:"既然我们在中国有许多建立在自愿合作的基本原则上的繁荣兴旺的保险公司,我们也应当用同样的原则努力创设一家我们自己的银行。"⑦这家银行的"筹办委员会"中包括宝顺、琼记、大英、德忌利士、沙逊、公易、吠礼查、搬乌、毕公司、监麻治、利监麻(Cama & Co. P. F)等洋行⑧。码头仓栈企业情况大体亦相仿佛,这里就不一一列举了。

---

① American Neptune, 1957. 1, pp. 46—47.

② 《上海新报》,同治四年六月十七日。

③ NCDN, 1871. 10. 7, p. 9067.

④ 《汇报》,同治十三年五月廿一日。

⑤ Jardine, Matheson & Co., 1832—1932, pp. 36—37.

⑥ NCDN, 1865. 1. 31.

⑦ 《汇丰银行》,第3页。

⑧ NCH, 1864. 9. 24.

在这里，值得注意的一个事实是，在这些大洋行资本的支持下，有些企业从一开始就是在兼并其他企业的基础上创办起来的，有些则是在创办以后从事兼并活动的。香港黄埔船坞公司 1863 年创办之时即"收买"了已有 15 年经营史的柯拜船坞，两年以后又"收买"了榄文及贺布船坞，1865 年再次"收买"了旗记。到 1867 年它的资本已由开创时的 24 万元增至 75 万元。1870 年复增至 100 万元。雄厚的资本力量使它有可能进一步"收买"于仁船坞公司的财产①。仅仅六、七年的光景，香港黄埔船坞公司便在香港地区的船舶修造业中取得垄断地位。上海的一些船舶修造厂坞也有类似的发展过程。如上海船坞公司，它在 1863 年创办时兼并的对象是"老船坞"、"新船坞"。旗昌轮船公司支持的旗昌轮船厂则是该年收买 1861 年创办的"陆家嘴角船坞"后开业的②。公正码头公司曾经公开宣告它于 1876 年元旦起"接管"同福与虹口码头公司的业务③。1870 年前后，琼记、顺泰、浦东三处码头仓栈，都先后落入怡和洋行之手④。几年之后，怡和以其资本实力又进一步把立德成、公和祥，连同琼记、顺泰等码头都囊括于由它掌握的顺泰码头公司⑤。因此，第二代行号企业创办伊始就得以居于显赫地位。惟一总行设在中国的汇丰银行自不待言。曾经被视为香港工业发展中的"传奇式"企业、"以其扩张和发展过程体现英国对中国影响"的香港黄埔船坞公司在远东都"声震遐迩"⑥。旗昌轮船公司其船吨之多、资本之巨不仅在中国是独一无二的，在远

---

①　American Neptune，1957. 4，pp. 145—146；Impressions，pp. 196—198.

②　Shanghai Evening Courier，1873. 7. 13，p. 59.

③　NCDN，1867. 1. 7，p. 2472.

④　《上海新报》，1870 年 4 月 1 日。

⑤　NCDN，1876. 1. 17.

⑥　Impressions，p. 196.

东也是屈指可数的。公正码头公司在"接管"同福与虹口码头之后，一下子就拥有1000余英尺的码头地段及可供2.5万吨船货使用的"良好而安全的仓储设施"，以致它在上海所有码头仓栈中都是"无与伦比"的[①]。就连莫海德所属的船坞船厂，也居于"远东的重要企业"之列[②]。

前面曾经提到，包括这些拥有垄断地位的大企业在内的第二代行号乃是第一代行号扩大投资的结果。两代行号之间不但不是互相排斥，而且通过内在的资本关系及业务联系，分别以一些老牌洋行及若干大型企业为中心形成各自的资本集团。例如以鸦片贸易起家的怡和，在扩大代理业务的同时，还与香港黄埔船坞公司、香港火险公司、怡和钱庄、香港九龙仓栈码头、上海顺泰码头公司等保持资本关系。旗昌洋行则以旗昌轮船公司为中心，另有扬子保险公司、旗昌船厂、金利源、金方东、金能新（即通称之旗昌下浦仓栈及机器房）等码头仓栈[③]。在上海拖驳公司中也有旗昌资本[④]。怡和、旗昌如此，琼记、仁记、同孚、公易、沙逊等大洋行莫不如此。从而使这些洋行行号都能以错综交织的资本关系在整个外商的轮船运输体系中占有举足轻重的地位。

与此同时，洋行资本扩大投放的过程，也是洋行老板个人"交叉投资"的过程。洋行资本扩大投放活动导致洋行资本集团的出现，"交叉投资"则使一些洋行商人有可能凝聚成垄断集团。

所谓"交叉投资"是指洋行商人在第二代企业行号中的相互

---

①　NCDN, 1876. 1. 7, p. 2472.

②　W. F. Mayers, Ibid, p. 385. 参见孙毓棠：前引书，上册，第17页。

③　Desk Hong List, 1871, p. 27.

④　American Neptune, 1957. 10, p. 308.

投资活动。这种"交叉投资"活动，有的是在同行业之间进行的。就拿银行业来说，利申银行的老板嘉谟伦（E. Cameron）、格里高（J. Grigor）后来都成为汇丰银行的董事。香港汇丰银行的董事利代勒（W. S. Riddell）同时也是"曷银行"的董事。香港申打刺银行的董事哈塞勒（J. Hassell）、谷斯勃森（G. Wm. Cuthberson）几乎同时在上海汇丰银行董事名单中出现①。轮运业也是一样。除利斯（E. W. Rice）身兼旗昌及上海拖驳两家董事外，会德丰的创办人惠洛克（T. R. Wheelock）后来又投资于公正轮船公司。尽管旗昌、公正之间存在着竞争对抗的关系，仍然可以找到像毕塞特（J. P. Bisset）这种与双方都保持投资关系的例证②。

　　事实上交叉投资的范围当然不会有同行业的界限。如旗昌大股东福士（R. B. Forbes）、E. W. 利斯同时都是上海拖驳公司的董事③。先后曾为旗昌、宝顺两家洋行大股东的葡籍商人劳律罗（P. Loureiro）也是上海船坞公司的董事④。上海船坞公司的主要创办人之一拉弗尔（E. H. Lavers）本来是太平洋行的大股东，随后又跻身于保家行董事的行列⑤。立德洋行（Nichol Latimer & Co.）的两名主要股东吐塔勒（J. B. Tootal）、立德（A. J. Little）同时又是上海码头公司及保家行的股东⑥，如此等等。

　　如前所述，由于扩大投资导致一些洋行形成自己的资本集团，交叉投资活动也使一些洋行大班成为新的一代"巨富"。19 世纪

---

① Chronicle & Directory for China, 1868.

② NCDN, 1871. 11. 21, p. 9219.

③ Ibid., 1871. 3. 8, p. 8339; 1872. 2. 19, p. 115.

④ Ibid., 1865. 1. 31.

⑤ Ibid., 1871. 4. 18.

⑥ K. C. Liu, Ibid, p. 33; NCDN, 1871. 4. 18, p. 8475.

末期直到 20 世纪初期，在中国通商口岸的一些外商"领袖人物"
及盘踞于英国的"英商中华协会"（China Assocation，一般讹译
为"中国协会"）的"中国通"们，很多都是在这个历史阶段发迹
的。例如 19 世纪末期以汇丰银行老板的身份多次经手清政府外债
的嘉谟伦终于成为在华英商领袖、上海英商商会主席。英商机昔
（W. Keswick）又是一个例证。他于 1855 年来到中国，1859 年进
入怡和，1862 年已当选为香港定例局（Legislative Council）
委员，1866 年出任上海公共租界董事会董事长[①]。不久他又出任
香港总商会的主席。从此机昔成为对英国制定侵华政策有影响的
人物。又如香港的拿蒲那，1845 年他即来到香港，但他的主要经
济投资活动却在第二次鸦片战争以后。起初他是一家钟表商的学
徒，继而以珠宝商闻名于香港。大约在 1857 年他便开始以在香港
赢得的财富与揽文（J. Lamont）修建第一家香港干船坞，以适应
该地区进出船舶日益增多的需要，1860 年左右更购置轮船经营香
港、广州、汕头、厦门沿海航线运输，并以此为基础，进一步创
办一家"德忌利士轮船公司"。1863 年香港黄埔船坞公司创办以
后，拿蒲那又以大股东身份兼任公司的秘书。而当 1864 年筹办汇
丰银行之际，他又成为主要创办人之一，1865 年与琼记等集资创
办著名的省港澳轮船公司。1866 年香港出现一家"香港饭店公
司"，拿蒲那又是一个主要投资人，1869 年死去时，他在华南航
线营运的轮船不下 7 艘之多。由此可见他在香港的财势地位，显
然是在洋行势力大扩张、外商轮运体系建立的 19 世纪 60 年代形
成的。

总之，19 世纪 60 年代第二代洋行行号出现的过程，也是第
二代洋行商人产生的过程。这新一代的"中国通"能量之大、投

---

① 《近代来华外国人名辞典》，第 70、253 页。

资范围之广、在中国活动时间之长，都远远超过他们的先辈。

四 结束语

以上只就 19 世纪 60 年代在华洋行势力扩张的趋势及其主要特点进行了初步的探讨，还有不少问题尚不曾涉及。上述内容大致可以归纳为以下几点：

一、第二次鸦片战争以后在侵略势力大举扩张的形势下产生的第二代行号，无论是增设的速度，还是业务活动的范围，都不是第一代行号所能比拟的，原有的、几乎是无所不包的老牌洋行的业务体系已经不能适应扩大经济侵略的需要。轮船、保险、码头仓栈以及银行等项业务由洋行母体离析出来成为独立企业，几年之间复由各个独立企业逐步形成独立的行业，这是早期洋行史上的一个值得注意的重要变化。

而且，第二代行号的出现没有使第一代行号削弱或衰败，恰恰相反，很多老牌洋行都通过扩大投资活动形成各自的企业小集团。不少第一代洋行商人也不曾退出历史舞台，他们仍然继续在第二代行号的业务活动中扮演着重要角色。而这些老牌洋行的企业集团与交叉投资活动中的第二代洋行商人，正是 19 世纪末期各通商口岸形成的外商垄断集团的胚胎与骨干。

二、两代行号之间，既有发展的一面，也有继承的一面。这里所说的发展，指的是洋行商人投资范围的扩大与业务领域的突破。这种发展的集中体现是，为扩大商品贸易服务的轮船运输体系的建立。所谓继承，主要是说在从暴力掠夺到广泛的企业投资这个过渡过程中，暴力掠夺并没有绝迹。相反，作为五口通商时期洋行势力扩张主要特点的暴力掠夺，几乎全部为第二代行号所继承。诸如海盗护航、走私、贩毒、掳掠华工等等都在不同程度上照旧进行。以"卖人行"著称的德记（Tait & Co.）及合记（Syme, Muir & Co.）不仅继续在其厦门老巢活动，而且还在洋行增设的高潮中分别在台湾、打狗及上海开设了分号。身兼葡、西（班牙）驻厦门领事的德记老板德滴（J. Tait）1864年起又充任了大英轮船公司的代理人。掳掠华工的另一个中心澳门"卖人行"的猖狂活动较厦门尤甚。据统计，1855年澳门的"卖人行"不过5家，1865年增为8至10家，1866年竟增加到35至40家。葡、秘（鲁）、西三国设在澳门的"招工馆"不下300余所[1]。在毒品贸易方面，怡和洋行经营的鸦片贸易数额因利润相对降低而有所减少，沙逊洋行的鸦片生意依然庞大惊人。值得注意的是洋行的军火生意。作为武装海盗的"武装弹药库"的香港与新加坡，实际也是军火走私的两个基地[2]。中国沿海猖狂走私贩运军火的活动达到前所未有的程度。1862年宁波曾捕获一只英国军火走私船，计装有300门大炮，100箱小型武器及50吨军火。有人统计这一年营运军械的外商行号进口的军火，包括能装备2万人的各种型号的炮弹枪支及"最有效能的迫击炮"，其价值估计不少于20万镑[3]。参与军火生意的洋行为数当然不会很少。"港沪两地，凡售船用器具之行号，均有大小枪支出卖"[4]。至于走私逃税，情况尤为严重。由于长江之被迫开放，走私领域越来越大，走私项目越来越多。连官禁之例的食盐在香港地区、沿海及长江内河都成为洋行商人走私贩运的重要项目了。

三、外商轮船运输体系的建立是在华洋行势力扩张的结果，

---

① 彭家礼：《十九世纪西方侵略者对中国劳工的掳掠》，《中国社会科学院经济研究所集刊》，第1集，1979年。

② Fox, British Admirals and Chinese Pirates, p. 149.

③ NCH, 1863. 1. 31, p. 19.

④ 班思德：前引书，第73页。

同时也给洋行势力进一步扩张提供了新的条件和刺激。建立了自己的轮船运输体系的洋行商人垄断了沿海及长江沪汉段的运输之后，在1868—1869年间利用"修约"的机会又提出了鄱阳湖等内河航线行轮的要求。此后洞庭湖内河、汉口至宜昌、宜昌到重庆、重庆至叙府以及两广地区的西江航线等等，都被逐步囊括于外商轮船运输体系之中。而如果没有这个迅速扩张、日臻完整的轮船运输体系，侵略者也将难于实现在生产领域的不断扩张。

外商轮船运输体系的建立对中国社会经济带来了严重影响与后果。从非法扩大土货贩运贸易中发展起来的外商在华运输力量，凭借轮船、保险等各个行业的协同经营，几年之间就在各个航线占有绝对优势地位。首当其冲的是中国原有的木船业。特别是在外轮势力集中的地区，木船业在短短几年就呈现出一派凋零衰败景象。熟悉外商业务，甚至与外商行号有资本关系的买办商人当然有可能利用轮船扩大自己的业务，即使一般华商在各口之间的商货贩运也不能不依靠外商轮船。从这方面看，外商轮船运输体系的建立对于华商买办化自然不能没有影响。

在这里，一个值得注意的问题是，由于外轮势力的严重扩张，面临破产境地的中国木船业已经难于承担传统的漕粮运输了。仅此一项就足以引起封建统治阶层内部的震动与矛盾激化。顽固派与洋务派的分野与斗争显然与此有着直接间接的联系。中国第一家轮船公司招商局就是在这个历史背景下酝酿产生的①。

四、在第二代行号产生的过程中，洋行本身业务的方向也发生了相应的变化。由于各项直接投资的扩大及利润的优厚，相对于轮船、保险、银行等企业投资而言，老牌洋行原来经营的洋货、

---

① 拙文《十九世纪中国近代航运业发展史的几个问题》，《南开大学经济所年刊，1981—1982》。

丝、茶等传统进出口项目风险大、利润小，因而到 19 世纪 60 年
代末期开始出现削减贸易代理业务，进一步向企业投资方向转化
的趋势。进入 70 年代，由于苏伊士运河的通航、海底电线的敷设
等中西交通方式的变革及银行贷放业务的展开，大批佣金代理行
号出现在各个通商口岸，原有行号从此有可能进一步扩大流通领
域的投资，并从流通领域向生产领域扩张势力，从而使在华洋行
势力的扩张在新的历史条件下出现了新的特点，进入了一个新的
阶段。

（《历史研究》，1984 年第 6 期）

1870年至1895年在华洋行
势力的扩张

一

　　19世纪60年代，尽管中西远洋轮船运输发展迅速，但由于技术、工艺上的原因及经济原则的作用，还不能完全取代利用人力、风力航行的"快艇"。当时一般快艇从英国曼彻斯特装载棉织品绕道非洲来华，单程往往需时一百一二十天，然后装载"头茶"抢运返航，抢占华茶市场，快亦需时九十天上下，慢则需一百三十五天。从事对华贸易的西方商人，其资本在周转中以商品形态存在的时间，少则半年，多则一载，因而，没有充足的资金是难以参与对华贸易活动的。尽管如此，在中西之间"产销双方，远隔重洋，全赖一般侨商居间贩卖。彼等操奇计盈，往往数年之间，立成巨富"，[①] 这就是历史文献中所说的"商业大王"。他们"愉快的时代"很快就因苏伊士运河的通航和海底电线的敷设而结束。

---

　　① 班思德：《最近百年中国对外贸易史》，民国二十年，第123页。

苏伊士运河是 1869 年 11 月通航的，海底电线的敷设工程是1871 年完成的。苏伊士运河不准快艇通过的规定，使快艇在中西贸易中几乎无法生存。"快艇时代"转眼间就进入了"轮船时代"。而海底电线的敷设又把伦敦与上海间需时六至八周的邮程缩短到几个小时。这就使原来中西贸易中漫长的流通过程所冒的各种风险降至最低限度，并有可能实行"期货交易"，从而引起贸易方式的相应变化。例如从上海电购生丝以后，无需候货运到，即可在伦敦市场出售。[1] 商人依赖电汇，不必待货物脱手就可取得周转资金用于第二笔交易。"一句话，以前资本周转一次的时间，现在可以周转一百次，甚至更多"。[2]

交通及贸易方式如此巨大的变革，转而又使银行通融贸易业务进一步扩大。押汇贷款、票据贴现等各种形式的贷放活动越来越多。于是，无需多大资本、依靠电报媒介生意、赚取佣金的小代理行号便应运而生。[3] 与此同时，伦敦的"殷实茶号"，也"与昔日侨华茶商脱离媒介关系，直接派人来华自行采办"。而"其所派之人，辄由旅华侨民之曾任洋行下级职员者承之"，这些"下级职员"离行以后，往往自立行号、媒介生意。在华丝贸易中情况类似，也有一批"表面虽负商人名义，实则经济方面，系由他人资助，不过于产销间负有媒介之责"的代理商。[4]。

上述情况促使外国制造品一度加速倾销于各通商口岸。无论是进口与出口，数量上都呈现大幅度增长。棉布进口在 1869 至1870 年间每年约为一千万余匹，1871 年突增至一千四百余万

---

[1] British Consular Reports（以下简称 BCR），1872，Shanghai，p. 149.

[2] North China Daily News（以下简称 NCDN），1883. 1. 4，p. 11.

[3] Brenan's Report on China Trade，1897，p. 14.

[4] 班思德：前引书，第 122、106、125、118—119、123 页。

匹。① 华茶出口量 1869 年约为一百五十余万担，1871 年几达一百七十余万担。② 但是，中国内地市场并没有相应地扩大，洋货的推销仍和以前一样困难。洋货进口贸易又出现 19 世纪 60 年代初期由于长江开放曾经出现的"过度进货"的危机。据说 1872 年上海货栈堆存的滞销英制标布及本色粗布竟达三百万匹之多。③ 1873 年广州英国领事报告说："在从事对华贸易商人的记忆中，还没有遇到过像最近 12 个月内在中国和英国这样的不景气，整个市场陷于停滞，象战争一样给贸易带来灾难，甚至比战争还厉害一些。"④ 英商喉舌《北华捷报》也同时发出警告："这样经常希望我们对华贸易增进是注定要失败的。"⑤ 曼彻斯特的制造商们都在盘算减产了。⑥

贪得无厌的外商当然不甘心失败。他们在悲叹失望之余，复掀起一阵进一步扩大中国内地市场的叫嚣而且调门越叫越高。曾任大英轮船公司经理的威廉·戴维逊居然主张动用武力。他以自己的经验表白说："我是在几次战争中住在中国的侨民，在商人当中，一般的意见认为在战争时候的贸易比在任何时候都好。"⑦

英国政府自然反映在华洋行的利益，借口云南马嘉理事件，采用武力恫吓，于 1876 年逼迫清政府签订《芝罘条约》。通过这一不平等条约，除增辟宜昌、芜湖、温州、北海为通商口岸，开

---

① 班思德：前引书，第 122、106、125、118—119、123 页。

② 同上。

③ 伯尔考维茨：《中国通与英国外交部》，江载华等译，商务印书馆 1959 年版，第 125、126 页；班思德：前引书，第 143 页。

④ 毛里斯、柯立斯：《汇丰银行百年史》，李周英等译，中华书局 1979 年版，第 10—11 页。

⑤ NCH, 1873. 1. 16.

⑥ 伯尔考维茨：前引书，第 126、136 页。

⑦ 同上。

放大通、安庆、湖口、武穴、陆溪口和沙市 6 处为起卸货的轮船停泊港口外，该约三端四款还规定："嗣后各关发给（半税单照）……不分华洋商人，均可请领，并无参差。"这样，洋行商人图谋已久的将"认人不认货"的原则改变为"认货不认人"的原则（即不论华商洋商，只要是洋货就可享受子口半税特权），终于以条约的形式固定下来，一项非法活动自此获得了合法的地位。值得注意的是，约款还对《通商善后章程》第七款的"洋货运入内地及内地置买土货"中的"内地"二字特别作了解释："沿海、沿江、沿河及陆路各处不通商口岸，皆属内地。"① 这就是说，中国无处不可以通商贸易，洋行商人的活动已达到无限制的程度。当时连李鸿章都愤慨地说，这些特权是英国"多年所必欲得者"，"长江一带竟欲一网打尽，用意极为贪狡"。②

从这时起，鄱阳湖流域、洞庭湖流域以及两广的西江、东北的松花江内河航线，都成为洋行商人急欲通航的目标。《芝罘条约》签订不久在宜昌到重庆的川江航线上，就有人开始行动。这就是英商立德在曼彻斯特商会支持下，1887 年创办川江轮船公司的由来。1888 年立德曾企图以"固陵号"轮船首航川江未果，但却引起英国国内的强烈反应。《泰晤士报》就此发表评论说："假如立德成功，则 7000 万人口的贸易就送到门上来了。兰开厦、密德兰、约克郡的制造品就能从伦敦、利物浦经过一次简单的转运，缴纳从价 5％ 的进口税，就可一直深入 1500 英里的亚洲心脏地带。"③ 同时，重庆开埠通商问题也提上了日程，洋行商人也获得

---

① 王铁崖：《中外旧约章汇编》，第 1 册，三联书店 1957 年版，第 349 页。

② 光绪二年七月二十七日，烟台议结滇案折，《李文忠公全书》，奏稿，第 27 卷。

③ 拙文《川江航权是怎样丧失的》，《历史研究》1962 年第 5 期。

了华西市场活动的基地，开始了在重庆的设行活动。[①]

《烟台条约》签订以后，某些地区的洋货进口贸易有所增加。镇江是利用子口税单内销洋货的中心，1886 年主要进口洋货之中，其品目种类竟达八百种之多。[②] 洋行商人认为"子口贸易对于外国进口商的价值仍然是难以估计的"。[③] 这一年汉口的子口单照贸易额也达四百三十四万三千四百六十九两，其范围涉及湖北、湖南、四川、陕西、广东、广西地区，其中四川一省即占一百万两。[④] 1883 年谢立山的《重庆洋货贸易报告书》及施本思的《重庆进口贸易备忘录》中曾经记录入川洋货已由七年前的十五万两增至四百万两以上。重庆已成为仅次于上海、天津和汉口的第四大洋货销售中心。[⑤]

然而，在全国洋货进口贸易中，各品类项目进口增长趋势并不一致。有些项目确实增长较快。例如生铁，由 1871 年的二十二万担及 1881 年的七十五万担增至 1894 年的一百一十八万担；煤油进口额由 1887 年的一千二百万加仑增至 1894 年的七千万加仑，棉纱线进口额由 1884 年的二十六万余担增至 1894 年的一百一十六万余担。但这三项在整个进口贸易额中所占的比重有限，1875 年、1885 年及 1894 年三年中，棉纱仅占 4%、9% 及 13%，生铁只占 1.5%、2.2% 及 1.5%。据海关统计，占进口大宗的棉织品其进口总额，1871 年较多为一千四百余万匹，此后直到 1894 年的二十四年间，除 1881 年、1885—1892 年间略有增长外，其他

① London and China Express，1888. 11. 16，p. 1087.

② BCR，1886，镇江，第 13—14 页。

③ BCR，1887，镇江，第 12 页。

④ BCR，1887，汉口，第 13 页。

⑤ London and China Express，1883. 1. 19，pp. 71—73.

年份均不及 1871 年之数[①]。其中英国的棉货，输往中国的每年平均值，1869—1872 年间为六百七十四万镑，1881—1884 年间则为五百四十二万镑，十余年间减少一百余万镑。[②] 糖的进口数量起伏很大，1871 年为十七万余担，1877 年增至三十六万余担，转年则急骤下降至三万余担，直到 1891 年还不到二十一万担之数。出口贸易的情况相仿，作为两项出口大宗的丝茶，数量增长亦极有限。1872 年华茶出口为一百九十二万担，到 1894 年为一百九十三万担。同期华丝出口则分别为六点三万担与八点三万担。[③] 因此，总起来看，《芝罘条约》签订以后直到甲午战争以前洋货进口贸易增长并不显著。有人统计 1865—1885 年的二十年当中，中国净进口额不过由六千万海关两增至八千万海关两。如果把这一时期的银两与金镑比价的变动因素考虑在内，即每两由 6 先令 8 便士跌至 5 先令3 便士，那么这二十年的中国净进口额的增长就更加微不足道。[④]

　　进出口贸易之所以出现停滞或缩减现象，需要因时因地具体分析。洋货抽收厘金，这是外商与领事多次叫嚷阻碍洋货流通的主要问题。但实际上这对洋货进口贸易全局影响未必很大。这是因为通行子口税单的长江及沿海一些地区凭借半税单照，可以避免厘卡干扰。其他地区厘金一般又较子口半税为低，并不构成洋货流通的严重障碍。不少研究者认为，耕织结合的自然经济结构乃是洋货市场难于突破的根本障碍。这虽然不无道理，但是，归根到底还是中国农村的贫穷。从经济发展的角度看，耕织结合的自然经济只是落后的同义语。姑不论租赋之繁苛，在封建统治下，

①　姚贤镐：前引书，第 160、1605、1608 页。

②　Sargent, Ibid, p. 209.

③　姚贤镐：前引书，第 1264、1226—1227 页。

④　C. S. See：The Foreign Trade of China，p. 282；伯尔考维茨：前引书，第 5 页。

仅是连年不断的自然灾害对农村经济的破坏就足以置农民于不得温饱的境地。广大农民长期处于"廪积罄如，里缺豪贷；相率奔流，嬴老骈僵"的绝境之中，岂能有余力购买洋货。就纺织品而论，他们追求的不是洋布的"物美价廉"，乃是土布的坚实耐用。购买洋布者"主要限于富人和中产者以及商人阶层"。[①] 城市仍然是消费洋布的主要市场。[②] 至于钟表、玩器等一类高档消费品的情况当然更是如此。

由于进出口贸易停滞和缩减，在华洋行增设的势头从 70 年代中期就逐渐发生变化。例如在上海，70 年代初期的丝业，"虽偶迁小利，然每年合算而大折，竟似成例"，业丝洋行倒闭者不下十余家。[③] 据 1878 年的英领事报告透露："德国贸易与德国权益正逐步下降，很多一直作大量生意的德国洋行现只剩一、二家了。"[④] 不止德商，也不止上海，中国各口都因"贸易不甚见佳，洋行之倒塌已层见叠出"。[⑤] 老牌匹头洋行货商李百里洋行汉口分行 1876 年即公告歇业，只保留上海总行。[⑥] 在天津，1872—1873 年间曾有洋行二十一家，1884 年减至九家。[⑦] 九江的洋行，到 1890 年前后也不过三家。[⑧] 至于《芝罘条约》后增辟的四个口岸都不曾出现

①　BCR，1882—1883，镇江，第 71 页。

②　同上书，1891，上海，第 10 页。

③　《申报》，同治十三年六月初三（1874 年 7 月 6 日）。

④　BCR，1878，上海，第 73 页。

⑤　《申报》，光绪五年二月初四（1879 年 2 月 24 日）。

⑥　BCR，1881，福州，第 8 页；NCDN，1876.1.3，同时改组为 Shaw Ripley & Co. 。

⑦　BCR，1872，天津，第 115 页；1873，天津，第 135 页；BCR，1884，中国，第 83 页。

⑧　Decenial Report，1882—1891，九江，第 201 页。

设行高潮。就全国范围讲，各个口岸洋行总计：1872 年共三百四十三家，1875 年还是三百四十三家，1878 年三百五十一家，1881 年略增，计四百二十二家，1884 年复降至三百八十家，1894 年也不过五百五十二家。[①] 可见在华洋行数与对华贸易大体保持同步发展有所增加，但并不显著。

能不能因此就说洋行势力没有多大扩张呢？当然不能。下面继续探讨这个问题。

二

在华洋行面对进出口不景气局面，为摆脱困境，不得不作出新的抉择。概括起来，一是改变经营方向；二是寻求投资机会，扩大投资领域。

（一）改变经营方向实行"代理经营制度"

在这些问题上，怡和洋行是一个典型。怡和是一家靠贩卖鸦片起家的老牌洋行，1871 年决定停止鸦片行当[②]，把资金投到利息在 12％—15％之间、为期三至七天的中国钱庄庄票上去，"以代替尖锐竞争的茶叶出口业务"[③]。特别是在 19 世纪 70 年代中、后期贸易萧条的时期，在华大商行都把各自的力量从商品贸易的投资及收取佣金的代理业务转移到加工制造、航运、保险、金融

① 姚贤镐：前引书，第 1000 页。其中 1879 年的四百五十一家，可能为三百五十一家之误。参见伯尔考维茨：前引书，第 163—164 页。

② Western Enterprise in Late Ching China, A Selective Survey of Jardine Matheson & Co.'s Operation, 1842—1895, Harvard, 1970, p. 39.

③ Yen－Ping Hao, The Compradore in Nineteenth Century China, Bridge Between East and West, 1970, p. 86.

等贸易的"辅助性"业务上去。以丝茶贸易为例，怡和的侧重点已不在于经营华茶的出口，而是招揽中外丝茶货运，经营轮船和保险、码头与仓栈。

值得注意的是，为适应新的情况，怡和洋行开始扩大"新的代理业务"。它的经理人詹逊写道："假如我们考虑到我们承担巨大风险自营运销，平均赚取 4％或 5％，还不如赚取 2.5％或 3％佣金的代理业务。我相信我们生意的正当发展是朝向收取佣金的永久性收益，不再经营巨额商品贸易。"① 这里所说的取代商品贸易、具有"永久性收益"的"新的代理业务"就是所谓"代理经营"制度。这种制度在性质上不同于一般佣金代理商，在活动范围上又远远超过一般代理商之商品贸易的媒介。代理者从代理中可以收取佣金，从经营中又可赚取利润。如果说一般"代理"方式可以避免自营的各种可能的风险，那么"代理经营"就是既不承担风险又可自营的一种没有或很少风险的经营方式。

这种"代理经营"主要是代理华商经营。随着侵略势力的扩张，代理经营的范围越来越广。华商出资购买轮船由洋行代理经营者有之。华商置货由洋行代理订购与运销者有之。② 诱招华商资本以洋行名义开办企业者固然不少，以买办保证金充当营运资金的外商洋行也并非罕见，甚至还有以洋行名义代华商开设行号从事非法活动的。

就拿怡和最初创办轮船公司来说。1870 年初，当它的老板决定放弃鸦片、收缩茶叶贸易转而经营轮船运输的时候，怡和便先后取得一些买办商人的轮船代理业务。其中"天龙号"原为烟台富商李振玉所有，怡和以四万两短期贷款获得了该轮代理经营的

① E. Le Fevour, Ibid, p. 48；K. C. Liu, Ibid, p. 138.
② NCDN, 1866. 1. 25, p. 1306.

权利。①"南浔号"的大股东是它自己的买办唐廷枢，1870年归怡
和代营，从代营中收取5％佣金。②"命神号"的船东则是由唐廷
枢介绍的香港富商郭阿宝。③1871年怡和又利用在沪汉线上营运
五年之久的北清轮船公司濒临破产的时机，以贷款为手段赎回北
清押给汇丰的两艘轮船。在这里，贷款不仅可以收取利息，用怡
和经理的话说，"贷款还会带来佣金"。这样，怡和除拥有在华南
沿海航线的船运力量外，又通过"代理经营"方式轻易地组成一
支现成的船队从事沪津航线的轮运业务。这一年，它的佣金、码
头、仓栈等项收入达十万两之多。④

（二）对轮运业的投资与轮船运输体系的扩大

苏伊士运河的通航，海底电线的通达以及由此引起中西贸易
方式的变化给中西远洋轮船业的发展创造了前所未有的条件。在
东方贸易的吸引下，西方远洋轮船公司相继开辟中国航线。除原
有大英、法兰西、蓝烟筒及万昌轮船公司外，1871年德国的汉堡
船主公司及北德路易轮船公司（后改为金星线），都各自配备轮船
开到中国。⑤第二年，包括旗昌老板在内的一些"中国通"，又以
五十万镑资本在伦敦创办一家"泛太平洋轮船公司"，经营中日美
之间的客货运输。⑥同年还有一家航行中国、印度与黑海奥德萨航
线的俄国"新公司"，即"俄国轮运、贸易及奥德萨铁路公司"，

①　NCH，1882.3.15.

②　K. C. Liu, Ibid, p. 193.

③　Ibid. , pp. 143、210.

④　Ibid.

⑤　施丢克尔：《十九世纪的德国与中国》，中译本，乔松译，三联书店1963年
版，第109页。

⑥　NCDN，1872.9.24，p. 293.

也派出一条"漂亮的新船""露西亚号"开行中国航线。[①] 另一家声名最大的轮船公司俄国义勇舰队也是这一年创办的。[②] 早已开行中国航线的法兰西火轮公司，1871 年开始把马赛伦敦航线及马赛上海航线对接。英国远洋轮运势力为保持其优越地位，1873 年又有格拉斯哥的麦克格里哥·高公司创办的葛连轮船公司及卡涩尔公司、瓦斯密尔本公司开辟中英航线。其中葛连公司曾经一度以其 15 艘远洋轮船"全部投入华茶及其他中国土产的运输"。

　洋行势力除开辟远洋航线外，还力图垄断长江和中国沿海的航运事业。早在 1867 年，在上海设行的太古老板施怀雅抵达中国后，"立刻为长江船运的繁荣所打动"，企图创办一家长江轮船公司。这家公司是"作为蓝烟筒的分支"拟议创办的。[③] 公司虽然没有办成，但太古利用蓝烟筒轮船从事中英贸易，蓝烟筒则利用太古插手中国沿海贩运业务的"代理关系"，从此确定下来。1872 年太古以三十六万镑资本创办"太古轮船公司"，蓝烟筒主东霍尔特就是股东之一。利物浦、曼彻斯特及格拉斯哥的财团都在太古投有资本。有人说"施怀雅背后拥有几乎是无限的英国资本和英国荣誉"，此说纵属夸张，亦非完全没有道理。[④] 太古轮船公司开业以后，又收买了"专行长江"的公正轮船公司全套轮埠设备。由于中西远洋航线的重要性日益显露，1883 年霍尔特又资助在华代理人太古洋行一万镑，"以资鼓励"。[⑤]

　另一家是怡和。前面提到，1870—1871 年间怡和已经把轮运业作为重点，并决定创办公司。它的老板曾经露骨地表示：经营

①　NCDN, 1872. 7. 9, p. 31.

②　拙书《中国近代航运史资料》，第 1 辑，第 671—675 页。

③　K. C. Liu, Ibid, pp. 115、117—118、202、116—117、126.

④　Ibid.

⑤　Francis and Hyde, pp. 34—35.

轮船"即使亏本,也比每年冒险经营茶叶的损失小"。① 继太古轮船公司及轮船招商局创办之后,1873年初怡和的华海轮船公司也正式开业,额定资本五十万两,分为五千股,怡和自己占2/3,其他中外商人占1/3,其中包括前述华商所有、原由怡和代理经营的"天龙号"及"南浔号",作为四百股入股于华海公司。②

经营轮船的英商,除太古、怡和外还有马立师与麦边。英国在华轮运势力的急速发展很快对旗昌垄断地位构成威胁。这家垄断中国江海航线达十五年之久的美商终于在1877年将公司出售给招商局。而英商轮船公司的业务却异乎寻常地繁盛。据统计,1875—1880年,华海轮船公司单单股息一项就达十八万两,几年之间盈利即超过资本而有余。所以怡和老板决心继续扩大轮业。1879年他以三十万两资本又创办一家"扬子轮船公司"。跟着在格拉斯哥的"财界巨子"麦克格里哥及里德等人的支持下,③ 又于1882年以四十四万九千八百镑(约合一百三十七万两)资本,把华海、扬子及其原有中印航线的轮船合并组成"怡和轮船公司",由怡和洋行充当"常设总经理"。④ 怡和、太古加上原来在广东内河及福建、台湾、香港沿海航线拥有垄断地位的省港澳、道格拉斯两家轮船公司,可以说英商已经控制了中国江海航线。怡和、太古无异是轮运霸权的"盟主"。据统计,1874—1892年太古轮船公司由六艘一万余吨增至二十九艘三点四万余吨。⑤ 怡和在1883—1893年也由十三艘一万二千五百七十一吨增至二十二艘二

---

① K. C. Liu, Ibid, pp. 79—83.

② 拙书《中国近代航运史资料》,第1辑,上海人民出版社1984年版,第299页。

③ NCH, 1883. 10. 24, pp. 480—481.

④ Jardine , Matheson & Co. 1832—1932, HK, 1934, p. 36.

⑤ 拙书《中国近代航运史资料》,第1辑,第513页。

万三千九百五十三吨。[①] 怡和、太古的分支遍布各个口岸，外商的轮船充斥于各条航线。

统计数字显示，中国各口进出外商轮船吨位的增长速度远远超过对外贸易额的增长速度。1870 年进出外轮约五百余万吨，1880 年已近一千万吨，1895 年更达二千三百余万吨。二十五年光景外轮吨位增长几达五倍，而同期进出口贸易额只增 167％。[②] 这就是说，外商轮船主要是从事华商货运的。华商货运之依靠外商轮船固然与轮船运输的便捷、安全及外轮公司的有效招徕手段有关，但与卷入外商直接进行贸易的内地商人越来越多及商品流通机制的改变也不无干系。原由外商转入本地华商的进口洋货贸易，又有一部分复由本地商人转入内地商人。而内地商人往往不从就近口岸进货，而与汉口、上海等贸易中心的外商直接交易。[③] 不仅如此，除洋货外还有大量土货的转运。其中既有真正的土货，也有假借子口半税单照特权冒充洋货的土货。如台湾及粤东出产的土糖，先出口香港，然后利用子口税单保护再作为"洋糖"运销上海等口岸，或其他内地子口。[④] 在这里，作为土糖先出口到加工口岸，作为"洋糖"由加工口岸又转运到消费口岸。据海关统计，1893 年消费口岸进口的"洋糖"，即达七百四十余万两[⑤]。而这项转运贸易又几乎全为外轮所掌握[⑥]。

①　Journal of Asian Studies，Vol. 18. No. 4，1959. 8，pp. 447—448.

②　拙书《中国近代航运史资料》，第 1 辑，第 333 页。

③　BCR，1877，汉口，第 67—68 页。

④　Ibid.，1872，Part II，Shanghai，p. 142.

⑤　姚贤镐：前引书，第 1058—1059 页。

⑥　NCH，1874. 10. 29，pp. 417—418.

（三）洋行资本在生产领域中的扩张

自鸦片战争至甲午战争的五十五年中，洋行商人在各口投资创办的各类工厂企业共计一百九十一家。其中 1870 年以前创办的计七十五家，1870 年以后创办的计一百一十六家。在这些工业制造企业扩展历程中，人们不难从企业的地区分布及种类变化看出洋行扩大生产领域投资的趋势。

由地区分布统计看，香港、广州及上海地区计一百四十家，其他口岸五十一家。如按 1870 年前后两段时期比较，香港及上海地区由六十五家增至七十五家，其他口岸则由十家增至五十一家。可见外商企业向香港、上海以外的地区扩大投资的趋势至为明显。

由企业经营项目的变化看，除船舶修造、丝、茶、榨油继续增设外，又增添打包、蛋粉、樟脑、压制、硝皮、制糖等许多新项目。以打包业为例，这项为便利出口贸易的加工业，除怡和等大洋行附设的打包厂外，上海、天津、汉口等地也陆续出现专业打包厂。

从增长速度看，在总数一百九十一家企业中，出口加工一项增长最快：1870 年前不过六家，1870 年后增至四十四家。惟一的例外是船舶修造，两期比较不是增加而是减少。进出船舶数量、吨位均大大增加，船舶修造企业数反而减少，这主要是由于 1870 年以后船舶修造业兼并的结果。许多小厂先后为少数设备先进、资本充足、规模宏大的船厂所取代。[①]

就这些工厂企业性质讲，大体仍然属于为商品贸易服务的加工制造范围。除 1888 年的一家机器轧花局外，一直不曾出现"仿

---

① 以上数字据汪敬虞：《十九世纪西方资本主义对中国的经济侵略》，第 310—312、315—331 页。

造土货"的工厂。但是，在甲午战争以前的三十年当中，外国洋行仿造土货、创设棉纺织厂的活动却从来没有停止过。

1865 年义昌洋行就企图在上海开办机器棉纺织厂，由于当地商民反对未果，但义昌洋行老板施克士并没有死心，1875 年又开始活动起来。① 1877 年他开办一家"完全由中英合股"的"上海火轮机织布公司"，资本二十万两②，开始时据说得到"很多本地富商的赞助"，计划不仅织造洋布而且纺织土布，但未等开车就停顿下来。因为除有上海布业公所的"极力反对"外，"中国官方亦不肯支持"，以致当初赞助的富商又纷纷撤退。施克士的这样一次办厂经验，曾经引起当时英国领事的关注。开设棉纺织厂，必须争取华商及官员两方面的支持，"一旦有中国高级官员肯于承办，以他的名义便可使这企业获得合法的批准，那时无疑就会把工厂兴建起来"③。施克士的办厂经验，对怡和当然也是一个借鉴，老板詹逊就曾表示，为避免激起中国官商的仇洋情绪，"最聪明的办法"是由中国的投资者开头开办棉纺织厂。在他的心目中像胡光墉这样的既饶有资本，又与官场广有结交的商人乃是最理想的人选。④ 所以怡和在 1877 年最初提出的设厂计划中就不打算"归外商所有"，而是沿袭"官督商办"原则，促成一家棉纺织厂的创办。具体的构想是：在官方监督下，由华商经营，怡和则充当棉纺织厂的"代理人"，利用它与英国工商界关系密切的条件，提供技术支援。本着这个构想，詹逊开始向一批华商建议组织一家股份公司，在上海兴建一座棉纺织厂。经过几个月的商议，终于通

---

① NCH，1875. 1. 21，p. 60.

② NCH，1879. 3. 21，p. 267.

③ BCR，1877—1878，Shanghai，pp. 17—18.

④ Le Fevour, Ibid, pp. 45—46、40—41、43.

过胡光墉透露一些信息：成立一家公司，定名为"英中上海机器棉纺公司"，织机八百张，开创资本三十五万两。怡和经理满怀信心地说："此刻我所能说的是，假如计划实现，我看业务将由我们得到，而不会落入别的洋行手中。"[1]

值得注意的是，多年以来论者都把 1878 年彭汝琮向李鸿章、沈葆桢投递禀帖，请代奏准设厂，且彭的设厂计划，也曾受到李鸿章"奖许"一事，看成是"上海织布局"筹组过程中的一次活动。实际上彭汝琮筹办的织布厂就是上述怡和拟设之厂，而不是筹组过程中的"上海织布局"。彭汝琮其人很可能就是怡和的买办，他的设厂活动大体符合怡和的设厂构想，一方面争取官方支持，一方面由怡和"提供机器及人力上的帮助"，与怡和签订合同、委托代购机器等等。到了 1879 年事情发生了变化。彭汝琮通知怡和，购机事"不再需要，暂时中止"。[2] 其设厂活动所以停下来，看来乃是来自洋务派的反对。资料透露，1879 年初由购买厂址引起的周转困难中，盛宣怀从中作祟，"搅得彭汝琮焦头烂额，只好避匿了事"。[3] 由李鸿章对彭汝琮的"作事虚伪，专意骗人"[4] 的评语看，怡和幕后导演活动为李所察觉，也未始不可能。

可见怡和导演设厂活动的第一个回合是落空了的。不过洋行商人设立机器棉纺织厂的图谋并未因此而中止。"义昌闻之，仍欲踵行前议"，蠢蠢欲动。[5] 跟着就是美商丰泰洋行老板华地玛的设

---

① Le Fevour, Ibid, pp. 45—46、40—41、43.

② Ibid.

③ 盛宣怀档案，转见陈梅龙：《论晚清上海机器织布局的性质》，《近代史研究》1986 年第 3 期。

④ 郑观应：《盛世危言后编》，第 7 卷。

⑤ 《申报》，光绪五年二月二十九日。

厂活动。或许出于缓解地方手工业者反对的缘故，1882 年他所拟设的"丰祥织洋棉纱线公司"拟只纺纱，而不织布。参与创办活动的有丰泰买办王克明，怡和也参加了创办活动。[1] 洋务派为维护筹设中的上海织布局而坚持禁设并逮捕了王克明，致使这家纱厂没有办成。1887 年上海织布局"从新开办"。这时又有洋行企图插手，为织布局提供资本[2]。是否仍为怡和，还有待证实。第二年，上海终于出现一家机器轧花局。创办者有英、美、法、德、日各国商人，当然也有华商。而出头露面的却是那个与华地玛合办棉纺厂未果的祥生船厂老板格兰特。可能因为此厂既不织布，又不纺纱，只是轧花去籽减轻棉花重量以便出口，因而虽也经历一场"华洋交涉"，但终于办成。于是怡和立刻要"效祥生厂之尤"，"拟设轧花厂"，甚至说"不日即将择地建造"[3]，从而加快设厂步伐。1889 年怡和老板计划与一个孟买棉纱商人合办棉纺厂。怡和的如意算盘是："假如他（指孟买商人）能筹措足够资金，我将力图全由中国人创办一家公司，另立协议由怡和充任经理人，从毛利中提取 2%"，这样就可能避开清官方的阻力，但结果还是流产了。1890 年洋务派创办的"上海织布局"开车，怡和老板再次不失时机地向清官方表白："如果需要外界帮助，怡和愿为经营。"[4] 对于怡和的这番"好意"，洋务派依然没有接受。

　　洋行商人所欲插手的，不仅是上海机器织布局，还有轮船招商局及开平煤矿两个洋务民用企业。1877 年当旗昌轮船公司以 200 万两银元价售招商局之后，旗昌洋行老板企图以价款作为向

　　① Le Fevour, Ibid, p. 44.

　　② NCDN, 1887. 6. 16, p. 555；NCH, 1887.6.17, p. 667.

　　③ Decennial Report, 1882—1891, 上海，第 340 页；施丢克尔：前引书，第 281 页；《申报》，1888 年 7 月 29 日；《沪报》，1889 年 11 月 7 日。

　　④ Le Fevour, Ibid, pp. 46、68—69、81、69.

招商局的"贷款",换取对招商局的经营权。① 不难想像,一旦事成,已经消亡的旗昌又有可能"借尸还魂",转手就可使洋务派苦心创办起来的招商局变成旗昌的化身。对此,洋务派当然不会同意,所以李鸿章经过一番"考虑",拒绝了。

至于开平煤矿,怡和洋行曾经确是以 75 万两银元的贷款为条件,取得了开平"上海代理人"的名义。然而这并非怡和原意。它的原意是充当开平"总经理人"。这与它图谋插手上海织布局的方式显然如出一辙,只不过没有实现罢了!②

洋行商人的另一个追逐目标是铁路。第二次鸦片战争以后,为扩大在华势力,洋行商人便在修筑铁路问题上不断地开展试探性的以及示范性的活动(如"婚礼铁路"),但均无下文。1876 年怡和修筑的吴淞铁路,在试车阶段就被清政府价购拆毁。进入 19 世纪 80 年代,为寻找新的投资领域及向中国内地扩张,洋行商人间争夺中国筑路权益的"铁路热"流行开来。③ 天津以及北京"麇集了中国向所未见的最大的一群猎取权利让予的人",④ 其中虽也有法商与美商,但主要是德商与英商以及后来的俄商,而且明显地有国际财团插足其间。至少在 1885 年以前,"欧洲已经组成了一些大的联合企业",准备中法战后市面"突然兴旺"之时修筑中国铁路。⑤ 1886 年柏林也曾出现一家公司"征集资金、拟订筑路计划"。⑥ 英国为解救萧条之中的钢铁工业和机械工业,甚至由政

---

① Le Fevour, Ibid, pp. 46、68—69、81、69.

② Ibid.

③ Ibid.

④ 丹涅特:《美国人在东亚》,第 505—506 页。

⑤ 季南:前引书,第 269 页。

⑥ NCH,1890.7.18,p.63,转见宓汝成:《中国近代铁路史资料》,中华书局 1964 年版,第 72 页。

府出面支持"用英国资本发展中国铁路事业"①。1885 年怡和洋行即曾在天津敷设"极小铁路数里","摆设演试，盖欲炫以求售"。这虽算不上正式铁路，但确引起强烈反应。不仅"都中谣传"而且遭到"德国巴皮觊觎"。② 但是，除怡和、华泰两洋行于 1887 年取得对津通铁路的两笔贷款外，③ 洋行势力争夺中国筑路权益的图谋，始终没有能够得逞。

<h2 style="text-align:center">三</h2>

以上事实表明，在甲午战争以前，洋行商人千方百计地想从服务于贸易的加工制造伸向"土货制造"，从商品输出转向资本输出，以扩大生产领域的投资。但他们到底未能突破清政府禁止外商开设厂矿的禁令。甲午战争以后，他们通过与清政府的军火贸易，以及向清政府贷款，不仅从中牟取暴利，而且对政府的权力机构和当权人物进行着猖狂的渗透活动。这是 19 世纪后期洋行势力扩张的一个值得注意的动向。

寻求这一时期中外之间全面的、确切的军火贸易数字已是不可能的了。有资料显示，中法战争期间单单广东政府每年购买军火的费用就达一千二百万元，其中 4/5 购自英德。④ 就已有资料看，德商礼和、美商旗昌、英商怡和等老牌洋行几乎没有例外，莫不兼营军火生意。在军火贸易日益扩大的趋势中，还有一批主要经营军火的洋行。例如"开设有年、专办英法美德四国之枪炮

---

① 季南：前引书，第 270 页。

② 李鸿章：《李文忠公全书》，译著函稿，第 18 卷。

③ 张国辉：《论外国资本对洋务企业的贷款》，《历史研究》1982 年第 4 期。

④ NCH，1886.2.10，p.155.

机器"的新载生洋行，"经理中国购办〔法德〕二厂各式枪炮武器"的华岱洋行，"专在中国发卖德国爱生镇克鹿卜钢厂所造各货"的派利洋行，"专利卖枪事务"的德商泰来洋行，^① 以及瑞生洋行、麦登司洋行等都是著名的大军火商，而且这类行号越来越多。甲午战争前夕，"外洋来华开设洋行专售军装者，日增月盛焉"^②。这些洋行经营的军火生意甚至有采用公开招揽方式的，如麦登司洋行公开在报刊广告"承办"、"专售各种时式后腔钢炮"。但一般则是通过各自的特殊渠道进行的。1883 年神机营购买美国飞炮是由醇亲王札委郑观应向上海瑞生办理的。^③ 1886 年与刘铭传签订一笔六十万两"枪炮合同"的怡和洋行算得上是"独家代理"。因为在刘铭传的洋务计划中，从军火到铁路器材的订货，差不多都由怡和经手。

在洋行商人与清政府的军火贸易中，以往军火生意的主要基地是上海，其它口岸均属小额交易，例如天津高林、世昌两洋行承办机器军火"皆属零星贸易"，大笔生意仍由上海各行派人来津与当道订交。但 19 世纪 80 年代以后，在长江及沿海一些口岸收缩分支机构的洋行却竞相在天津口岸开设据点，非常引人注目。1885 年夏怡和就在天津分设"军火承办处"，在进行军火贸易的同时，这个"承办处"还"揽得旅顺口坞澳工程三厂机器，计银四十万两有奇"。怡和的活动，引起了大洋行之间的一场竞争。旗昌以怡和"利权独擅"，而"垂涎不已"，亦在天津"设立军火处，冀与怡和齐驱"。法商亦跟着

---

① 《新报》，1878 年 6 月 5 日。

② 《申报》，光绪十八年四月十六日（1892 年 5 月 12 日）。

③ 郑观应：《盛世危言后编》，第 5 卷。

"照章开设，利之所在，人争驱之也"。① 德商当然不会袖手旁观，1877 年才在上海设行的军火商礼和洋行这时也在天津开设了分行。②原已设有分行的怡和，除增设"军火承办处"外，更派出行员密契为常驻天津的"特别代表"，从事特别任务。③ 这时，天津显然已成为洋行扩大对华投资的活动中心，与清廷当权者结交、联系的前哨站。

在与洋行商人结交联系的清廷当权人物中，北洋大臣李鸿章是首要的一个。通过德籍顾问德璀琳，德国洋行自然不难与李鸿章接触，曾受李鸿章"札委经理外洋军火事宜"的旗昌洋行与李鸿章的联系更多，④ 而怡和洋行，甚至"保持每天与李（鸿章）衙门的接触"。坐镇天津的密契则常川往返于京津，周旋于两地政府官员之间。他的老板凯锡也是李鸿章官衙的座上常客，如前述开平事，就是导源于凯锡与李鸿章会晤的结果。⑤ 礼和洋行在这几年当中可能捞了一大把油水。据说这家德商"除货物营业（当然包括军火、机械）外，尚从事于所谓官办营业，收效无不绝佳"。此外，它还插手清政府的外债，当清政府最初向德国瓦什安那公司借款之时，就是由天津礼和"介绍"的。⑥

在天津立稳脚跟的洋行势力进一步拉拢的目标即北京宫廷皇室。北京并非约开口岸，因而外商在北京开行设栈，无疑均属非法活动。事实上各种国籍商人都在北京从事贸易，其中占垄断地

---

① 《申报》，光绪十二年四月十三日（1886 年 5 月 16 日）。

② Carlowitz & Co. Hamburg, China.

③ Le Fevour, Ibid, p. 83. 一说 1853 年来华的密契，1883 年到津，曾充李鸿章顾问，惟年代不详。参见《近代来华外国人名辞典》，第 329 页。

④ 《申报》，光绪十二年四月十九日（1886 年 5 月 22 日）。

⑤ Le Fevour, Ibid, pp. 64、83、81.

⑥ Carlowitz & Co, Hamburg, China.

位的是丹麦商人。① 这些商人有的甚至在天子脚下办起了洋行。光绪十一年有人上奏："风闻京都崇文门外打磨厂南官园地方有洋国洋商串通华人出名，开设汇丰、通源两银号，请饬查禁。"② 这里的"汇丰"即汇丰银行北京分行；"通源"即密契专门对清宫廷内务府开设的字号，实即怡和洋行的化名。③ 随后不久，于1888年密契又在北京开设一家"小军火店"，展销其所代理的英国大军火商"阿姆斯特朗"生产的军火器械。④

事情非常清楚，怡和老板打的是内务府的主意。内务府是清皇室的管家，一旦与之沟通，便将获得清宫廷的支持与庇护，便于顺利开展各项活动，还能探听、收集清中央乃至地方有关政治、经济情报。资料透露，通源曾于1886至1888年间以秘密方式对财政拮据的内务府作过一系列局外人鲜知的"小额贷款"，1886年的一个月内即作成六笔，1888年单凭内务府官员福锟等人的印章即贷借九十万两。大概通源的活动很成功，所以密契向他的老板凯锡祝贺说："怡和已成为皇室的财神爷"，通源也变成为"清皇室的私人银行"了。凯锡更踌躇满志地说："我明白当皇帝控制政府大权时，我们解决清政府的财政需要，加强与内务府的关系是十分重要的。"⑤

怡和老板在打通清宫廷关节的同时，还密切注视清政府的内部矛盾，千方百计地力求适应顽固和洋务两派由来已久、迄未停

---

① NCDN, 1881.11.12, p. 464.

② 《清实录》，第261卷。

③ Le Fevour, Ibid, p. 94. 通源银行是1870年上海怡和银行清算后由怡和创办的另一家银行，创办年代待考，至少在1884年以前即已存在，由密契经理的"通源"，实即怡和北京分行，主要经营对内务府的贷款。

④ Ibid., pp. 190、96—99、84、100—101、190.

⑤ Ibid.

息的斗争。他们通过内务府及其他渠道收集有关官方意图的资料，并加上自己的猜测与判断，经过苦心研究，制订出一套方针，这就是，避开清官方内部斗争，采取超然的立场。在与李鸿章的接触中，必须"超越"他周围的人事矛盾。[1] 虽然怡和老板在中法战争结束之后，根据各方面情况，已经作出判断：顽固派与洋务派经过长期较量，前者势必处于劣势，路矿以及机器生产迟早要在中国有较大的发展与推广，但他仍然在两派之间保持不偏不倚的姿态，采取"与两派都进行接触，不反对任何一方"的中立立场。由此可见洋行商人为笼络清中央政府当权人物，在交往活动中是非常"敏感"、"慎重"的，随时顾虑发生挫折，生怕已有的联系中断。1888 年当接替密契充当怡和常驻天津的特别代表施本思听说清政府撤换了与通源交往的翻译陈某，便立刻意识到"通源"有可能丢掉户部及内务府宫廷官员的信任，于是急忙把"通源"正名为怡和，以维护怡和的"信誉"，它的"小军火店"得悉在北京开设有碍与当局交往，虽然只开业两个多月，也毫不迟疑地停业了。[2]

　　洋行商人如此处心积虑地迎合、拉拢清中央政府，其目的在于寻求、扩大投资领域，其使用的经济手段主要是贷款。提到贷款就不能不提到洋行，尤其不能不提到汇丰银行。如同怡和等洋行一样，为了扩大影响，拉拢清政府官僚，汇丰银行老板也争相把触须伸向北京。作为探听清皇室政府动向的"监听站"、与清政府商洽借款事宜的"谈判场所"的汇丰北京分行是 1885 年开业

① Le Fevour, Ibid, pp. 190、96—99、84、100—101、190.

② Ibid.

的，[①] 汇丰银行老板特地选派熟悉华语的熙礼尔主持工作。在他的活动下，汇丰银行在北京赢得了"总理衙门官员的尊敬"，成功地开展了多次巨额贷款业务。汇丰银行对清政府的第一笔借款是1874年数达二百万两银元的"台防借款"，接着便是1878年、1879年、1881年的几次"西征借款"。[②] 这时的汇丰银行，不仅在中西贸易场合中拥有举足轻重的地位，而且还是中国海关的"特约银行"。在这里，海关总税务司的账户由汇丰银行掌管，船钞吨税、罚款、没收款项，各种手续费以及办公用费等，均由汇丰银行代收、代付。尽管海关关税收入的管理当时尚未落入汇丰银行之手，但汇丰银行与主管中国海关的赫德之间的特殊关系已概然可见。因而以海关税收作为担保的清政府外债，几乎是非汇丰银行莫属，也就不难理解了。

至甲午战争为止，有据可查的银行借款四十三笔总数近四千六百万两的对华贷款中，参与借款的除怡和洋行、汇丰银行外，还有英商呵加剌、丽如、宝源、天祥，美商旗昌，德商惇裕、华泰、泰来等，但汇丰一家借款总额即达二千九百余万两，占清政府外债总额的60％以上。[③]

总之，甲午战前的几十年，洋行商人在京津两地的猖狂活动是前所未有的。它植根于清宫廷的潜在势力及其作用未必能立即充分暴露出来，但它的深远影响不容低估：一方面显示在华洋行势力扩张的趋势，另一方面当然也表明中国半殖民地化的加深。

---

① 毛里斯·柯立斯：《汇丰银行百年史》，李周英等译，中华书局1979年版，第40、34、32页。

② 毛里斯·柯立斯：前引书，第40、34、32页。

③ 徐义生：《中国近代外债史资料》，第4—11页。

四

限于篇幅，难以对这个时期的洋行进行全面考察。不过综上所述，洋行势力的扩张仍然不无轨迹可寻。

（一）1870年前后中西交通及贸易方式的巨大变革，标志着在华洋行势力扩张的新阶段

在这个阶段里，不单是由于小行的增设、大行业务经营方向的变化及由此引起的空前激烈的竞争，结束了自第一次鸦片战争起长达三十年之久的"商业大王"的垄断局面，而且由于日益广泛地采用近代信息与交通手段，把中国进一步卷入世界市场，中国市场也进一步暴露在西方资本主义侵略势力的面前。

贸易条件如此急骤的变化，使19世纪70年代初的洋行商品贸易一度出现短暂的兴旺，但不旋踵间就又由兴旺转为疲滞。跟着1876年出现一个《烟台条约》。这当然不是偶然的。这个条约对中国来说是主权的进一步丧失，对外商来说则是政治经济特权的扩大。而对于由兴旺转入疲滞的商品贸易，似乎又是一剂兴奋剂。但由于多种原因使各国对华商品贸易规模与增长速度远远落后于洋行商人的想像。尽管如此，洋商深入内地的特权，包括子口税单特权及内河航行权等，尽皆列入不平等条约中。一个扩大中国内地市场的格局已隐约形成。

（二）在洋行业务经营方向的转变中，代理经营制度是洋行势力扩张中适应竞争条件的产物

通过代理经营方式，洋行既能不冒风险、稳收利润，还能诱招、利用大量买办、华商资本，扩大自己的投资。由洋行掌握的众多工、商运输企业中都吸收华商资本没有例外，这是一方面。另一方面，洋行资本的积累与社会上的大量华商资本的"附股活动"日益要求投资领域的开拓，而投资领域的扩大又需要资本的集中。19世纪70年代以后终于随着洋行势力的扩张出现创办股份公司的热潮与股票市场。很多洋行扩大、改组为有限公司。而这些洋行改组、增资、扩大为公司，为少数大洋行资本渗透、兼并、追求垄断地位提供了机会。在这个过程中，一些原来的合伙或独资企业以公司形式形成为大小不一的资本集团，其中最引人注目的是怡和这类老牌大行。这些大行都各自拥有自己的资本体系。据不完整的统计，怡和系统所属的资本关系企业达四十三家，汇丰与旗昌各为四十一家。由于扩大交叉投资的结果，这些企业的资本又皆分属于少数几家大洋行的股东①。实际上通过纵向、横向资本关系，甲午战争以前大洋行在通商口岸的资本垄断集团已经形成。这个资本垄断集团在中国控制了各口的外商商会，在其本国也成立了各种"协会"组织。从而使大洋行商人不仅在经济地位上举足轻重，在政治上也有不可忽视的影响。

（三）洋行势力正在由商品输出向资本输出转换，由商业领域向政治领域渗透

这是非常值得注意的动向。这个时期有越来越多的洋行以天津为跳板向宫廷所在的北京开展积极的活动。在这方面可以说洋行商人是有所突破的，他们以借款为钓饵，与内务府建立起一定的联系，但这只是扩大势力的手段，其真实目的则在于对清政府开始酝酿以待举办的海防、洋务事业，诸如修筑铁路、举借外债、黄河防洪工程、旅顺口海防工程等国家建设项目投资的争夺。虽

---

① 作者编制《十九世纪末期大洋行商人交叉投资表》，未发表。

然两个最大的项目铁路与外债之大规模展开是甲午战争以后的事情，但甲午战争以前显然已揭开了序幕。

至于在咄咄逼人的洋行势力扩张影响下，洋务派所推行的政策确是一个有待深入研究的问题。由种种迹象看，似乎不宜于简单地、笼统地把洋务派的活动完全归之于"投降媚外"，而应就具体问题作具体分析。轮船招商局是在外轮垄断江海航线，国内顽固派严重干扰的情况下创办的[①]。及至创办以后，李鸿章还进而表示："中国内洋任人横行，独不令华商展足耶？日本尚自有轮船六、七十只，我独无之，成何局面"[②]，因而他"毅然必行"，决不"阻于浮议"。[③] 可见李鸿章本人也并非完全昧于时势。联系到前文述及的洋行商人对上海织布局染指企图及 1882 年李鸿章奏准的"酌定十年内只准华商附股搭办"，使怡和的活动终未得逞，也就不难理解洋务派所推行的一些政策了。

（四）概括地讲，在甲午战争前，洋行商人要在如此坚强的封建经济结构与政治体制的古老大国中为所欲为地扩张势力，远不是轻而易举的

一个西方作家写道："抵制西方的开门咒的，不仅有官僚，而且有整个社会。"[④] 洋行势力扩张所遭遇的，既有封建经济结构的阻力，也有封建政治体制的阻力。可以看出侵略者长期处于难于解决的困惑之中。侵略者为扩大经济侵略奢望封建经济结构的

---

① 拙文《十九世纪中国近代航运发展史的几个问题》，《南开经济研究所年刊》，1981—1982 年。

② 《李文忠公全书》，朋僚函稿，第十二卷，同治十一年十二月初六，复孙竹堂观察。

③ 同上书，同治十一年十一月初七，复张振轩制军。

④ 季南：前引书，第 254 页。

"变革"，以期资本主义与封建主义经济上的"交溶"，而经济结构的"变革"势必要冲击社会、政治的稳定，使他们所想象的"变革"成为不可能。内心世界充满矛盾的侵略者甚至在对华政策上都难于统一。那种仍然把中国视为"牡蛎"，只能用火与剑撬开这个"牡蛎"的外壳以采取珠宝的声音一直在侵略者社会中回荡，迨至甲午战争以后情况就不大相同了。

（《历史研究》，1987 年第 1 期）

买 办 篇

从美商旗昌轮船公司的创办
与发展看买办的作用

旗昌轮船公司（Shanghai Steam Navigation Co.）是外国侵略者破坏长江航权的第一个外国航运企业，是 19 世纪美国航运业资本侵略中国的急先锋。它在中国进行疯狂的侵略活动，虽然前后不过 15 年，但是中国半殖民地化过程中的某些特点，特别是买办所起的作用，在旗昌轮船公司的全部历史中，却得到了具有典型意义的反映。

一

旗昌轮船公司是 1862 年由美国在华最大的一家鸦片走私贩子——旗昌洋行（Russell & Co.）倡议创办的。在创办这家轮船公司的时候，旗昌洋行在中国的存在差不多已经有 40 多年的历史。为了说明旗昌轮船公司的历史背景，有必要追述一下旗昌洋行在中国的侵略活动。

早在 1818 年有一个名叫苏梅尔·罗素（Samuel Russell）的美国海盗商人在广州创办一家代理行号，即罗素洋行或"老旗昌"，这就是旗昌洋行的前身。开创伊始，曾规定"开业五年"。① 1823 年期满，重行改组，并于 1824 年 1 月 1 日起正式营业，这就是后来通称的旗昌洋行。②

在鸦片战争以前，广州对外贸易由十三行行商垄断，外商依法只能与行商交易。所以在广州长期活动的外国商人，都和一个或几个行商勾结得很紧。例如英商麦克尼亚克（Magniac）、渣甸（Jardine），孖地臣（Matheson）等就同茂官、关成发以及后来的泰兴行"特别亲密"。③ 美商普金斯洋行（J. & T. H. Perkins）老板顾圣（J. P. Cushing）所勾结的是浩官伍绍荣，同伙 J. M. 福士（Forbes）后来还被推荐为伍绍荣的"机密代理人"及"私人秘书"。④

顾圣是 1803 年参与普金斯洋行业务的⑤，当时普金斯是美国垄断对华贸易的四大行号之一。到旗昌洋行创办时，这家美国洋行独占了美国对华贸易的一半。⑥ 在业务不断扩大与竞争当中，顾圣惟恐业务旁落，初则怂恿旗昌洋行改组开业，后更把普金斯洋行的一部分代理业务转让给旗昌。⑦ 从此旗昌也就跟着与伍绍荣建立了密切联系。到了 1830 年，顾圣又与旗昌取得一项"秘密协议"，把伍绍荣的"私人秘书"P. S. 福士

---

① R. B. 福士：《回忆录》（R. B. Forbes, Personal Reminiscenses），1882 年版，波士顿，第 337 页。

② 《北华捷报》（North China Herald），1891 年 6 月 5 日，第 683 页。

③ 格林堡：《鸦片战争前中英通商史》（M. Greenburg, British Trade & The Opening of China, 1800—1842），1951 年版，牛津；中译本，商务印书馆，第 54 页。

④ R. B. 福士：前引书，第 372、335 页。

⑤ 同上。

⑥ 丹涅特：《美国人在东亚》（T. Dennett, American in Eastern Asia），商务印书馆 1959 年版，第 16 页。

⑦ R. B. 福士：前引书，第 338—339 页。

介绍入股于旗昌，于是，旗昌洋行和伍绍荣的勾结，就更加紧密起来了。①

这时的伍绍荣，已经是行商领袖，广有财富。他在武彝有自己的茶园，伍记牌号的茶叶，很早就驰名世界各地。而他的茶叶外销业务，又主要是委托美商经理的。② 以行商领袖地位而与旗昌这样一家大鸦片商勾结起来，直接影响到这位浩官私人业务的扩大。而旗昌由于得到他的支持，也就迅速地在广州拥有了雄厚的基础。直到鸦片战争以后的最初一个阶段，驻在中国各个口岸的美国领事，可以说都是旗昌的股东包办的。例如旗昌股东 P. S. 福士（Forbes）和 R. B. 福士就历任美国驻广州领事达 20 年之久。③ 当时旗昌在广州的重要地位，连英国在华商务监督以及头号鸦片贩子渣甸洋行也都不能不"顾忌三分"。④ 很多在广州活动的洋商，为了追求较好的"利润"，似乎非要争取伍浩官与旗昌的支持不可。⑤

第一次鸦片战争以后，行商制度被迫裁撤，伍绍荣之子伍崇曜（紫垣）便附股于旗昌，由自挂牌号的行商一变而为旗昌的股

---

① R. B. 福士：前引书，第 338—339、340、343 页。按：顾圣与罗素最后是一同于 1831 年返美的，在此以前介绍入股旗昌的还有 A. 赫德，参见第 372 页。

② 拉巴克：《鸦片快艇》（B. Lubbock, Opium Clippers, Glasgow, 1933），第 45 页，杜拉斯：《中国行商贸易》（F. R. Dulles, The Old China Trade, Boston, 1930），第 129 页。按：浩官这时甚至已在美国有证券投资了。

③ 格里芬：《飞剪与领事》（E. Griffin, Clippers & Consuls, Michigan, 1938），第 39 页。

④ 考斯汀：《大不列颠与中国》（W. C. Costin, Great Britain & China, 1833—1860, Oxford, 1937），第 143—144、199 页。

⑤ 希都：《巴林公司在美国贸易及金融上的业务》（R. W. Hidy, House of Baring in American Trade & Finance, Harvard Univ. 1949），第 192 页。

东。① 这是以"华商"而附股于洋行较早的一个例证。从这时起，旗昌洋行便开始进入利用买办华商资本进行侵略活动的新阶段了。

在侵略者商人势力向新开口岸扩张中，旗昌是最早的一批洋行之一。1843年底，上海刚刚开埠，旗昌洋行就派股东吴理国（H. G. Wolcott）到上海活动。次年，宁波开埠，吴理国被委任为美国驻该口副领事，到1846年又调任为美国第一任驻上海领事直到1854年为止。从此，上海一口的美领事职位，又落入旗昌股东手里。上海也像当年广州一样，形成所谓"旗昌洋行时代"。②

值得注意的是，在洋商侵略势力日益扩张的同时，从前和洋商紧密勾结的广州行商就变成了清政府处理"夷务"不得不倚重的人物。在鸦片战争结束不久，当时的两广总督祁顷在一封奏章中说道：由于江浙一带外商船只日渐增加，"恐分扰各处"，"一时难得差往说话之人"，因而挑选为洋商"素所深信"的浩官伍崇曜及爽官吴天显，去上海襄办"夷务"。③和伍崇曜一样，吴天显与英国一家大洋行麦克尼亚克行（Magniac & Co.）很早就发生了密切的关系，据说在1832年以前，他一直就是它的买办。他的兄弟吴健彰就是利用这个关系登上政治舞台的。吴健彰先被分发浙江差用，后又转为上海道署帮办，1848年起，终于当上了上海道台。④ 吴氏可算买办官僚化的最早一个家庭了。

① 徐珂：《清稗类钞》，第17册，第102—104页。

② 格里芬：前引书，第258、263页。

③ 道光朝《筹办夷务始末》，第57卷，第20—22页。以下简称《始末》。

④ 夏燮：《中国纪事》，第11卷，第7—8页。郝麦：《清代名人传略》（A. W. Hummel, Eminent Chinese of the Ching Period, 1644—1912, Washington, 1943），第2卷，第865页；费正清：《中国沿海贸易与外交》（J. K. Fairbank, Trade & Diplomacy on the China Coast, Harvard Univ, 1953），第1卷，第395页。

攀援侵略势力以登上政治舞台的吴健彰，后直接投资于旗昌而成为 7 大股东之一。① 前面提到，这时美国驻上海领事是旗昌包办的。自从吴健彰加入后，旗昌就成为中美两方亦官亦商的几个人物的集合体，其主要业务是走私，特别是鸦片走私，不用说，官衔对于鸦片走私勾当是大有用处的。在吴健彰的包庇下，旗昌老板更加肆无忌惮起来，他们公然把领事的职责"用来充当经营商业的工具"。② 例如美国驻上海第二任领事旗昌大股东祁理蕴（J. A. Griswold）便是"名充领事，实仍贸易"，在走私偷税上"首先作俑"的人物。③

从此以后，旗昌洋行的业务跟着也出现了新的变化。这个变化表现在以下两个方面。

其一，1853 年吴健彰以上海道的身份与旗昌大股东、美国驻上海副领事金能亨（E. Cunningham）及英国领事阿礼国（R. Alcock）一起，开创所谓"暂行征税制度"，把持上海一口的征税特权。这就更给美国侵略者大开了方便之门。美国驻华公使又乘机授权金能亨利用征税特权，"准许美国船只毋庸予关税以任何注意，也毋庸请领任何出港许可证书，而任便出港，完全将上海作为一个自由港看待。"④ 在这种情况下，直接受惠的不待说是旗昌洋行。旗昌进出口贸易的"代理业务"在 19 世纪 50 年代中叶曾

---

① 夏燮：前引书，第 11 卷，第 7—8 页；郝麦：前引书，第 2 卷，第 865 页；费正清：《中国沿海贸易与外交》，第 1 卷，第 395 页。另参见咸丰《始末》，第 8 卷，第 15—16 页。

② 马士：《中华帝国对外关系史》（H. B. Morse, The International Relations of the Chinese Empire），第 1 卷，第 9 页。1850 年 9 月 27 日，文翰致巴麦尊。

③ 咸丰朝《筹办夷务始末补遗》，第 1 册上，第 73 页。咸丰二年十月十一日，陆建瀛等奏，上海征收夷税情形由。

④ 丹涅特：前引书，第 194 页。

经达到一个"顶峰",① 以后即逐渐衰退下来，而在"暂时征税制度"的包庇下，走私、偷税、海盗护航等各色不法活动却日益嚣张起来。正是从这个时候起，旗昌老板孳生了置办轮船的念头，并且同时也有了行动。

其二，19 世纪 50 年代末期，新兴的外国在华银行，在汇兑业务上，与洋行之间展开了激烈的竞争。旗昌原来经营的汇兑业务因之也受到了严重的影响②。这方面的损失也曾使旗昌不得不开辟新的业务领域，因而也推动了它的航运活动的开展。

旗昌洋行的档案透露，1856 年时，金能亨就提出了扩充业务领域的建议，以便适应新的局面；同时并酝酿筹划 100 万—120 万元的资本，阴谋扩大侵略活动③。

尽管旗昌是大洋行，但它当时却没有这样大的力量。据说当时在其 50 万美元的资本总额中，伍（浩官）氏家族的"长期贷款"就占了 30 万④。而这时的伍氏家庭，又面临着破产的境地。第二次鸦片战争后，他开始从旗昌抽提资金。这就使衰败的旗昌顿时又失去了这项有力的支持，当时账面上的贷款、存款两项竟一度只剩下了 6 万元⑤。从此，金能亨便由相互依赖达 30 余年之久的"伍浩官"转向上海新兴的买办华商去寻求支持了，凭借他多年在上海活动与当地买办华商熟悉的条件，终于成功地筹足了他所需要的资金，解除了旗昌的困境，并同时达到了组织轮船公

---

① R. B. 福士，前引书，第 359、361 页。

② 同上。

③ 刘广京：《十九世纪中叶英美在华轮运势力的竞争》（K. C. Liu, Anglo-American Steamship Rivalry in China, 1862—1874, Harvard Univ, 1962)，第 179 页，附注 60。1856 年 10 月 5 日，金能亨致 P. S. 福士。

④ 同上书，第 12、16 页。

⑤ 同上。

司的目的。

显而易见，由旗昌洋行到旗昌轮船公司，由个别行商的支持到对大批买办华商资本的利用，乃是反映早期在华洋行的势力的扩张及洋行买办的兴起的一个值得注意的转折点。

二

前面提到，旗昌轮船公司是美国侵略者为了侵夺长江航权而在中国创办的第一家轮船公司。它的创办与发展过程，也就是长江航权丧失的过程。

长江航权是在第二次鸦片战争后的《天津条约》中出卖的。该约第七款的规定是："长江一带各口，英商船只俱可通商，惟现在长江上下游均有贼匪，除镇江一年后立口通商外，其余俟地方平靖，大英钦差大臣与大清特派之大学士尚书会议，准将自汉口溯流至海各地，选择不逾三口，准为英商出进货物通商之区。"① 随后不久，镇江便首先开埠，同时，清政府应允待太平天国革命被"肃清"之后再开其他两处（九江与汉口）②。

《天津条约》签订的第二年（1859 年），上海琼记洋行（A. Heard & Co.）等即开始订造轮船，准备直驶汉口③。怡和、宝顺等行更分别派出买办商人一直深入到湖南、湖北、江西、安徽各

---

①　王铁崖：《中外旧约章汇编》，第 1 卷，第 97 页。

②　马士：前引书，第 1 卷，第 604—605 页。

③　《海事杂志》（Neptune），1957 年 1 月号，第 43 页。按：琼记订造的 Fire Dart 号，10 万元的股本，其中包括华股 1 万元，这条船于 1861 年 1 月开始开抵上海。

地窥探调查，从事贸易活动①。这样经过了差不多两年的时间，上海的洋商开展长江一线的船运及贸易的时机更加成熟了，因而侵略者便进一步在《天津条约》的基础上又与清政府进行"谈判"，要求具体拟定"必要的章程"②。

就在这个时候（1861年初），上海的"洋商"开始有人进行组织轮船公司的活动，并且叫嚷组织公司是开放长江水道发展贸易最实际有效的办法③。离华3年的金能亨这时也跑回上海，阴谋利用这个时机，开办这条航线上的轮运业务④。当时长江一线太平天国革命战争还在激烈进行着，中国木船贸易几乎完全中断。在上海汉口间的航线上，货运运价每吨高达25两银元，客位每人75两，"往返一律"。一条轮船往返一次的运费收入，即足敷船价成本。⑤ 优厚的利润吸引了大批悬挂洋旗的轮船参与竞航。⑥ 为了满足贸易发展的需要，不少旧式木质明轮都涌现在这条航线上。⑦ 于是，已任旗昌经理的金能亨便大事渲染这条航线的贸易前景⑧，并且根据省港间轮运业的经营情况进行估算说，只要在这条600英里长的沪汉线上利用3艘轮船开辟每周两次的定期航线，每年就可获净利34.2万元，如果旗昌开辟这条航线，那么在短期内，即

① 夏燮：前引书，第17卷，第3、60页；容闳：《西学东渐记》，中文本，商务印书馆，第49页；徐润：《徐愚斋自叙年谱》，第8页，以下简称《年谱》。
② 1860年12月2日卜鲁斯致鲁塞尔，英国国会档，转见莱特：《中国关税沿革史》，第201页，以下简称《沿革史》。
③ 《北华捷报》，1861年1月10日、1861年1月19日。
④ K. C. Liu, Ibid, p. 13.
⑤ 徐润：《年谱》，第9页。
⑥ 丹涅特：前引书，第493页。
⑦ 麦克莱伦：《上海史话》（Maclellion, Story of Shanghai, 1889），第50—51页。
⑧ K. C. Liu, Ibid, p. 14.

可控制这条航线的贩运贸易云云①。

为了与美商争夺长江航权，1861 年 2 月，英国侵略者更由贺布（James Hope）、巴夏礼（H. S. Parkes）等侵略分子特地组织一批上海英商作了一次上海至汉口间的"旅行"，沿途搜集政治、商业的"第一手情报"，以便英商势力能够率先侵入长江腹地。②

当这批侵略者"旅行"归来以后，上海英领署竟不待清政府的同意，就在 3 月 18 日单方面公布了所谓"扬子江贸易章程"。宣布"汉口、九江辟为口岸，设置领事"，外商船舶更得在"镇江上游的沿江各口岸或地方装卸合法商货"，而勿庸在该船返抵镇江之前履行任何海关手续。③ 从此外商轮运势力便在这条航线上开始了大规模的扩张。

英国资本的竞争，促使金能亨迅速采取行动。1861 年 3 月，金能亨开始约合"华友"集资 4.5 万元从旧金山买到了一艘 456 吨的轮船"惊异号"（Surprise）从事长江轮船运输业务。两个月以后，他又提出一项扩充资本至 32 万元的计划。但是，这时旗昌洋行的老板们仍然热衷于稳收佣金的"传统代理业务"，不愿在当时还处于战争状态的长江航线冒险行事④。他们支持金能亨扩张在华轮运势力的计划，然而却不同意由旗昌洋行垫付资本。于是，金能亨便再次招徕华股。由于他与"华友们"一直有业务往来，关系密切，因而使他"出色地"完成了这次扩大资本、招徕华股

---

① K. C. Liu, Ibid, p. 14.

② 英国国会档，1861 年 1 月 19 日额尔金致巴夏礼，转见莱特：《赫德与中国海关》（Stanley Wright, Hart & Chinese Customs），第 200 页。

③ 莱特：《沿革史》，第 201 页。

④ K. C. Liu, Ibid, pp. 17—18, 16—17.

的计划①。据说在 32 万元之中，有一半都是上海"华商"的投资，而他自己投资总共不过 2 万元②。在这些华股中，有旗昌洋行的买办，也有与旗昌交往有素的本地富商。在旗昌档案中的第一批股东里，以个人名义出面的有阿荣（Ahyune），顾丰新（Koofungsing），陈怡春（Chan Yeu Chang），阿开（Ahkai），王永益（Wong Yong Yee），阿友（Ahyou）等人；以商号名义出面的有昌发（Chong fat），胡记（Hupkee），隆昌（Lyung Chong）（以上均系音译）等③。其中阿荣、昌发、顾丰新都是旗昌洋行的广东籍买办；陈怡春可能就是湖州大丝商陈竹坪，顾丰新同时还

① K. C. liu, Ibid, p. 26. 按：金能亨于 1849 年来华，到 1857 年他第一次返国止，已经在上海呆了 9 年。在此期间，他不仅是旗昌股东兼美国驻上海副领事，还曾与吴健彰等开创临时征税制度。太平天国革命武装逼近上海的时候，他还是上海洋商反革命武装的领袖之一。值得注意的是，恰恰在金能亨开始招募华股的时候，美国水师总领"赫福号"旗舰（Hartfort）指挥官施碟烈伦（C. C. Stribling）把兵舰开往九江、汉口窥探调查（夏燮：前引书，第 17 卷，第 8 页），同时以临时公使的身份照会太平天国当局请求给予美商以生命财产的保护。再过一个月，即 1861 年 5 月 28 日，当这个武装侵略分子回到上海的时候，就把这份"照会"及太平天国当局的复文一起公布了，并对从事长江贸易的美商发出号召说，自上海到汉口一线，沿江两岸太平军与清军犬牙交错，没有定局，华商船只自然不敢通行，贸易势必落入"外商"之手。现下外商不必再担心这条航线的安全了（《北华捷报》，1861 年 6 月 1 日）。这位"水师总领"的号召，直接鼓舞了旗昌的"商人"。仅仅过了 3 天，金能亨就给旗昌的老板写信说，"我们惟一的真正困难是缺钱"（K. C. Liu, Ibid, p. 16）。正是从这个时候起，旗昌开始大规模的筹集活动的。

② 同上书，第 19 页。

③ 同上书，第 26 页。金能亨为了赚取"华友"的信任，特地采取了"示范"的手法。他把一艘"眼看就可以赚钱的""威廉麦特号"（Williamette）从广州开到上海加以整修，然后开进长江。随后他又把获取的利润立刻分配给已经入股的华商，自己则故意不取分文（同书，第 28 页）。

是以丝货牌号"顾记"闻名于上海的商人①。这批买办华商大都是当时上海最有实力的人物，以致由于他们投资于旗昌，竟使旗昌以外的洋行准备招徕华股以创办轮船公司的计划搁浅。例如琼记洋行的计划就是这样流产的②。

为了和怡和、宝顺等行相对抗，金能亨还秘密在其他洋商中间从事招股活动，至少有 15 家上海洋商入股于旗昌。这里面包括有名的英商义记洋行（Holliday, Wise & Co.），泰和洋行（Reiss & Co.），公易洋行（Smith, Kennedy & Co.），及美商同孚洋行（Olyphant & Co.），德商禅臣洋行（Siemseen & Co.）等。就这样，在不到一年的时间里，金能亨为旗昌轮船公司顺利地招足了 100 万两资本。其中有 60 万—70 万两，是买办华商的资本，旗昌以外的洋商资本约占 30 万—40 万两，而旗昌自己投资却十分有限③。

正当金能亨的筹资活动接近完成之时，美国驻华公使蒲安臣（Anson Burlingame）也着手对美国驻华各地领事的调整。1862 年初，他首先把原驻汕头领事布雷司克（W. Breck）调任为驻九江领事，旋复改任为汉口领事。④ 同年 3 月，又把旗昌股东 F. B. 福士（F. B. Forbes）派驻为天津领事，并兼营旗昌业务，以呼应长江方面的业务。⑤

1862 年 3 月 27 日，旗昌轮船公司终于在上海宣告开业了⑥。

---

① K. C. Liu, Ibid, pp. 26、182，按："陈煦元，原名熊，字竹坪，乌程人，咸丰初来沪业丝起家"，民国七年刊《上海县续志》，第 21 卷，第 13 页。

② 同上书，第 29—30 页。

③ 同上。

④ 1862 年 1 月 25 日蒲安臣致西华德，《美国外交档》（Papers Relating to Foreign Relations of the U. S.），第 1 编，1826 年，第 833 页。

⑤ 《北华捷报》，1875 年 8 月 28 日。

⑥ 《北华捷报》，1862 年 3 月 29 日。

由资金来源看，旗昌可以算是买办资本和旧式华商大规模勾结侵略势力，合伙创办大型资本主义企业的最早一家。

三

依靠买办华商资本创办轮船公司以后，侵略者还必须进一步设法笼络华商货运主，争夺华商货运以扩张自己的势力。旗昌以后的历史，正是沿着这个方向发展的。

从旗昌轮船公司开办之日起，金能亨就为招徕华商货运从多方面进行了积极布置。首先他在上海特意选择靠近华商地段兴建宽达 300 英尺的码头与容量 30000—35000 吨的金利源仓栈（Kin—Lee—Yuen）。[①]同时在发起书上还规定旗昌的"股东"利用仓栈可以享受按比例分红的优待，以此诱引它的股东为公司招徕货运[②]。

这时太平天国革命战争仍在继续进行，上海与汉口间的运价每号仍达 18 两，600 英里短程航线运价，竟与中英间的远洋运价相等[③]。以致这条航线上的洋商轮运业务"获利甚厚，人皆垂涎"。在怡和、宝顺之外，很快又招致广隆（Lindsay & Co.）、吠礼查（Fletcher & Co.）、沙逊等行的竞争[④]。据说由于厚利所趋，当时上海"几乎每一家二流洋行都争先恐后地置备轮只"，参与长江航线的竞争活动[⑤]。

竞争开始的时候，旗昌首先把 5 艘"上等坚固快捷轮船"（由

---

① 《北华捷报》，1862 年 3 月 29 日。

② K. C. Liu, Ibid, p. 28.

③ 《北华捷报》，1862 年 2 月 11 日。

④ 《汇报》，1874 年 9 月 14 日。

⑤ 《北华捷报》，1877 年 3 月 29 日。

江西、山西、四川、湖广、浙江）开进长江，周而复始，专载客商往来货物并搭客①。为了竞争角胜，它采用了双管齐下的办法：一方面降低运价，并规定运价不拘定章听由货主面议；一方面在保险和储运方面给予货主种种优待，千方百计地拉拢华商货运。

1862 年 6 月，金能亨集资 40 万两创办一家扬子保险公司（Yangtze Insurance Association）专为旗昌船货保险。② 同时又把它所属的金利源仓栈遍设长江各口，规定"十日之内，不计栈租，六日之内，保险无虞"，以示招徕。③ 并且规定华商货主可得运费 1％的现金折扣。④ 除此之外，还给华商货运主贸易上贷款的优待。⑤ 名义上是"通融"，实际是以此作为控制华商货主的手段。

值得注意的是，扬子保险公司及金利源仓栈，依然都是利用买办华商资本创办的。其中金利源主要是湖州大丝商顾春池的资本，⑥ 而上海的一个大商号李记（Lee Kee）则是扬子保险公司的主要股东。⑦ 据说保险与轮船两公司 140 万两的资本中，旗昌洋行投资总共不过 6 万两。⑧

由于招徕手法的成功，旗昌从一开始就在竞争中占据了优势。尽管它的竞争者广隆等行拥有 17 艘轮船，而旗昌却以 5 艘轮船的

①　《上海新报》，同治二年五月初一，旗昌告白。

②　莱特：《二十世纪香港、上海及其他中国商埠志》（A. Wright, Twentieth Century Imprerssions of Hongkong, Shanghai & Other Treaty Ports of China），第 450 页。

③　《上海新报》，同治二年五月初一，旗昌告白。

④　K. C. Liu, Ibid, p. 44.

⑤　Ibid.

⑥　《教会新报》，第 22 册，1869 年 1 月 30 日，第 94 页。

⑦　《通闻西报》（Shanghai Courier），1878 年 5 月 7 日，第 3 页。

⑧　K. C. Liu, Ibid, pp. 31、35.

力量抵挡住了对方的压力①。剧烈竞争的结果，从 1862 年秋季开始，在长江航线上已出现了船吨过剩、装载不足的现象。但是竞争并未因此而减弱。相反，各洋行之间还在为了增强自己的实力而疯狂扩张着。在 1863 年之初，各行新订轮船的运载力一度达17000 吨之多，有人估计新船造成后，长江航线外轮运载力将达33000 吨②。由于吨位过剩，装载愈加不足，船运公司之间就愈加拼命压价争载竞运，以致一年之间就使上海与汉口间每吨货物运价由 18 两猛降至 3 两③。激烈的竞争使不少角逐者都不得不拍卖船只，退出长江航线。

旗昌自己虽幸免破产，但也经历了严重的危机。1863 年底，旗昌一度陷于债台高筑的境地，其票面 1000 两的股票亦落至 750两④。这曾使它不得不向竞争者提出"运价协定"的建议，以图重新提高运价，维持局面⑤。进入 1864 年后，旗昌的危机仍未解除，股票继续落至 600 两，一度甚且落至 300 两的最低水平⑥。这时，它的主要竞争者宝顺洋行见有机可乘，遂不顾"运价协定"的约束，再度压低运价，5 月间把原来维持在每吨 2.5 两的货运运价，继续压低到 1 两⑦。为了应付竞争，旗昌又通过它的股东禅臣洋行实行宁波线与长江线联运，以扩大货运量⑧。延至 7 月，长江线运

---

① 《北华捷报》，1863 年 5 月 30 日。

② 据统计，1861—1864 年间，长江贸易量增加不到 3 倍，而船吨则增长了 5 倍。
K. C. Liu, Ibid, pp. 41—42.

③ 《北华捷报》，1863 年 5 月 30 日。

④ K. C. Liu, Ibid, p. 187，注 43。

⑤ Ibid., p. 45.

⑥ 《北华捷报》，1877 年 3 月 29 日。

⑦ K. C. Liu, Ibid, p. 46.

⑧ 《上海新报》，同治三年六月二十日。

价才恢复到每吨 2 两。虽然如此，旗昌还是不得不把它的一座机器厂卖出才勉强渡过了难关①。

当然，压低运价不过是侵略者竞争的手段，毕竟不是目的。当他们发觉压价竞争会两败俱伤的时候，侵略者之间也寻求暂时性的妥协。1864 年 12 月 10 日，他们终于达成了一项"运价协定"：冬季上海至汉口之上程运价每吨 6 两，下程 4 两；其他季节则各为 5 两与 3 两②。此后一年多的时光在长江航线上暂时出现了休战的局面。

然而，这只是暂时性的妥协而已。贪得无厌的侵略者利用暂时性的妥协仍在各自蓄积力量。一方是琼记、宝顺两行在此期间即曾企图效法旗昌组织同样的专业轮船公司、扩大轮运势力，以备大举，只是由于没有拉到有力买办华商资本的支持，没有实现。另一方，旗昌于 1865 年也乘机采取措施，把内部的"华籍职员"作了一次全盘的调整，又把它的华籍股东大丝商陈竹坪任为总买办，企图借此增强竞争力量③。

旗昌的措施，看来是生效了的。据说次年（1866 年）旗昌的轮运势力就已控制了长江贸易的 1/3 到 1/2。据 F. B. 福士信件透露，这一年"华商交付的运费足以偿付旗昌的开支而有余"④。

正在这个时候，伦敦爆发了金融风潮。这次风潮很快波及到上海，许多新设洋行宣告破产，连资力雄厚的宝顺洋行也未能幸免⑤。旗昌则乘机收买了宝顺的全部轮船设备，包括上海惟一能容

① K. C. Liu, Ibid, pp. 46、47、57、48.
② Ibid.
③ Ibid.
④ Ibid. , pp. 55、63.
⑤ 拉巴克：《鸦片快艇》，第 371—373 页。按：宝顺清算后不久又重组起来，仍用旧名。

纳海轮的宝顺大船坞，总值达 55 万两之巨①。这样，在长江航线上除旗昌之外，就只剩下怡和与琼记两家了。

随后怡和又想单独组织力量与旗昌竞争，依然由于没有拉到足够的华商货运而停顿。它又企图与琼记联合共同对付旗昌，还是没有成功。而旗昌却利用这个时机，迫使怡和及已经清理了船埠设备的宝顺一起进一步承诺一项"协议"：宝顺、怡和十年之内不在长江航线行轮，亦不经营轮船代理业务。旗昌则不在华南沿海航线行轮（上海宁波线除外）。另外，在旗昌方面还承担如下义务：在长江航线上，要提供足够的吨位以满足洋行的需要；在运价上，即保证上程每吨不超过 6.5 两，下程不超过 5 两②。这样的协议，对怡和、宝顺来说，虽然得到旗昌在运价及船吨上的保证，却无异承认了旗昌在长江航线的垄断地位。至于势单力薄的琼记，在这种情况下，也只得与旗昌签订一项退出长江航线的类似"协议"③。旗昌轮船公司就这样完全垄断了长江航线。

在旗昌接收宝顺长江线的轮船设备的同时，大约宝顺的一部分买办也跟着转到旗昌方面来了，这大大增加了旗昌的实力。宝顺的买办在长江一带的活动及其在商业上的力量，本来并不亚于旗昌，资力雄厚的徐润便是一个很好的例证④。在转到旗昌的宝顺买办中值得一提的是郑济东（思齐）。这个郑济东在 1852 年就与徐润一起

---

① 《字林西报》，1867 年 2 月 20 日。

② 同上。

③ K. C. Liu, Ibid, p. 77. 旗昌还曾与琼记洋行等英美商人于 1865 年投资创办的省港澳轮船公司（Hongkong, Canton, & Macco Steam Boat Co.）（亦有华股）订立过一项合同：前者不行驶广东内河航线，后者则不得在长江航线行轮。参见《字林西报》，1867 年 2 月 25 日。

④ 徐润：《年谱》，第 14 页。徐润不仅在各地遍设茶栈，而且还控制长江沿线各口的丝茶公所。

进入宝顺。1860 年，当侵略者势力开始大规模深入长江内地时，他曾与徐润的侄子徐渭南一起被派往九江为宝顺兜揽生意。① 宝顺垮台后，他就变成了旗昌的买办②。由于郑济东转向旗昌，大大增加了旗昌诱招华商资本及拉拢长江一线华商货运的力量。

与此同时，旗昌轮船公司把资本额由原来的 100 万两增至 125 万两，同时并把票面价值每股 1000 两的股票，改为 100 两③。以"便于在华商间的流通"，招收更多的华股④。从此旗昌在长江线的垄断地位就更加稳固了。

1867 年在长江航线上又出现了一家英商创办的公正轮船公司（Union Steamship Co.），"欲与旗昌抗衡"⑤。这家轮船公司所以敢于与强大的旗昌势力相"抗衡"，同样也是由于有力买办华商的强力支持。在这家轮船公司的华商股东中，有著名的广东大买办商人郭甘章，怡和买办唐廷枢与公正买办李松筠，⑥ 还有宝顺买办郑观应。⑦ 但是由于资本仅只 17 万两，缺乏与旗昌竞争的实力。而旗昌则碍于上海洋商的舆论，也无意挤垮公正，只是通过"协议"的形式限制公正最多只能有轮 2 只，并且每周限于行驶 1 次⑧。因此，公正的创办对旗昌在长江航线的垄断几乎没有

① 徐润：《年谱》，第 2、8 页。

② 方濬颐：《征途随笔》，第 9—10 页。宝顺大买办徐润是否是这个时候成为旗昌股东的，还有待资料证实。

③ 《字林西报》，1867 年 2 月 20 日。

④ K. C. Liu, Ibid, p. 90.

⑤ 《新报》，1877 年 3 月 28 日。

⑥ K. C. Liu, Idid, p. 189，注 5。另参见《教会新报》，第 90 号，同治九年五月十三日，第 199 页。

⑦ 郑观应：《盛世危言》，第 3 卷，第 12 页。

⑧ 《字林西报》，1869 年 9 月 1 日。

影响。

在占据了长江航线的垄断地位以后，旗昌便转而在北洋线上增加轮只，以图进一步把垄断势力伸向沿海航线。

在北洋航线上，旗昌不久便与沿海行轮的惇裕洋行（Trautmann & Co.）达成了维持高运价的协议。在 1867 年至 1869 年间，上海至天津线的运价一般均在 10 两以上。[①] 其间虽也曾有惇华洋行（Borntrager & Co.）参与竞争，但旗昌立即把运价降至 4 两。它的经理 F. B. 福士当时很有把握地说：最多两个月就能搞垮所有竞争者。果然在降价以后，惇华洋行不到两个月就撤出了这条航线。[②]

旗昌轮船公司盈利统计（1867—1870 年）

年份	总资产(两)	船只(只)	总吨位(吨)	资本(两)	净利(两)	利润率(%)
1867	1961762	12	17388	1250000	810023	64.80
1868	2149440	13	19625	1875000	752527	40.13
1869	2139893	15	21562	1875000	718142	38.30
1870	2382227	17	25827	1875000	781139	41.66

由于在江海航线上的垄断地位，几年之间旗昌轮船公司就获

---

① K. C. Liu, Ibid, p. 79.

② Ibid.

得了巨额利润，积累了大量的资本。1867年它的账面盈利达到810023两，较前一年的14万两高出三倍以上。[①] 为了把利润直接转化为侵略资本，旗昌老板于1868年2月就根据这笔利润决定按资本额发行一项50％的红利股券。[②] 1869年更把资本额由125万两增至187.5万两。在1867—1870年，旗昌每年所获净利都在70万两以上。到1870年为止，旗昌已拥有轮船17只，总吨位达25800多吨，总资产接近240万两。[③] 成为"东亚最大的一支商业船队"。

进入19世纪70年代以后，旗昌老板一方面大规模地进行提存准备，把盈利转化为资本，一方面又据此发行临时股券，扩大营运资本。旗昌的股票行情于是乎扶摇直上，一时竟成了华商竞买的对象。[④] 1871年旗昌营业利润在分配了12％的股息以后，尚结存40余万两之多。1872年初，旗昌再次把资本总额增至225万两。[⑤] 据说当时有很多华商愿出212两的高价购买票面100两的旗昌股票而不可得。[⑥]

旗昌轮船公司就是这样顺利发展起来的。

四

旗昌，这家侵略者的轮船公司的好景并没有维持多久，在以后的年月中，它开始走上了衰落的道路。

---

① 《北华捷报》，1872年1月4日；《字林西报》，1867年2月20日。

② K. C. Liu, Ibid, p. 101.

③ 《北华捷报》，1872年1月4日；K. C. Liu, Ibid, p. 153.

④ K. C. Liu, Ibid, p. 103；《上海新报》，1872年2月24日。

⑤ K. C. Liu, Ibid, p. 105.

⑥ 《新报》，1877年3月28日；《北华捷报》，1877年3月29日。

1869 年苏伊士运河的通航及 1871 年海底电线的敷设，在中西贸易方式上引起了巨大的变化，便利的交通吸引了更多的洋商参与对华贸易的竞争，而贸易上的竞争又从两方面刺激着侵略者在华轮运势力的扩张。一方面是它使贸易的利润出现了低落的趋势。在华洋行的商人们为了逃避贸易上的风险，转而利用华资开办轮运业务。

另一方面，由于苏伊士的通航，在中西贸易上轮船运输得到了广泛的利用，从而使中国领水进一步暴露在远洋轮运势力的面前。如果说帆船贸易时代，长江贩运贸易还只限有关行号所包揽，那么苏伊士运河通航进入轮船时代以后，长江货运，特别是汉口的大量茶运，也就成为更多行号的轮运势力争运的目标。在中英间远洋航线上（约达 1 万英里），轮船货运运价不过 3—3.5 镑，而在为旗昌所垄断的仅只 600 英里的长江航线上，运价竟达 30 先令（约合 1.5 镑），因而中国很自然地就成了国际航运业资本竞争的场所①。在这里，特别是英国的航运业资本所显示的竞争威力，构成了对旗昌的严重威胁。

英国航运业资本在长江航线的扩张，在 60 年代初期就已经开始。我们在前面讲过，早在 1861 年英国商人就已经为开放长江水道而不断地进行了种种阴谋活动。1869 年上海又有一批英商溯江而上，直抵宜昌，沿途窥探调查，准备扩张腹地贸易。1871 年英国侵略者又威胁清政府，允准英商深入四川进行活动。在侵略者看来，只要通行轮船，即能发展贸易，而增开口岸则对洋商益小，对华商益大。因而扬言只要获取长江上游航权，不惜放弃二、三个小口岸②。这就暴露了英国侵略者企图通过轮运势力的发展，阴

---

① 《字林西报》，1872 年 1 月 24 日；《申报》，同治十一年六月十二日。

② 《字林西报》，1871 年 11 月 16 日。

谋扩大中国内地市场的目的。

英国人的这些行动，立即引起了美国侵略者的注意。1871 年
2 月 10 日美国驻华公使镂裴迪（F. F. Low）致国务卿费奚
（Fish）的报告中强调："就美国商人说，扩大中国内河轮航，比
扩大对华贸易更为重要。"① 跟着旗昌便派人去宜昌勘测地基，购
买地皮，以便兴建仓栈，延伸上海汉口航线，以维持其在长江航
运中的垄断地位。

但是，旗昌的努力并不能拦阻来势汹汹的英国轮运势力的发
展。不顾旗昌的垄断势力，英国的马立师（Morris，Lewis &
Co.）、美记（Müller，H & Co.）两家洋行先后曾以 3 艘轮船闯
进了长江。② 从此便冲破了旗昌的垄断。当然，真正迫使旗昌屈服
的还是怡和与太古（Butterfield & Swire）两家大行。让我们看看
这两家英商是怎样发展的，又是怎样挤垮旗昌的。

虽然怡和自 1867 年与旗昌协议退出长江，但一直没有中断它
在中国沿海航线的轮运业务。1868 年当旗昌进一步扩张沿海势力
时，怡和虽已有创办轮船公司与其竞争的念头，但直到 1870 年初
由于贸易上的风险才下定创办轮船公司的决心。在他们看来，创
办轮船公司，"即使亏赔，也比贸易上的风险给贩运茶叶带来的损
失强。"③

和旗昌一样，怡和洋行也是一开始就是阴谋依赖华商的力量
来创办轮船公司的。他们既要利用华商资本解决流动资金的困难；
又要利用华商出头承担轮运业的风险。为了达到这个目的，上海
分行经理凯锡（William Keswick）的筹资计划是：如能筹集华资

① 《美国外交档》，1871 年，第 94 页。

② 《申报》，同治十一年六月十二日。

③ 1870 年 1 月 21 日詹逊致凯锡，K. C. Liu, Ibid, p. 93，注 37。

10 万两，则以其中 8 万两抵充两艘轮船的部分价款，如能招收华股 15 万两的话，那么怡和就再将码头一座及"久绥号"（Kiusiu）轮船一艘入股①。换言之，英国侵略分子开办轮船公司的赌注仍然是押在华商资本上面。

据怡和档案记载，在它创办轮船公司以前，没有费多少投资，就已拥有一支船队。它所营运的轮只，大半都是华商"所有"，受华商之"委托"，代华商经营的②。例如"天龙号"（Dragon）的船东就是天津、芝罘的著名富商李振玉③。"南浔号"（Nanging）的船东是它自己的买办唐廷枢④。"命神号"（Norna）的船东则是由唐介绍的香港华商郭阿宝（Kwok a Poo，音译）⑤。由于接受华商"委托"，估算怡和在 1871 年一年之内佣金、码头等项收入，即达 10 万两⑥。

怡和最初就是利用这只船队与旗昌展开竞争的。不过在开始竞争的时候，怡和仍然处于劣势地位，这主要是因为以前与旗昌的协议中规定怡和轮船不得开入长江的缘故。而旗昌则可乘机独享销俄茶叶汉口天津间联运之利。1872 年 4 月起，唐廷枢把自己置备的轮船径自开进了长江，以与怡和沿海航线相呼应。因而有力地威胁了旗昌的垄断地位，并且迫使旗昌再次签订新的"运价协定"。⑦ 长江联运局面打开之后，怡和便乘势积极进行组织轮船公司的活动。

---

① 1870 年 10 月 10 日惠代尔致渣甸，K. C. Liu, Ibid, p. 82。

② K. C. Liu, Ibid, p. 83.

③ 《北华捷报》，1882 年 3 月 15 日。

④ K. C. Liu, Ibid, pp. 135—136、143、210、136、145.

⑤ Ibid.

⑥ Ibid.

⑦ Ibid.

在怡和创办轮船公司的活动中，值得注意的是唐廷枢所起的作用。当时他一方面是怡和的买办，另一方面他又是沿海及长江各口华商的"代表人物"[1]。他曾受华商的"委托"分别于1867—1868年参加了长江航线的公正与沿海航线的北清轮船公司（North China Steamer Company）。[2] 这家公司资本总额1/3以上的华商股本都由唐一手招徕。[3] 1869年怡和在天津线上的活动，主要就是借助于唐的力量。因之唐廷枢实际上成为怡和获取华商支持的可靠保证。[4]

为了利用买办华商的力量以筹组轮船公司，怡和先于1871年贷款给唐廷枢、李振玉。随后，当北清面临破产的时候，又复贷款赎回该公司抵押给汇丰的两艘轮船。我们知道，唐是北清的大股东，通过贷款，唐等就无异变成了怡和的债务人。这样，怡和就可以不冒险直接投资而控制现成的轮运势力。华海轮船公司（China Coast Steam Navigation Co.）就是这样于1872年10月由怡和轻而易举地拼凑了起来。这家公司资本50万两，唐廷枢专门负责联系华商，其兄唐茂枝则常驻天津，怡和的天津业务，主要依赖于唐氏弟兄。[5] 怡和的轮运势力从此便构成了对旗昌垄断地位的威胁。

正在这个时候，由太古洋行创办的太古轮船公司（China Steam Navigation Co.）也在上海正式成立了[6]。

太古的买办是晏尔吉（Henry Endicott）与郑观应。晏尔吉为

---

① 徐润：《年谱》，第14页；另参见 K. C. Liu, Ibid, p. 142。

② K. C. Liu, Ibid, pp. 142, 143.

③ Ibid.

④ 徐润：《年谱》，第14页。

⑤ K. C. Liu, Ibid, p. 145.

⑥ 海德：《蓝烟囱》（F. E. Hyde, Blue Funnel），利物浦，1957年版，第34页。

美籍，原是琼记的船务经理人，有着多年的在华经营船运的"经验"。同时又是一名典型精通华语，熟悉华商的"中国通"①。郑观应则出身于宝顺买办。宝顺清算以后，他就在上海承办"和生祥茶栈"，代两湖、江西、徽州茶客沽茶，并且同时充当公正董事。当太古开办的时候，他已经是"代客办货"的一名富商。在汉口、四川、上海开设太古昌揽载行，在牛庄、汕头、广东开设北永泰字号。②

太古的资本为 36 万镑。创办不久，它便以 26 万两的代价购买了公正长江线的全部轮埠设备。据说为免招致可能来自旗昌的破坏，这笔交易是以"秘密方式"进行的，而在这笔交易中出力最大的人，自然是郑观应③。

1873 年 4 月 1 日，太古正式开行长江航线。旗昌闻讯，立刻决定从同一天起，将沪汉线运价由每吨 5 两降低一半，并且向太古提出了"不得超过 2.5 两"的哀的美教书④。和旗昌的设想完全相反，太古所订的运价不但没有超过 2.5 两，反而把运价压至 2.5两以下，并且公然宣称，不论运价如何，它的船只总是可以满载的⑤。

为什么太古能够有恃无恐地向旗昌挑战呢？除去它分别与公正及海洋（Ocean Steam Ship Co.）两家建立沿海及远洋航线的联

---

① K. C. Liu, Ibid, p. 119.

② 中国史学会编：《洋务运动》，第 8 册，第 83—84 页。

③ K. C. Liu, Ibid, pp. 118—119. 在旗昌垄断下，太古如果自行建置轮埠设备，既缓不济急，又多耗资本。购买公正财产，使太古一开始就具备了竞争的能力。公正此后即转往经营华南沿海航线了。

④ 《北华捷报》，1873 年 4 月 3 日。

⑤ K. C. Liu, Ibid, p. 122.

运，从而可以增加货运以外①，仍然不能忽视晏尔吉、郑观应在为太古招徕华商货运上所起的作用。

太古招徕华商货运的办法是很精到的。郑观应曾经说过，它的具体办法是："选择熟识客商货多而可靠者，嘱渠分庄各口揽载，或加一九五用，或贴补房租，或货多准其荐一买办，货至多者缺至优，以此羁縻，使其奋勉，为我招徕。"② 据说太古的坐仓（买办）"均归货多之揽载行所荐，如不能胜任，即嘱换别人，所以多乐为招徕生意"。③ 就这样通过买办，再经过买办通过揽载行，使得各口华商直接或间接地受这家公司势力的支配。

在这种情况下，旗昌操纵运价故技已经不能发挥它原有的效力④。因此，经过一场削价竞争以后旗昌不得不与太古谋求妥协。1873 年 7 月，两家公司又达成一项"临时协议"，把长江航线的运价暂时定在 3.5 两的水平上。⑤

与此同时，太古却又乘机提出改变行之已久的对华商给以10％回扣的办法。新的办法是，先付以一个 5％ 的经纪佣金，6 个月后再根据付清经纪佣金以后的运费收入计算另一个 5％ 的回扣，这笔回扣最后规定由经纪人付予华商货主⑥。一眼可以望见，这是太古处心积虑地发挥买办经纪人的作用，且借此给予经纪人与华商货主分肥的机会以鼓励众人为其效劳。同时还可使侵略者自己

---

①　《北华捷报》，1873 年 4 月 3 日。

②　郑观应：《盛世危言》，第 3 卷，第 14 页。

③　上北洋条陈，《盛世危言后编》，转见中国史学会编：《洋务运动》，第 6 卷，第 122 页。

④　《汇报》，同治十三年十二月十六日（1875 年 1 月 23 日）。

⑤　K. C. Liu, Ibid, p. 129.

⑥　Ibid., pp. 130—131.

在名义上仍是付出 10%，实则可以从中捞取少付的油水①。

在以后的竞争中，太古显然占了上游。旗昌的老主顾因被其抢走，而遭到严重损失。于是太古更乘势向旗昌施加压力，提出一项新的"合作方案"，给长江航线规定一个严格行轮时刻表，同时在统一运价，运费收入统一计算，平均分配等方面，做出了一系列的具体规定②。这分明是一项根本否定旗昌垄断地位的"方案"。面对着这项苛刻的方案，旗昌此时也只得无可奈何地接受下来。从 1874 年初起，旗昌不仅撤除上海宁波航线，按规定数目行驶轮船，而且还提供各口码头地段以及船坞设备，与太古共同使用。③

也在这时，招商局开辟了长江航线。侵略者中间尽管存在着利害冲突，但在防止中国新式轮运业的兴起方面，从来都是"利害与共"的。因而旗昌太古对招商局的轮船，立即采取行动，"合力排挤"，"各项水脚减半，甚至减三分之二"④。由上海至宁波搭客水脚原订每位两元，竞争开始后又减至半元，最后竟降至一角⑤。但是，招商局的船舶有漕粮优先承运及回空免税等特权，而且此时大买办唐廷枢、徐润亦已入局，因而旗昌太古的压价伎俩并未能得逞。旗昌在长江的垄断宝座，就更加削弱了。这时旗昌太古又达成一项"运价协议"：自 1875 年 6 月 1 日起，将汉口、

---

① 一说这是旗昌太古故意"联络"，"以期声气相连"，共同对付华商经纪人的。因为"太古栈缴费极廉"，"装货者往往从中渔利"。不过，这也同样说明侵略者对华商经纪人只在于利用。参见《汇报》，同治十三年十二月十六日。

② K. C. Liu, Ibid, pp. 131—132.

③ 同上书。按：这项方案也是秘密签订的。

④ 光绪二年十一月二十七日，两江总督沈葆桢奏，《洋务运动》，第 6 卷，第 13 页。

⑤ 《申报》，光绪二年一月十五日。

九江两处运至上海转销国外市场的茶叶运价定为每吨 1 两，其运销上海市场的茶叶运价则为每吨 2.5 两，企图以此共同抵制来自远洋轮船抢夺长江货运的威胁。[①] 显然这次的协定与以前已大不相同。以前，旗昌总是通过"协定"来发展巩固自己的垄断地位，而这次协议，反而订出了自旗昌成立以来所罕见的低运价水平。

没过一年，猖狂活动 15 年的旗昌就宣告破产了。从此，这个依靠买办华商的支持，曾经独霸长江航道的美国侵略者的轮船公司的垄断地位，就这样被另一个更擅长于利用中国买办的英国航业资本所代替。

五

旗昌轮船公司是于 1877 年将全部财产卖给招商局而告终的。旗昌的失败，一方面固然是由于内部经营的亏损，另一方面也是由于美国本国条件的变化。

从旗昌内部经营的情况而言，自 70 年代中叶起，已经开始露出破绽。以旗昌的重要业务项目之一的原棉运输为例，1867 年在旗昌的垄断下，原棉运价每担高达 1.25 两（折合每吨 25 两），这使旗昌原棉运费收入曾达 24 万两之多。[②] 1870 年旗昌公正两家在长江线上的原棉运输量每天即达 500—2000 吨。[③] 而到 1875 年，这项运价竟落至每担 0.25 两（每吨不过 5 两），加以长江地区贸易不振，货运又复大量减缩。[④] 以致当时沪汉线上的棉运，"即使

---

① 《申报》，光绪元年一月二十五日。

② 《华洋通闻》，1875 年 4 月 1 日。

③ 《字林西报》，1871 年 1 月 12 日。

④ 《字林西报》，1876 年 3 月 25 日。

全归旗昌，收入亦很有限"。[①] 反映在旗昌历年账略上，是营业利润的大幅度下降。1871 年该公司的轮运及仓栈两项净利还达 94 万两之巨，到 1872 年竞争加剧的时候，即已落至 52.4 万两。1873 年更落至 10.6 万两，1874 年虽稍有回升，也不过 18.8 万两。但这是江海航线一并计算的，如只计长江航线，则 1874 年旗昌不但没有盈余，且尚大有亏损。[②] 1875—1876 年间，大致与1874 年不相上下。[③]

从美国国内情况而言，70 年代起，由于内战以后的繁荣，美国制造、银行、交通运输各业都出现了蓬勃发展的局面。在美国商人眼中，"东印度贸易"已不再是"理想的黄金之国"了。抽提资金解返回国内将可以"寻求更大的报酬"[④]。因此，旗昌老板并没有等业务衰落，就已开始了抽提资金的活动。1870 年，他们开始以旗昌利润"投资于政府债券"。与上海钱庄有联系的华商股东虽持异议，也没有发生效力。[⑤]

为适应这种变化，金能亨于 1872 年撇开了旗昌，另外开辟天地，由他出面集资 50 万镑，创立一家行驶中日美航线的太平洋中国轮船公司（China Trans－Pacific S. S. Co. Ltd.）。[⑥] 第二年，F. B. 福士又与比利时商人布席（Edmund Munster de Bussche）合办一家纽约、伦敦中国轮船公司（The New York London & China S. S. Co.）。这两家新的航运公司活动范围显然已经超出了中国领水，其中金能亨的公司同时与太平洋联合铁路公司（Union

① 《华洋通闻》，1875 年 4 月 1 日。

② 《华洋通闻》，1875 年 7 月 1 日。

③ 《海事杂志》，第 18 卷，第 1 号，第 80 页，附录 4。

④ 丹涅特：前引书，第 490 页。

⑤ K. C. Liu, Ibid, p. 105.

⑥ 《字林西报》，1872 年 9 月 24 日。

& Central Pacific Railway）订有彼此承担金融通融及联运的合同①。在资本的筹集方面，金能亨的公司虽然据说还有华商资本，但福士的资金却大部分是由中国抽提的，甚至不等旗昌结账，就一次预支了 5000 镑。②

到了 1874—1875 年间，旗昌老板更动用了旗昌准备金 38.7 万两。其中除投入汇丰银行计 11 万两外，下余 27.7 万两全部认购了美国国内债券。③

英国轮运势力的竞争、利润的跌落及抽提资金的做法，直接影响了旗昌股票的行情。1875 年 8 月，票面 100 两的股票，每股曾一度跌至 60 两。这是过去 9 年以来旗昌股票行情的最低水平。④

到了这个时候，旗昌显然已处于极为颠顶的境地。虽然美国的旗昌老板似乎并未死心，仍然恋栈他们在中国的既得航运利益，但已经无法有所作为。特别是在铁质轮船取代木质轮船的时代里，⑤ 要想与英国在华轮运势力竞争维持局面，那么首先就要重新购置英国铁质轮船⑥，这又是旗昌老板所不愿意作的。"与其在中国冒险竞争下去，莫若干脆在国内投资来得安全"。于是乎由此做出了歇业的决定。⑦ 以高价接受这个烂摊子的是刚刚成立不久的招商局。

原来当旗昌股票暴落至 50—60 两的时刻，其资产实值每股仍

---

① 《通闻西报》，1874 年 8 月 3 日；K. C. Liu, Ibid, pp. 127—128.

② 《字林西报》，1872 年 9 月 24 日。

③ 《字林西报》，1876 年 3 月 25 日。

④ 《字林西报》，一说最低跌至 50 两，光绪六年十月二十六日国子监祭酒王先谦奏，《洋务运动》，第 6 卷，第 38 页。

⑤ 海德：前引书，第 20 页。

⑥ 《华洋通闻》，1875 年 3 月 18 日。当时旗昌的轮船大半是木质的。

⑦ 《海事杂志》，1858 年 1 月号，第 64 页。

合 126 两。时任招商局总办的唐廷枢、盛宣怀、徐润于是趁机利用招商局公款 50 万两，大量扒进[①]。旗昌股票旋即上升至每股 90 两[②]。随后唐、盛、徐等便极力怂恿招商局价购旗昌全部财产，以便借机将私购旗昌股票的 50 万两划归旗昌之款，然后再"抵作十成之银，扣算入己"[③]。这样一出一人，不费分文，便套取了大笔利润[④]。而旗昌也趁这个机会向招商局开口要价 250 万两。[⑤] 几经磋商，最后谈定的价款是 220 万两。按照价购合同，自 1877 年 3 月 1 日起，旗昌的船产正式归招商局所有。旗昌清算的问题"圆满地"解决了，它不仅保全了股本，还趁清算的机会捞了一笔 56％的红利[⑥]。吃亏的当然是接受这个烂摊子的招商局。

特别严重的是，合同第 12 款规定在收买旗昌财产的同时，招商局还要接收其"海事监管人员"[⑦]。这就无异使清算后的旗昌仍然保留"监管"大权。9 年以后，当盛宣怀制定招商局的用人章程的时候，也不得不承认："洋人旗昌荐来者太多，从前总船主及洋人白拉，作弊最大，俱各发财而去。"就连该局"总查董事"的重要职位，也是一度由旗昌行东米士德把持的[⑧]。

---

① 光绪六年十月二十六日，国子监祭酒王先谦奏，《洋务运动》，第 6 卷，第 38 页。

② 威廉·吉尔：《金沙江》（W. Gill, The River of Golden Sand, ）伦敦，1880 年，第 1 卷，第 171 页。

③ 光绪六年十月二十六日，国子监祭酒王先谦奏，《洋务运动》，第 6 卷，第 38 页。

④ 威廉·吉尔：前引书，第 1 卷，第 171 页。

⑤ 光绪二年十一月二十七日，两江总督沈葆桢奏，《洋务运动》，第 6 卷，第 13 页。

⑥ 《美国外交档》，1877 年，第 88—90 页。

⑦ 《新报》，光绪二年十二月初五。

⑧ 《交通史航政编》，第 1 卷，第 156 页。

不仅如此，合同第 13 款还规定招商局收买旗昌以后，仍须遵照 10 年以前（即 1867 年）它与怡和、琼记、省港澳等洋行达成的协议办事，不得利用旗昌轮船行驶广东内河及省港澳航线①。我们知道，在旗昌清算之日，与旗昌签约的琼记，在两年前（1875 年）即已倒闭②。但它们之间的分赃活动，却还要招商局加以承认。

洋务派官僚之所以接受这个荒诞的条件，自然有他们自己的一套打算。他们决定出高价购买旗昌的目的，除去企图借此扩充自己的势力以外，还想借重旗昌的买办力量，招徕货运，为自己效劳。他们企图利用买办的资金购买旗昌的财产，坐收一举两得之利。他们向旗昌提出继续包雇其买办人员的要求，而以每人认购招商局股本 1 万两为条件③。但是，招商局的要求，被依附于洋商的买办拒绝了。他们宁愿自己醵资，继续利用美商名义组成一家"宁波轮船公司"（Ningpo S. N. Co.），也不愿归并招商局④。

招商局收买旗昌以后的第二年，即因"局面愈宽，虚糜愈巨"而亏银 24 万余两。它所购买旗昌的轮船，不久也因朽旧而"改作趸船者两号，拆卸机器者两号"。⑤ 但是，沈葆桢、李鸿章之流竟然厚颜无耻地吹嘘招商局"是真转弱为强之始"，"局务日有起色"

---

① 《新报》，光绪二年十二月初五。

② 《海事杂志》，1858 年 1 月号，第 66 页；《北华捷报》，1877 年 1 月 18 日。

③ 《海事杂志》，1857 年 7 月号，第 228 页。

④ 《北华捷报》，1878 年 3 月 21 日。按：这家公司与招商局竞争一年多以后才清算的，参见《海事杂志》，1857 年 7 月号，第 228 页。

⑤ 光绪七年三月初三，两江总督刘坤一奏，《洋务运动》，第 6 卷，第 64 页。

等等①。从这里，人们不难看出洋务派官僚的真实面目了。

六

最后，我们不妨再回顾一下旗昌轮船公司的发展过程。

旗昌轮船公司的整个发展历程表明，侵略者的目的在于：依靠买办华商，打击竞争对手，形成垄断地位；进而利用垄断地位，喧宾夺主，控制华商口岸贸易，转而打击压迫华商。旗昌如此，怡和、太古也莫不如此。

我们知道，旗昌轮船公司是大量利用买办华商资本创办起来的，是利用买办大力招徕华商货运发展起来的，又是在很大程度上由于买办陈竹坪不如怡和、太古的买办唐廷枢、郑观应之得心应手而处于劣势的，而且最后也还是借助于买办的力量把难以收拾的局面转嫁给招商局。显然可见在这家侵略者轮船公司发展过程中买办华商所起的作用。

然而，侵略者的目的也是昭然若揭的。在旗昌开创的时候，它公然宣称其"宗旨"即在于便利洋商，节省洋商贸易上的开支，并与华商争夺口岸贸易领导权。而开办仓栈存储等业务，不过是为了达到上述目的的手段。② 1869 年当怡和与旗昌开始一轮新的竞争的时候，金能亨在致怡和的信中透露说："无论是过去，还是未来，总是洋商与华商之间的斗争。一旦贸易由华商掌握，我们（侵略者）的安全何在！"③

---

① 光绪七年二月十一日，直隶总督李鸿章片，《洋务运动》，第 6 卷，第 59 页；光绪二年十一月二十七日，两江总督沈葆桢奏，同上书，第 13 页。

② 《北华捷报》，1862 年 3 月 29 日。

③ K. C. Liu, Ibid, p. 76.

外有侵略者庞大轮运势力的垄断，内有封建统治的限制，这就扼杀了民族轮运业的生机。一部分买办华商未尝没有创办民族轮运业的条件与愿望。附股于洋商者有之，自置轮船委托洋商经营，依附洋行名下者有之，但在 19 世纪 70 年代以前，却惟独没有民族轮运业出现。即使在洋务派官僚创办招商局的时候，上海洋行势力还极力怂恿买办拒绝向招商局投资。[1] 旗昌更"嫉忌作梗"，减价倾轧[2]，从而使招商局在资本筹集上碰到了很大困难。正如毛主席所说："帝国主义列强侵入中国的目的，决不是要把封建的中国变成资本主义的中国。帝国主义列强的目的和这相反，它们是要把中国变成它们的半殖民地和殖民地。"[3]

（《历史研究》，1964 年第 2 期）

---

① 《汇报》，同治十三年八月初四。
② 光绪二年十一月二十七日，沈葆桢奏，《洋务运动》，第 6 卷，第 13 页。
③ 《毛泽东选集》，第 2 卷，第 598 页。

洋行、买办与买办资产阶级

　　关于中国买办资产阶级问题的专著和论文，近几年来发表的越来越多。这表明这个问题的研究在中国近代经济史研究中的意义已越来越受到学术界的重视。

　　通常说，中国近代史就是一部帝国主义侵华史，或者说在中国近代史里面，帝国主义同中华民族的矛盾是几种矛盾中最主要的矛盾。这些提法都不是空话，它有丰富的内容，也有比较重大的深远意义。

　　1840年，中国由封建社会开始走向半殖民地、半封建社会。可以设想，如果没有1840年资本主义的入侵，中国社会、中国近代史将是另外一种情况。由于帝国主义入侵，使得中国原有的封建社会在各个方面受到冲击，从而使中国的封建社会变成了半殖民地、半封建社会，中国社会各个阶级以及整个中国的社会生活也都发生了相当迅速、相当深刻的变化。中国买办资产阶级的发生，应该说就是这种重要变化的一个方面。但是在学术界，对帝国主义侵略这个问题的研究开展得不够，这是一个弱点。同样，对帝国主义经济侵华史的研究相对来说开展得也不够。这方面的研究成果同其他各个问题的研究成果相比，是一个比较薄弱的部分。关于买办同买办资产阶级问题,虽然最近几年来国内外已经出了一批研究成果,但是对这个问题的研究怎样进一步开展以及如何进一步开展,我认为应当做两方面的工作:一方面应当继续深入挖掘资料,特别是档案资料。关于对帝国主义经济侵华方面的档案的研究,在国内似乎基本上没有开始,而国外这几年做了不少工作,例如有关怡和洋行、旗昌洋行、琼记洋行等专著都已先后问世。我们国内好像没有人对在华洋行的史料、档案进行研究分析。解放初期,我们就听说有几十箱慎昌洋行的档案,直到现在没人动。之所以不能对这方面进行深入研究,当然有各种各样的因素,这不是哪个个人所能承担的,甚至也不是哪个机关有力量承担的,可能有各种困难。但是从学术研究的角度看,不深入挖掘资料,要想深入研究这方面的问题是有一定困难的。再一方面,为了深入开展对买办问题的研究,我认为应当对洋行进行深入研究。因为买办是洋行的雇员,买办势力的扩张,理所当然地是与在华洋行势力的扩张同步发展的。买办依靠洋行,洋行又要依赖于买办。所以,如果把眼界只限于买办本身,对它的研究自然要受到一定的局限。众所周知,洋行是帝国主义经济侵华的先锋,帝国主义经济侵华在相当大的程度上依靠洋行。所以,本文首先谈一谈早期在华洋行势力的扩张,然后谈谈买办同买办资产阶级本身的问题。

一　早期在华洋行势力的扩张

中国早期的洋行①,从它在中国广州出现起,至今已有 200 多

---

①　鸦片战争前广州的"公行"也叫"洋行"。这里所说的"洋行"是指西方殖民主义者对中国进行经济侵略所设的行号。这些行号历来的称谓颇有分歧,有的称为公司,有的称为代理行或贸易行,也有的称为洋行。特别在早期大多称为洋行,所以后来习惯上一般均以洋行作为各种外商行号的总称。

年的历史。从它出现到 1870 年止，大致可分为三个阶段：(1) 第
一次鸦片战争前；(2) 五口通商时期；(3) 第二次鸦片战争后的
一个年代，即 19 世纪 60 年代。

第一阶段：鸦片战争前（在华洋行势力的初步发展）

关于洋行最早在中国出现的年代，说法不太一致。1759 年就
已有英籍"散商"在广州"定居"的记录[①]，也有人说是 18 世纪
70 年代。在东印度公司占有垄断地位的情况下，这些行号通称为
"散商"，其活动有限，受到东印度公司的限制和排挤。但是，值
得注意的是，这些行号虽然开始的时候数目不多，力量不大，但
它们是一股代表西方自由资本主义的势力，所以有可能跟东印度
公司的垄断势力相抗衡。到 18 世纪末叶，蓬勃发展的西方自由资
本主义与东印度公司垄断势力的矛盾越来越尖锐了。作为英国在
远东推行殖民掠夺政策的工具，"东印度公司除了在东印度拥有政
治统治权外，还拥有茶叶贸易、同中国的贸易和对欧洲往来的货
运的垄断权"。[②] 居于垄断地位的东印度公司，为了维护自己原有
的垄断地位，极力限制这些行号的活动。比如 1780 年，东印度公
司伦敦委员会曾经向它的广州监理委员会发布一条命令："不属于
商馆的英国臣民"不得在中国停留。这是一条很严厉的限制条件。
1786 年，英国议会通过的一条法令说：东印度公司的"监理委员
会"，对于航行中国的、领有执照的港脚商人（也就是孟买商人）
有充分的管辖权力，企图用政治力量对散商强加限制。[③] 但是，这
种硬性规定阻挡不了代表自由资本主义势力的这些散商的贸易活

---

① W. E. Cheong, Mandarins and Merchants, 1979, p. 9.

② 《马克思恩格斯选集》第 2 卷，第 257 页。

③ 格林堡：《鸦片战争前中英通商史》，商务印书馆 1951 年版，第 19 页。

动。所以在 1782 年，广州就出现了柯克斯·理德行（Cox－Reid & Co.），它即是在中国横行 100 多年的英国大殖民地洋行——怡和洋行的前身[1]。在东印度公司长期垄断下出现这么一家代理行号，就当时来说具有重要意义，它突破了东印度公司的垄断，创造了在中国设立代理行号的先例。1784 年，美国的"中国女皇号"开到广州，据说这是"侵犯"东印度公司的第一艘美国商船[2]。该船 360 吨，"船货管理员"即有名的"山茂召"。从 70 年代到 18 世纪末叶，不过 20 年的时间，广州的英美代理行号已达 24 家以上[3]。1800 年，东印度公司便不得不宣布放弃中印间贩运贸易业务，让给散商船只进行，它自己只管颁发执照[4]。从此以后，广州地区英印的散商船只都要求在广州设立代理人，并且建立固定的委托关系[5]。到 19 世纪初，美国的普金斯行，英国的巴林行，还有著名的宝顺洋行的前身——达卫森行都已先后建立。柯克斯·理德行经过改组，1803 年改名为比尔·麦尼克行，到 1832 年又改名为怡和洋行。

这些洋行这一时期主要经营代理业务，以收取佣金为主，随着代理业务的进一步发展，没多久就由接受散商船只的委托发展为规定船只航行的细节、对船长发指示。它们不再是简单地代理别人的业务，其权限越来越大，越来越广。它们不仅可以对散商船只发号施令，而且已经开始置备船只，从事自己的一部分贩运

---

① 格林堡：《鸦片战争前中英通商史》，商务印书馆 1951 年版，第 20 页。

② 布莱克斯黎：《中国及远东》，（Blakeslee, China and the Far East），转见姚贤镐：《中国对外贸易史资料》，第 1 卷，第 169 页。

③ J. K. Fairbank, Trade and Diplomacy on the China Coast, 1842—1854, Vol. 1, p. 60.

④ F. R. Dulles, The old China Trade, 1930, p. 146.

⑤ 格林堡：前引书，第 159 页。

贸易。换句话说，这些代理行号在 19 世纪初叶，不仅经营代理业务获取佣金，而且自备船只从事贩运贸易获取利润，具备了后来洋行的雏形。从这些代理行号的业务活动看，它不仅是西方自由商人从事对华贸易的据点，而且成为资本主义国家经济侵华的前哨站。到 1813 年，东印度公司不得不再次向自由资本主义势力让步，很快在广州就出现了一个创设代理行号的高潮。1818 年，美国船主罗塞尔创办了老旗昌行，这家洋行当时规定开业 5 年①，到 1823 年满期后加以改组，然而自 1824 年 1 月 1 日起正式营业，直到 19 世纪末才清算倒闭②。这是当时美国在中国最大的一家洋行。旗昌洋行成立以后，另一家著名的洋行奥理芬行成立（通称同孚洋行）③。在这期间，英国的行号也有所发展。比尔·麦尼克行 1819 年改组为麦尼克行，同时又出现了一家泰勒尔·孖地臣行。1823 年，达卫森洋行改为颠地行，即宝顺洋行④。

这一批代理行号，从出现的第一天起，其手脚就不干净。开始时，它们在东印度公司的垄断下只能经营鸦片和棉花，其他的贸易都要受到限制。19 世纪 20 年代，棉花贸易一度衰落，所以很多代理行号就逐渐成为专营鸦片的行号了。鸦片走私贸易的规模也越来越大。从 1816 年起，在对华出口贸易的每一个发展阶段上，鸦片走私所占的比例愈来愈不相称地大量增加，不单是在广州地区，而且从广州沿海向北，大规模的走私活动越来越多。

---

① R. B. Forbes, Persomal Reminiscences, 1882, pp. 333—335；丹涅特：《美国人在东亚》，第 62 页。

② North China Herald, 1891.6.5, p. 683.

③ W. C. Hunter, The "Fankwae" at Canton, Shanghai, 1911, p. 15.

④ J. K. Fairbank, lbid, p. 66.

1812年，首先派船从广州沿海北上，开辟私贩鸦片市场的是麦尼克行和孖地臣行①。由于走私越来越多，鸦片也出现了供过于求的现象。1823年出现了一次鸦片"跌价危机"。为了解决这一问题，孖地臣行派船开往泉州。这种冒险行为当时虽然没有解决鸦片贸易不景气的问题，但是经过它们几次的走私活动，在中国沿海终于又开辟了新的鸦片走私市场。这就是说，在鸦片战争以前很久，它们的活动已经不限于广州地区，它们的势力已经从南海延伸到东南沿海一带。

在这里，我们应当看到，在这种猖狂的鸦片走私活动中，这些代理行号不仅开辟了走私市场，在中国沿海一带建立了广泛的贸易联系，而且一些大洋行（宝顺、怡和、旗昌等）还形成了各自的鸦片走私体系，它们不仅勾结中国沿海的一些鸦片贩子，甚至勾结地方官府。有资料记载，在上海，"滨临海口向有闽粤奸商，雇驾洋船，就广东口外夷船贩卖呢羽杂货并鸦片烟土，由海路运往上海县入口，转贩苏州省城并太仓通州各路"②。这就是说，从广州向北贩运呢羽杂货和鸦片，由上海进口，运到苏州、太仓，向内地转销，已经形成了一定的线路。这一线路当然不是靠洋行本身，而是靠勾结中国的一些奸商和地方官府形成的。所以，了解早期洋行的活动，我们就比较容易了解早期买办的活动，并可形成洋行离不开买办的概念。到第一次鸦片战争前夕，外国商人同沿海"奸民"的关系已由偶然的接触发展到"往来熟悉，勾串汉奸以为内战，牟利私售"了③。有些"奸民"与外国商人不一定是代理关系，有的是合伙贩运。据资料记载，"漳泉沿海奸民，平

---

① B. Lubbock, The Opium Chippers, p. 61.

② 道光朝《筹办夷务始末外编》，第4册，第945—946页。

③ 《鸦片战争》，第1卷，第378页。

日勾通夷船者，今多在船同事，习其教法，依其装饰"。由此，
"夷船日多，烟贩愈炽"①。所以到第一次鸦片战争前夕，贩毒走
私已经到了不可收拾的地步。这是一个方面。

我们同时要注意的另一方面是，这些广州的代理行号与印度
的散商保持着非常密切的联系。这说明它们在业务上有靠山。在
这些代理行号与印度的业务联系中，由于当时交通迟滞，使它们
有可能在广州处于一种垄断地位，因为只有它们才能和印度的散
商建立贸易联系。例如麦尼克行所代理的印度散商在孟买一个地
方就达 50 家以上②。因此有统计表明，仅 1829—1830 年之间的一
个季度，麦尼克行就独销了 5000 多箱鸦片，价值达 400 余万元，
占当时中国进口鸦片总额的 1/3③。颠地行也是如此。这两家洋行
在东印度公司垮台前夕，在广州的鸦片走私就占了 2/3④，由此可
见它们当时的垄断地位。鸦片代理业务的佣金率，一般是 1%—
3%，据说每箱鸦片能获净利 20 元。如果走私到沿海各地，价格
比在广州每箱还要高出 50—100 元⑤。

但是，这些代理行号如此大量地经营鸦片贸易并不单是为了
利润，鸦片在中西贸易中还是抵补贸易差额的必要手段。为了平
衡贸易、平衡贸易差额，也不得不经营鸦片。1830 年前后，虽然
已经开始利用伦敦的汇票代替金银的进口来补偿贸易差额，但归
根结底还是要取决于鸦片的贸易数额。鸦片进口数量越大，用来
平衡贸易而开出的伦敦汇票数额也就越大。按照马士的统计，中

---

① 《鸦片战争》，第 1 卷，第 474 页。

② 马士：《中华帝国对外关系史》，第 1 卷，第 96 页；格林堡：前引书，第 124
页。

③ 格林堡：前引书，第 124 页。

④ J. K. Fairbank, Ibid, pp. 133—134.

⑤ 格林堡：前引书，第 27 页。

国进口鸦片的数量，1811—1812 年间，每年平均进口 4000 多箱；1821—1828 年间，已经有 9000 多箱；1828—1835 年间，达到 18000 余箱；1835—1839 年间，更发展到 35000 多箱[①]（最近北京大学一个研究生写的毕业论文对马士的估计作了一些纠正）。

总之，鸦片战争前在中国出现的这些代理行号，就是后来洋行的前身，它的主要活动是走私贩毒、进口鸦片。鸦片贸易的迅速扩张，反过来促进了洋行在华势力的扩张。如麦尼克行在东印度公司解散之前，有专门运鸦片的飞剪船 10 艘[②]，到 1834 年麦尼克行改为渣颠（即怡和）洋行以后，已经拥有一支包括 12 艘快船的鸦片船队。[③] 鸦片和船运业务的开展，又使金融、汇兑、保险等业务都成了这些大代理行号的经营项目。这些大洋行以鸦片贸易为主，同时经营汇兑、船运、保险，已经初步具备了后来洋行的一些基本条件和面貌。像宝顺洋行和怡和洋行不仅经营汇兑和保险，在 19 世纪 30 年代，已经有了以单独行名出现的保险公司，这就是有名的"于仁"保险行和"谏当"保险行。[④] 多方面的业务关系同它自身所形成的完整的业务体系，使渣颠行、宝顺行很快就取代了东印度公司而居于对华贸易的垄断地位。这些洋行是鸦片的最大卖主，同时也是华茶的最大买主。1834 年东印度公司撤销以后，广州再一次出现了自由商人竞设行号的高潮。1832 年有行号 66 家，1837 年增加到 150 家，增长一倍以上[⑤]。行号数量虽然增多，但是行号经营的对华贸易仍然控制在居垄断地位的大洋

---

①　马士：《中华帝国对外关系史》，第 1 卷，第 238—240 页。

②　B. Lubbook, The Opium Clippers, p. 70.

③　J. K. Fairbank Ibid, Vol. 1, p. 134.

④　《汇报》，1874 年 7 月 4 日；《申报》，1881 年 12 月 15 日。

⑤　格林堡：前引书，第 170 页。

行手里，如怡和、宝顺、旗昌。这些洋行还曾订有协定，不许第三者参加[1]。这就是第一次鸦片战争以前外国洋行在中国发展的轮廓。

第二阶段：五口通商时期（洋行势力的扩张）

第一次鸦片战争以后，情况发生了引人注目的变化。第一次鸦片战争既是一次军事战争，又是一次政治特权的攫夺。清政府被西方资本主义势力武力征服后，首先丧失了政治主权。因此在中国的这些洋行也就有条件以战胜者自居，飞扬跋扈，肆无忌惮地扩张自己的势力。

鸦片战争以后的洋行，从各个方面来看，乃是鸦片战争以前洋行的延续，但通过第一次鸦片战争，这些洋行带有明显的侵略性质。洋行商人的各种侵略活动可以概括为西方资本主义侵略者对殖民地特有的一种以政治特权、军事实力为后盾的残酷的掠夺。这一点在第一次鸦片战争以前是不可能有的，因为当时中国是一个拥有主权的国家。所以，要想弄清五口通商时期的在华洋行势力的扩张，弄清它的性质、特点，就不能不强调一下暴力掠夺的问题。

第一次鸦片战争以后，来华外商以不平等条约为依据，在中国通商口岸任便选择华商自由贸易（在公行贸易时期，外商的活动是受公行限制的，鸦片战争以后废除了公行）。这些外商既可以享受减税的特权，又有领事裁判权的庇护。一系列的政治特权为这些外商行号在中国的活动提供了前所未有的便利条件，也给西方商人以极大的鼓舞，好像在中国这个地方可以非常容易地随便发财。据史料记载，英国侵略头子濮鼎查在《南京条约》签订以

---

[1] 格林堡：前引书，第138页。

后说："所有兰开夏的纺织厂都不能满足中国一省的织袜子之用。"① 在这种刺激、鼓舞下，商人们连刀叉、钢琴都运到了中国。但是，进口的洋货一开始只能运到通商口岸，根本不能进入中国的内地，就是在通商口岸，这些洋货也不容易销售。于是很快就出现了供过于求的危机，大批洋货堆在仓库卖不出去。比如宁波，1844 年对外贸易额不过 50 万元，到 1849 年，对外贸易额不但没有增长，"反不逮此数之十一"②。福州、广州更严重。

值得注意的是上海。在早期，洋行势力在上海扩张的速度最快，仅在 1842 年就出现了 11 家洋行③，但是贸易同样没有很快地打开。比如 1850 年，上海的英国工业产品进口总额比 1844 年不但没有增加，反而减少了 70 万镑④，所以有些洋行很快就关门了。那些历史悠久、基础比较雄厚的老牌殖民地洋行，如怡和、宝顺、琼记、仁记，在贸易方面同样没有起色。这些洋行的收益"并没有与贸易成比例地增加"⑤，没有赚到所盼望的那么多钱。于是这些洋行商人就把侵略的矛头从贸易转向暴力掠夺。贸易打不开局面的原因很多，比如洋行对中国的交易习惯不够熟悉，市场没有打开，中国的行会势力很盛，特别是第一次鸦片战争以后与日俱增的中国人民的仇洋情绪和反侵略的力量，等等。这些因素使得洋行商人不可能按照所想像的那样开展正常的商品贸易。而暴力掠夺则以政治军事特权为后盾，可以轻易地赚大钱。

---

① B. P. P. Correspon dence relative to the Earl of Elgin's Special Missions to China and Japan，1857—1859，pp. 168—169.

② 班思德：《最近百年中国对外贸易史》，第 37—38 页。

③ 马士：《中华帝国对外关系史》，第 1 卷，第 399 页。

④ 伯尔考维茨：《中国通与英国外交部》，第 17 页。

⑤ B. P. P. Report of Commercial Relations With China Ordered by The House of Commons，1847，p. 358.

　　要想了解暴力掠夺问题，首先应当了解领事、领事制度和领事裁判权，这对研究早期侵略者的侵略活动具有典型意义。所以下面我们先探讨一下领事在暴力掠夺中所起的作用，以及究竟进行了哪些暴力掠夺和暴力掠夺所产生的影响。

　　马克思曾引用邓宁格的话来形容殖民地的海盗，他说，像自然惧怕真空一样，资本是惧怕没有利润或利润过于微小。一有适当利润，资本就会胆壮起来，百分之十会保障它在任何地方被使用，百分之二十会使它活泼起来，百分之五十的利润会引起积极的大胆，百分之一百会使人不顾一切人的法律，百分之三百就会使人不顾犯罪，甚至不惜冒绞首的危险。这句话形容早期洋行商人在中国的活动是非常贴切的。

　　19世纪中叶到中国来的殖民主义者，对中国的暴力掠夺正是这样，只要能够赚钱就不择手段，因为他们在中国怎样胡作非为也没有被绞首的危险。为什么能够这样肆无忌惮？关键之一就是领事的庇护。按照中外条约的规定，领事是"专理商贾事宜与各该地方官公文往来"的外交官员。而实际上领事是维护海盗商人利润的政治代表，遇有华洋纠纷，领事不仅可以出头干预，而且外国商人可以通过领事直接向中国官方要挟[①]。由于领事与洋行商人有这种利害关系，千方百计地猎取领事职位的洋行商人越来越多。特别是老牌殖民地洋行，几乎没有不挂上一个或一个以上的领事头衔，并以领事身份在中国扩张自己的洋行势力的。领事有两种，一种是商人领事；一种是官职领事，即有外交官员身份的领事，像英国领事。不管是商人领事还是官职领事，所起的作用都是一样的，官职领事并不比商人领事好一些，像怡和的经理达

---

　　① 王铁崖：《中外旧约章汇编》，第1册，第42页。

拉就借助于领事的力量进行走私活动[1]。所以在官职领事的管理之下，这些外国商人照样可以把关税逃避得一干二净。领事不仅唆使、怂恿与包庇这些洋行商人，而且还是暴力掠夺的直接参加者。他们一面向英国政府领取领事的薪俸，一面在中国从事走私活动或其他活动。

最重要的还是"领事裁判权"的危害。所谓"领事裁判权"，就是外商的犯罪行为只由领事裁判，有不受中国法律制裁的特权。碰到中外之间的纠纷，中国人照中国法律治罪，外国人由领事治罪[2]。实际上，划归领事负责的罪犯，往往通过包庇与抵赖，最后获得赦免或释放。美国在这方面更突出，因此很多在华外国商人都千方百计地取得美国国籍。很显然，领事裁判权实际上就是罪犯保护权；以外交官员身份出现的领事，实际上就是管理罪犯的罪犯。所以，凭借领事的特权，这些殖民主义商人无本生利，一本万利，海盗行径更加有恃无恐，无法无天。

暴力掠夺首先是掳掠华工，贩卖人口。掳掠华工在当时是非常猖獗的。内地一直到贵州，北方一直到天津，上海也相当严重，而华南乃是掳掠华工的老根据地，如汕头、厦门等。

掳掠华工的方式，主要是诱拐与掠捕。关于华工的遭遇、待遇，卡尔·马克思有很多论述，现存资料也不少。中华书局出版了华工史料（共十卷），看后使人毛骨悚然。西方人口贩子的行径令人发指。但是这对洋行来说却是赚大钱的买卖。广州的人口贩子开始时是暗用诱术，后来就在光天化日之下强抢。据资料记载："省城附近一带村落，行人为之裹足，民情恟惧异常。"[3] 上海也是

---

[1] J. K. Fairbank, Ibid, Vol. 1, p. 170.

[2] 王铁崖：《中外旧约章汇编》，第1册，第54—55页。

[3] 咸丰朝《筹办夷务始末》，第50卷。

如此："拐骗、贩卖、既而遍地捉人，人情汹汹。"[1] 其猖獗和造成的恐怖现象大致可见。马克思说这是最卑鄙的奴隶买卖。这种买卖正是早期在华洋行的一项业务。香港没有几家洋行不参加掳掠华工这项生意的。著名的两家人口贩子，一是德记，一是合记。有资料记载，伦敦第一流的商行、银行和香港的一些公司、个人都参与了澳门的苦力贸易，并且获得了巨额利润[2]。所以，一谈到早期的苦力贸易和掳掠华工的历史，就离不开洋行。

这里要指出的是，惨绝人寰的奴隶贸易比起鸦片贸易还是"仁慈"的。人口贩子从事这种罪恶勾当的目的毕竟不是在于消灭这些华工的躯体，而是靠这些苦力赚钱。把苦力折磨死就没钱可赚，只有让他们继续活下去才有利可图。吸食鸦片就不同了，吸食鸦片者，最终能使他们精神本质腐化、堕落和毁灭以后，还毒杀他们的肉体。此外，鸦片走私贸易是与偷税、漏税分不开的。在第一次鸦片战争后订立的不平等条约里面，曾规定了中国海关协定关税率，即有一部分品目的商品定为从价 10％ 左右的税率，其他的一般按从价的 5％。税率如此之低，无疑是有利于外商的。有些西方历史学家曾指出，这种协定关税率对外商的有利程度"竟比当时外商自己所敢于提出的税率还更加有利一些"[3]。但是，尽管税率这样低，外国商人仍然凭借特权偷漏成风，猖狂走私。这些走私贩子以贿赂、收买等手段勾结中国海关人员和清政府地方官吏，结果使得走私偷漏变成了一种明知故纵的现象。走私的项目主要是鸦片，还有土产、食盐、军火。为什么要走私鸦片？因为走私鸦片可以赚大钱。一个船长从印度贩卖鸦片，贩运一次

---

① 《同治上海县续志》。

② E. J. Eital, History of Hongkong, pp. 500—501.

③ 莱特：《中国关税沿革史》，第 10 页。

能获利 3000 元①。美国的琼记洋行每月拿出 1000 元钱租一条船，贩运 286 箱鸦片，由广州运到上海，能赚 2 万元②。有人计算过，700 元一箱的鸦片，扣除保险金、运费以后，代理人每箱可以赚 113 元③。这些从事大规模贩卖、走私鸦片的洋行，在中国沿海各地都设有趸船，都有自己的船队。鸦片走私并不限于大洋行，小洋行也是如此。

除了贩卖人口、走私贩毒、偷税漏税外，还有一项不能忽视的暴力掠夺就是海盗"护航"，能够开展护航活动的关键在于侵略者"特权"。来华的外国商人干这种勾当的目的在于牟取暴利。一个外商拿三四百块钱，买一条小船就可以"护航"④。例如一条140 吨的小船"厦门号"，从宁波到泉州往返"护航"，一次就能赚 5000 元，自宁波到上海单程"护航"，一次可以赚 536 两银元⑤，真是一本万利。有一家叫奥斯汀的洋行专干这个行当。《北华捷报》曾经揭露个中奥秘，这家奥斯汀洋行，原来是由一个名叫奥斯汀的英国商人从福州英国领事那里取得了一纸临时执照，买了一条 15 吨的小船加以武装，进行"护航"⑥。它挂上英国旗子在海上一走，别人就不敢碰了，它就稳收护航费。那么中国船能不能不让它护航？不行！不让护航就把你的船打沉，把你的人打死。这样护航者实际上本身就是海盗。所以，护航是早期外国洋行在中国海盗掠夺的重要内容之一。

---

① E. A. Stackpole，Prescott and the Opium clippers，1954，p. 53.

② J. K. Fairbank，Ibid，Vol. 2，p. 22.

③ R. M. Martin，China，Political，Commercial and Social，Vol. 2，p. 285.

④ J. K. Fairbank Ibid，Vol. 1，pp. 335、342.

⑤ Ibid.，p. 337.

⑥ 莱特：《中国关税沿革史》，第 185 页；NCH，1859.7.23。**奥斯汀洋行终于被迫撤销。**

　　就在这一片暴力掠夺中，在华洋行势力得到空前扩张，鸦片贸易也得到空前扩大。在华洋行势力的扩张首先表现在航运势力的增长上。据资料记载，1845 年 11 月进出香港的鸦片船只不下80 艘，其中怡和洋行一家就占 19 艘之多[1]。这些洋行首先破坏了中国沿海的航权，接着进一步破坏了通商口岸和非通商口岸之间的土货贩运权。这是史无前例的，也是国际法所不容的，19 世纪中叶这一阶段，外国洋行通过暴力掠夺获得的利润无法取得确切数字，我们仅用一些例子加以说明。有人统计，怡和洋行仅鸦片盈利一项，自 1827 年到 1847 年的 20 年间即达 300 万镑，其中大部分为 1837 年到 1847 年间所积累[2]。旗昌洋行历年利润数字未曾见到，但是无疑，它的利润也是十分可观的。比如 1846 年它的股东祁理蕴一次就从中国带回 50 万元[3]。另一股东达兰欧一次带走60 万元[4]。还有一个大股东福士，1855 年到 1856 年间在美国铁路投资中，来自中国的资本不下 40 万元，1858 年一次就从中国汇回去 12.8 万元[5]。当然，他们在中国同样有条件、有力量进一步扩张势力，投资于各种企业，尤其是首先选择航运业。1848 年在中国出现了最早的一家专业轮船公司，叫做省港小轮公司。其资本不多，有 3 万两银元，存在时间也不长，到 1854 年就歇业了[6]。但是，它表现出早期洋行势力的扩张已经进入一个新的阶段。这

①　G. B. Endacot, History of Hongkong, 1958, p. 73.

②　R. M. Martin, Ibid, Vol. 2, p. 258.

③　E. Griffin, Clippers and Consuls, 1938, p. 263.

④　S. C. Lockwood, Augustine, Heard & Co. Amecican Merchants in China on the Eve of the Opening of The Yangize, 1858—1862, 1971, p. 135.

⑤　Liu kwang Ching, Anglo—American Steamship Rivalry in China, 1862—1874, 1962, pp. 20—21.

⑥　Eital, Ibid, p. 276、346.

是最早的一家专业轮船公司，比旗昌早15年，比轮船招商局早20多年。紧随着外国轮运势力兴起的是保险与船舶修造业。

自第一次鸦片战争以后，经过近20年的暴力掠夺的外商洋行，曾经出现了所谓"商业大王"或"王子商人"。就是说，在中国各个通商口岸出现了一些在各方面具有垄断地位、资本雄厚的大洋行，在洋行中它占有王子、大王地位。

第三阶段：第二次鸦片战争以后（洋行势力的扩张）

19世纪60年代洋行势力的扩张达到空前的地步。不仅暴力掠夺没有消除，而且还具有了新的特点。外国洋行势力在中国通商口岸已经站稳了脚跟。第二次鸦片战争后，外国侵略者在华取得的特权进一步扩大，通商口岸由5个扩大到16个，长江开放，外国商人、洋行已经在沿海、沿江口岸到处通商，并将侵略势力一直深入到中国腹地——汉口。早在19世纪50年代初，在暴力掠夺中得到好处的商人已经不以沿海为满足，他们叫嚷"要向五个通商口岸以外的地方进逼"[①]。在第二次鸦片战争中取得的新特权，给洋行商人们以很大鼓舞。当时《北华捷报》描述说："初来乍到的外国商人，立刻就能从自己的脚下挖掘财富。"[②] 1867年，上海英国领事曾经追述第二次鸦片战争以后初期的情况说：在英国国内为新开口岸所取得的胜利冲昏头脑的大有人在，因而"资本狂热的涌入中国，转瞬之间，从事对华贸易的洋行增加了三倍"[③]。第二次鸦片战争的胜利，对这些商人产生的鼓舞和刺激作用比第一次鸦片战争更强烈了。在这些人当中，当时流传这么一

---

① 伯尔考维茨：《中国通与英国外交部》，第14—15页。

② NCH，1864.1.26.

③ British Coasular Reports, 1867, Shanghai, pp. 117—118.

种看法，任何"政府的任务是用剑撬开中国牡蛎的外壳，而商业界的任务是采取珍珠"①。言下之意就是政府用军事手段打开中国大门，由商人们来发财。因为中国的门户越开越大，外国侵略者的特权越来越多，到中国来"采取珍珠"十拿九稳。在第一次鸦片战争后大发横财、满载而归的一些洋行老板，第二次鸦片战争后又纷纷跑回中国，准备大干一场。他们还对中国内地展开了空前的、大规模的调查活动。第二次鸦片战争后不久，在华南，外国商人就从广州派出调查团，由广州经旱路到汉口，并由汉口到上海。在华北、山东对主要城市进行"调查"，其主要调查项目是包括金矿和煤矿在内的矿藏。这一时期最重要的一次窥探活动，就是包括上海的怡和、琼记、旗昌、宝顺这些洋行商人在内的英美商人，在英国外交部和海军支持下，由上海出发到汉口的"旅行"，其目的在于调查窥探中国长江一线及炫耀武力。先是英国于1861年2月派出了"考察团"，随后美国于同年4月又派出了一个"考察团"。这两次派出的"考察团"都是由英美海军牵头，由上海洋行商人参加的，因而实际是一支"武装远征队"。它们一路收集政法、商业方面的情报，内容几乎达到了无所不包的程度。"凡是停留过的地方，对每一件东西都要搞到样品"，"对当地商人的姓名和字号都要记下"，还要了解"这些地方对开展商业活动有哪些不利因素"，以及"长江行船的一切情报，包括浅滩、急流、堤岸、潮汐"等等②。在这个"远征队"中，有一个英国侵略分子萨利勒少校和一个船长，他们随"远征队"出发，目标不是汉口，也不是上海至汉口之间，而是沿江西上，由汉口转船到岳州，换

---

① 伯尔考维茨：《中国通与英国外交部》，第3—4页。

② S. Wright, Hart and Chinese Customs, p. 200；Lockwood, Ibid, pp. 92—93.

成木船到荆州，然后到夔府，其最终目标是西藏①。结果，因为途中遇到困难，到四川夔府后就回来了②。这些调查、探测，有些当时就对扩大侵略起了作用，比如有关上海至汉口之间的调查，对洋行势力的扩大很快就显示了作用。也有的在二三十年以后才显示出来，比如英国侵略分子立德于 1898 年到 1900 年在川江试航轮船成功，就和他三番两次的调查、探险分不开。

　　第二次鸦片战争以后，外商更多的是增设行号，不管是已开口岸还是新开口岸，都曾出现竞设行号的高潮。天津在 1861 年开埠之初，华南原有各口主要洋行均派代理人到天津开展商品贸易，开设分号③。到 1866 年，天津有英国商行 9 家，俄国商行 4 家，美国、德国、意大利商行各 1 家，共计 16 家④。烟台在 1859 年已有华南各口的洋行代理人到这里做生意⑤。1861 年开埠以后，立刻就有世昌洋行出现⑥，两年后，天津的密妥士洋行也跑到这里开设分行⑦，当时烟台是华北和华中交通运输的一个中间站。东北的牛庄在 1861 年开埠，也出现洋行，美特兰·布什洋行就是其中之一⑧，接着怡和、宝顺洋行都相继跑到牛庄开设分行。牛庄是东北豆石贸易中心。到 1865 年时，牛庄这个比较偏僻的口岸已经有 4 家洋行⑨。以上是北方三口的情况。台湾甚至在 50 年代已有洋行

①　NCH，1861. 6. 1.

②　Ibid.，1861. 8. 31.

③　BCR，1865—1866，Tientsin，p. 148.

④　Ibid.，1866，Tientsin，p. 106.

⑤　Ibid.，1865，Chefoo，p. 125.

⑥　NCH，1861. 7. 20.

⑦　Ibid.，1863. 11. 21.

⑧　Ibid.，1861. 10. 26.

⑨　Ibid.，1866. 7. 7；China Directory，1863，1864.

出现①。上海在 1845 年时有洋行 11 家，到 1865 年增加到 88 家，其中有银行 11 家，经纪商行 13 家，批发商 13 家，船坞 3 家，行号、企业 35 家等。长江一线其他地区更是如此。1860 年一些大洋行深入到江西河口、景德镇、义宁州等地活动②。1861 年旗昌、琼记、宝顺、怡和等大洋行都在汉口开设了分行。同年在九江，除老牌洋行外也有新设洋行，到 1864 年，除原来 10 家英商、3 家美商开设分行外，又新开了 3 家洋行，而且都有各自的仓栈③。在全部洋行中，英国商号最多，共计 58 家（包括孟买商人创办的 7 家），约占总数的 65％。美国洋行有 6 家④。当然，这一时期所增加洋行并不都是新设洋行，有相当一部分是在新开各口增设的洋行分支机构，例如宝顺洋行 1866 年时在香港、广州、厦门、上海、汕头、福州、九江、宁波、汉口、天津、淡水、基隆等地都设有分号⑤。洋行势力已经渗透到几乎所有口岸。这些新设的行号里面，有的是新来的外国商人办的，也有一部分是老牌洋行原有股东凭借自己熟悉市场等条件离开老行开设的。

第二次鸦片战争以后，老牌洋行由于投资领域的扩大，使原有的垄断势力又获得进一步的扩张。特别重要的是商品流通环节，几乎都在它们控制之下。它们的计划之一，就是在中国内地获得更多的特权，首先就是在中国修筑铁路，架设电线，企图把封建的中国纳入其殖民地的轨道，把西方的先进事物引入中国。1844

---

① Griffin, Ibid, p. 279、285.

② 夏燮：《中西纪事》，第 17 卷，第 20 页。

③ BCR, 1862—1864, p. 75.

④ Trade Report, 1865, Shanghai, p. 133；BCR, 1865, Shanghai, pp. 137—139.

⑤ Hongkong Almanac, 1866, China Directory, 1866.

年，怡和洋行就有修筑印度至广州铁路之议①。1859 年 4 月，美商琼记洋行老板通过美国驻中国公使华若翰，向清政府提出修筑上海到苏州全长 60 英里铁路的倡议，同时还提出在上海至苏州之间架设电线的要求。结果筑路计划未能实现，但是有一个叫麻瑞的医生却把 80 斤电线运到中国，以待择日开工。琼记洋行老板说："一笔 8000 元到 1 万元开支是有限的，我是第一个，将会由此引起广泛的反映。"② 这是实话，架设电线和修铁路不一样，不需要多少钱。他通过架设电线花上万把元钱就能在当时激烈的竞争中取得优先的位置并赢得声誉，不过事情并没有成功。到 1862 年，包括琼记洋行在内，上海有 28 家洋行联合向江苏巡抚李鸿章提出申请，要求成立上海苏州火车局，并修筑上海到苏州的铁路。李鸿章不敢贸然同意，因而终成泡影③。但洋行商人并不死心，1865 年，上海又有人组织了一家公司，企图修建一条由上海到吴淞仅 10 英里的短程铁路④。同时，广州也有人向广东当局提出一项创办中国铁路公司的计划，修筑广州到佛山的铁路⑤。这两项计划都没有成功。这股筑路风在英国国内也有反映。那些在中国有权益的商人酝酿修筑一条由缅甸仰光到扬子江流域的铁路。他们递交英国政府的建议书达数百份之多⑥。可见外国商人对在中国修筑铁路兴趣之大。

值得一提的是，1861 年，旗昌洋行在办旗昌轮船公司时，在

---

① Edwavd LeFevour, Western Enterprise in Late Ching China, A Selectivs Survey of Jardine, Matheson, & Co's Operations, 1842—1895, p. 107.

② S. C. Lockwood, Ibid, p. 77.

③ 马士：《中华帝国对外关系史》，第 3 卷，第 79 页。

④ 同上书，第 80—81 页。

⑤ W. F. Mayers, Treaty ports of China and Japan, 1867, p. 113.

⑥ 伯尔考维茨：《中国通与英国外交部》，第 4 页。

上海市内架设电线成功。虽然架线的木桩头天竖起第二天就被拔除，但是旗昌洋行老板却由此而赢得了"第一个"架线的"声誉"[1]，与铁路、电线不同，洋行商人在中国兴建纺纱厂、纺织厂、豆油厂等计划都曾在不同程度上实现了。但是，由于中国人民的反对，其存在时间不长。这一时期内，中国人民的斗争在阻止洋行势力的扩张方面起了很大的作用。

值得注意的是洋行商人对中国商品贸易的侵略。60年代初期，洋行商人曾经一度把对华商品贸易推到前所未有的高峰，1858年到1861年，外商争相输入大量货物待价而沽。但是，商品贸易增长的势头并没有保持下去，很快就停滞不前了。贸易数量远远超过实际需要，造成积压、滞销。欣喜若狂的洋行商人转而又对贸易不能打开局面发出阵阵怨言。1865年，怡和洋行就曾抱怨，由于过度进货使贸易无利可图，甚至还抱怨在中国漫无限制地成立银行和货币容易流入各个商业部门所引起的投机。尽管如此，外商银行仍然在日益猖獗的贸易投机中大捞油水。而进口商人像红了眼的赌徒一样，不断利用银行贷款扩大投机，以扭转败局，以致投机愈来愈盛，危机愈来愈深。棉布进口照样增长，1867年是400多万匹，到1871年，增长到1400多万匹[2]。这种畸形贸易投机所出现的特有现象，反映了当时洋行商人在中国猖狂活动的情况。

以上说明，19世纪60年代初期，在华洋行商人尽管野心很大，但在铁路及生产领域方面的侵略势力并不曾取得随心所欲的扩张。但在洋行势力扩张的过程中，外商在华的轮船运输体系，明显地建立起来。如果说五口通商时期在中国的洋行是第一代洋

---

① 《上海新报》，同治四年五月四日。

② 班思德：《最近百年中国对外贸易史》，第118—119页。

行，那么 19 世纪 60 年代的洋行就是第二代洋行，轮船运输体系的建立，乃是第二代洋行势力扩张的一个主要特点。

有人做过统计，从 1859 年到 1864 年不过 5 年光景，到中国来的外国冒险家所捞到的钱比整个东印度公司垄断的时期还要多。所以在这种情况下，1862 年到 1863 年期间，虽然已经出现了过度进货的现象，但是利欲熏心的外国商人还是照样进货；虽然已经出现了因为投机而破产的现象，但是投机现象有增无减。这些对外国船商依然产生了一种强有力的刺激。远洋航线（由中国到欧美的航线）本来只有大英火轮公司一家，第二次鸦片战争以后，1861 年到 1862 年，又出现了法兰西火轮公司——法国所属的一个经营远洋航线的轮船公司。这是对早期典型的殖民地轮船公司——大英火轮公司的竞争和挑战①。1865 年和 1867 年，又出现了一家英国霍尔特轮船公司和一家美商万昌轮船公司。在此期间，近海航线（由中国到南洋、日本等地）至少出现了中日轮船公司、东方暗轮煤船公司、唐商人火船公司、中国轮船和拉布安煤炭有限公司等 4 家。远洋和近海航线共有 8 家轮船公司，这种现象是空前的。但就轮船运输力量而言，这还不是外国商人在中国的轮运势力的主力。对中国经济具有最现实影响的是中国洋行创办的以中国土货贩运为主的轮船公司。最早的一家就是 1862 年在上海创办的旗昌轮船公司。资本 100 万两②。总起来说，上海的洋行商人创办轮船公司的活动大致是 1861 年开始的，虽然在此以前就有人不断地酝酿。当时上海的《北华捷报》就曾叫嚷："组织轮船公司是开放长江水道发展贸易最实际有效的方法。"③ 号召洋商赶快

---

① NCH，1862. 6. 28.

② Ibid.，1862. 3. 29.

③ Ibid.，1861. 1. 19.

开展活动。在上面提到的从上海出发到汉口的那支规模庞大的远征队回来以后，上海的洋行商人就开始筹集资本，组织轮船公司。当然，航运的利润是非常优厚的。有材料记载说，由上海到汉口，来回一次就够一条轮船的成本。因为当时太平天国的战争还在进行，中国的木船没有活动的余地，所以运费非常之高，一吨货是25两，一张客票是75两[1]。在这样优厚的利润的吸引下，不仅是英美商人，而且在上海的洋行，甚至几乎所有的二流洋行（不必说第一流的大洋行了）都自备轮船开始经营长江同沿海航线[2]。1862年创办的旗昌轮船公司，到1866年时所控制的货运量占长江航线全部货运量的1/3—1/2[3]。由此可见，旗昌轮船公司这时已在长江航线上奠定了垄断的基础。为了维持垄断的利益，旗昌很快就跟其他的公司主要是琼记、宝顺、怡和，不止一次地签订协议，其内容就是不许第三者参加，维持高水平运费，实际上就是共同垄断中国的江海航线。譬如，旗昌曾与宝顺、怡和签订的一个协议规定：宝顺、怡和10年之内不在长江航线行轮，也不经管代理业务，旗昌则不在华南沿海航线行轮（上海至宁波线除外）。换句话说就是，长江航线归旗昌，华南航线归怡和。但旗昌必须在长江的沪汉线上提供足够吨位以满足上海洋行的需要。两家洋行就这样分割了中国江海航线的权益[4]。在华南方面，广东、香港地区的航线，1861年前后曾出现一家德忌利士轮船公司。1865年又出现一家省港澳轮船公司，资本75万元，规模相当庞大，主要创办者就是琼记、怡和等香港、广州一带的大洋行。引

①　《徐愚斋自叙年谱》，第9页。

②　NCH，1877.3.29.

③　K. C. Liu, Ibid, p. 55.

④　North China Daily News，1867.2.20.

人注意的是，以广东内河沿海航线为主的省港澳轮船公司，同垄断长江航线的旗昌轮船公司相距千里，二者竟也达成协议。主要内容是，旗昌不行驶广东内河航线，省港澳不开行长江航线，这显然是在轮运方面划分势力范围①。到1867年，又成立了一家小公司——公正轮船公司，"专行长江航线"，"欲与旗昌抗衡"②。在北方，上海到天津航线上原有一家上海天津轮船公司，但存在的时间很短，没有起多大作用。后来又有惇华、惇裕两家轮船公司。惇华很快就垮台了，它垮台以后又出现一家北清轮船公司。不久，垄断长江航运的旗昌把势力又伸向华北航线，同北清轮船公司达成协议。内容主要是：上海至天津间的航运价格每吨不低于10两，维持高运价③。19世纪60年代，不过10年光景，远洋近海航线出现了8家轮船公司，江海内河航线专业轮船公司出现了5家。实际上，在沿海长江航线上，外国营运的轮船不少于50艘。应该看到，对整个侵略势力的扩张而言，洋行商人扩大在华轮船航运业务的意义并不限于轮船本身。经营轮船固然确实获得了大量的利润，并且扩大了洋行业务的范围和基础，但是它的更重要的意义却是轮船运输体系的建立。很明显，轮船运输体系的建立标志着帝国主义对华经济侵略进入了新阶段，也意味着洋行势力对中国经济的流通环节的控制，使它有可能在19世纪末期由控制中国的流通领域扩大到生产领域。

　　为什么说是轮船运输体系的建立呢？因为要发展轮船运输，必然要有相应的船舶修造、仓栈码头、保险和银行配套。在办轮船公司的同时，必须要开展上述业务，"成龙配套"。

---

①　North China Daily News，1867.2.25.

②　《新报》，1877年3月28日。

③　American Neptune，1957.10；North China Daily News，1868.8.18.

　　第一次鸦片战争以后，随着侵略势力由香港向上海推移，沿途外商船只所进出的厦门、福州和上海都曾先后出现了修造船只的船厂和船坞。香港和上海是外商船舶贸易的两个活动中心，外商船舶修造发展得特别迅速，一直到后来，还是外商船舶修造的两个重要基地。例如香港，外商船舶修造起初主要集中在黄埔地区，后来又转移到香港。60 年代出现船厂、船坞有 12 家之多，专业轮船公司（没挂轮船公司牌号的洋行轮船还不在内）有 13家。香港的厂坞发展得比黄埔要快，著名的如于仁船坞、香港黄埔船坞规模最大，设备也最齐全，而且是机器生产。上海也一样，发展速度比香港、黄埔有过之而无不及。1861 年，原来的"连那士虹口船坞"分出了一个陆家嘴角船坞，1863 年有浦东船坞，接着还有祥生船厂和耶松船厂出现，香港的"痕记"也在上海开设了分号。船舶修造是工业部门，它之所以发展得这么快，是为了适应外国轮运势力在中国的扩张，首先是保证外商轮运的正常运行。从这个意义上说，船舶修造同其他生产制造业部门还有所不同，它实际上是外商轮运业的后勤。

　　仓栈码头不仅跟轮船运输同步发展，而且规模越来越大，到后来有的专业轮船公司已有自己的仓栈码头，甚至后来还有专业的仓栈码头。光上海就有几十家之多，什么大英码头、琼记码头、惇裕码头、万昌码头、怡和码头[1]。立德成码头占地 50 亩，临河地段 1200 英尺，直码头就有 3 处[2]，它的上煤能力较强，5 个小时可上 100 吨[3]，虽然不能跟现在的机械化相比，但当时主要是靠人力，仅辅以一些机器，所以很受到注意。以上情况表明了当时

①　North China Daily News，1872. 4. 17.

②　Ibid. ，1867. 2. 19.

③　North China Daily News，1866. 1. 9.

仓栈码头发展的规模水平。

在资本主义经济体系里面，保险与航运历来如影之随形——哪里有轮船，哪里就得有保险。一般来说，保险的作用主要在于抵消因海损事故造成的船舶的损失，从而保证船运贸易的正常经营。洋商保险同时是它扩张自己在中国的轮运势力、控制华商货运的一个有力手段，这是半殖民地国家所特有的。船商揽载货运的一个条件是要取得保险公司的承保，没有取得保险公司承保的货物不能运，没有取得保险公司承保的船舶不能装货。保险同船运的关系是非常密切的，恰恰在这一点上，中国的船商和货商就受外商的控制：外商的保险公司不给中国货保险，就没有外商船装运中国货；不给中国船保险，就没有货给中国船装运。这是双重的控制。而这些保险行就是这些外国洋行商人办的，他们既办轮船公司，又办保险公司。所以，保险不仅是外商扩张轮运势力的手段，也是控制华商货运的手段。1864 年，《泰晤士报》曾公开鼓动："为 1/3 的人类开办保险业务的任务，已经摆在去中国的冒险家的面前。"[1] 比如怡和洋行，就在开展保险业务方面特别卖劲。60 年代初，考虑到英国在中国开展船运贸易的需要，怡和的老板就认为保险、银行同船运一样已发展成为怡和的至关重要的职能部门。单靠它所属的谏当保险行当然不够用了，因此，短短几年之内，怡和洋行一家就揽了 8 家保险公司的保险业务[2]。美商洋行开始代理美国保险公司的业务，旗昌洋行就在创办旗昌轮船公司的同时，以 40 万两的资本创办了一家扬子保险公司，专门为旗昌的船货保险[3]。从 1863 年开始，上海就相继出现了保家行、

①　NCH，1864.11.26.

②　E. Le Fevour, Ibid, pp.136—137.

③　Impressions of Hongkong, Shanghai and Other Treaty Ports of China, p. 450.

保安行、宝裕行、华商保安公司等专业保险公司。1875年上海英国领事的报告里曾把原来的谏当、于仁、扬子以及上述4家一共7家的资本做了统计，计为75万镑，按当时汇价折算，大约折合白银200万两①。这只是上海一地（香港还有很多）。尽管这个数字是偏低的，就以他们估计的200万两计，还有上海的旗昌轮船公司的资本为100万两，上海的公正轮船公司为17万两，广东的省港澳轮船公司为75万两，北清轮船公司为32万两，轮船、保险这两个行业在19世纪60年代的投资就不下500万两，如果再把银行、仓栈码头都统计在内，大致该在1000万两以上。

　　银行跟轮船虽然没有直接关系，但跟贸易的关系非常密切，跟轮船也就有了间接关系。在19世纪60年代，银行也同样有大的发展，这里就不详细介绍了。

　　由上可知，这些新出现的轮船公司很多都是由老牌洋行直接投资的，不仅资本数量大，并且都是以行业的面目出现的。比如，保险已经形成一个行业，不是个别的保险行了，仓栈码头也已形成了行业。当然，轮船更是一个行业，远不是个别轮船公司了。正是围绕着外商轮船贸易而出现的保险、仓栈码头、银行、船舶修造等等，形成了外商轮船运输的体系。

　　在这里，有必要提一提轮船作为新式运输工具在中国封建社会内部引起的反应。利用轮船运货，第一次鸦片战争以前20年已经开始，到19世纪60年代便已广泛展开。然而在客运业务方面，尚需一个逐步展开的过程。当时，某清政府官员乘坐轮船，社会上竟然"吓得要死"。但是，轮船运输显示出了快速、安全、经济等优越性能，因而不仅商人利用轮船者"趋之若鹜"，"潮流如斯，

---

① British Consular Report, 1875, Shanghai, p. 34.

势难禁阻"①，连封建社会内部对轮船有某些"偏见"的那部分人也开始动摇起来②。几年之间便发生了"显著变化"，官员、文人们乘坐轮船已属"常见之事"③。旗昌轮船公司的档案里有清楚的记载，它的客票收入在运费收入中的比重有显著的增加，而乘客主要是中国人。总之，洋行势力的扩张，新式工具的引进及迅速推广，在封建社会里必然会引起各种各样今天看来很难理解的反应。

我们认为，中国的买办资产阶级就是在第二次鸦片战争后在华洋行势力大扩张的历史阶段里产生的。研究买办资产阶级的产生，首先应该研究洋行势力的扩张。

二　关于买办与买办资产阶级问题

对于买办的性质，学术界的意见并不一致。我们认为买办是侵略扩张的产物。我们在考虑这个问题时并没有忽视买办的中介作用、中介职能。但就其性质而言，我们认为它是侵略的产物，就是说，没有侵略就没有半殖民地的买办。对于买办资产阶级，我们认为它是半殖民地半封建社会所特有的一个阶级，是侵入中国的外来资本主义势力同中国封建势力相结合的产物。

第一次鸦片战争以后，买办起了质的变化，这一点大家意见比较一致。在公行时期，买办是公行制度下仆役性质的人物，他们要按照清政府的法令，向外国商人、向洋行提供他们按法令规定应该提供的各种劳务。但到第一次鸦片战争以后，情况发生了

---

① 班思德：《最近百年中国对外贸易史》，第144—145页。

② Trade Report, 1865, Appendix, p. 136.

③ Trade Report, 1866, Shanghai, pp. 11—12.

变化。首先，外商可以根据条约规定自由选择买办[1]，从这时起，买办已经脱离了清政府的控制，完全落入洋行的控制之中。买办受雇于洋行乃是一个前提，掌握了这个前提，对于买办的性质、买办的活动就比较容易理解了。由于外商有权自由雇佣买办，当然也可以自由解雇他们。受雇于外商的买办，在开始的时候，向洋行雇主提供合同范围之内的劳务，诸如管理行务等许多具体事务，但很快，买办的职能就超出了原来管理行内琐务的范围，开始承担洋行扩张过程中的各种业务了。比如40年代，就有买办接受洋东委派，到内地为洋商推销鸦片，收购丝、茶[2]。这显然已超出了当初买办承担的行内琐务的责任范围。意味着买办开始具有独当一面的职能，买办与洋东的关系已不单纯是受雇关系，而是已深受洋东的信任，否则洋东也不会派买办携带现款深入内地去活动。甚至于早在19世纪40年代，买办已经在金融上与洋东相互依赖，至少在50年代已有资料证明，洋东身上可以不带钱，而带买办的支票[3]。这对于说明买办势力的扩张、买办资力的膨胀是很重要的一点。

与此相关的是买办的商业活动。买办既然向洋东承担这些商业上的任务，连带而来的就会开展一些自己的商业活动。当然，也有些洋行对买办的活动并不很放心，还加有一些限制。作为一个洋行的雇员，买办怎么可能有自己的商业活动呢？事实证明，买办的商业活动同洋行的业务是利害攸关的。洋东既不可能限制，也不必要限制。所以到19世纪50年代，特别是60年代，很多买

---

① 参见《望厦条约》第八条，《五口通商章程》第一条、第二条。外商"可得自由雇用领港人、仆役、买办、通译、驳船及水手等而不受干涉"。

② J. Scarth, Twelve Years in China, p. 110.

③ North China Daily News, 1866.11.28.

办既是洋行的雇员，又是独立的商人。这对于我们考虑买办资产阶级的发生是不可忽视的问题。这方面资料比较多，比如怡和洋行的大买办杨坊（杨泰记）本人的资财就很大，他在19世纪40年代后期就自有一家"泰记钱庄"，他既是怡和的买办，又是泰记的主东。又如宝顺洋行的买办徐润，他自己的商业就更多了，恐怕不下几十家（地产、钱庄等）。徐润既是洋行雇员，又是独立商人，他在为洋行做生意的同时，也为自己做生意：洋行所买的，也就是他所卖的；洋行所卖的，也就是他所买的。因此，他的"独立"商号，实际上也就变成了洋行的外庄。甚至也有些买办的字号向洋行包购包销，当然这是比较后期的情况。所以，有些洋行可以不要多少资本，就能做大量的生意。

为什么外商要依靠买办去活动呢？原因很复杂。比如，洋行商人一般对于中国市场情况不够熟悉，语言方面也有障碍，等等。但我们认为最重要的是，在早期，外国商人虽然凭借不平等条约控制了通商口岸，但却不能深入内地，而且即使在口岸，也不太容易有很大的作用。这是因为，首先，中国有各种排他性的行会，使得外商难以同当地商人直接接触；其次，外商想向内地渗透，会遭到中国老百姓的反抗。而在这种情况下，买办却有自己特有的便利条件：他们不仅了解当地市场的情况，通晓当地的方言，而且也了解外商贸易的习惯和贸易的情况，确有条件起中介的作用，因此外商非借助于买办之力不可。实际上，买办坑骗洋东钱财之事也是有的，洋东自己学习中国语言、熟悉中国风俗习惯也非罕见，何以洋商不亲自出马呢？因为洋商自己永远无法起到与买办同样的作用。很多买办根本不懂外语这一事实表明，洋商并不是希望买办用语言文字来为他起中介作用的（当然也有些买办精通外语，比如怡和洋行的买办唐廷枢，其外语水平连外国人都很佩服）。到后来（19世纪后期）买办不懂外国语言文字，就更多了。

由买办进行活动还有一个优越条件，就是便于同中国官府保持联系，因为外商开展活动不得不同中国官府取得直接或间接的联系。比如第一次鸦片战争以后，上海成了走私鸦片的中心，外商走私的鸦片有很大一部分是通过运漕粮的船只散发的，因而不可能不跟有关漕运的地方官府相勾结。在外商的走私活动中，有的是官府直接参加的，有的是官府明知不问，装看不见。因此，买办另一个重要职能就是跟官府打交道。

总起来说，19世纪60年代以前，一个洋行买办往往需要具备以下条件：了解市场行情，懂得外语，有商业活动能力，有同清政府打交道的能力。这就很清楚了，从买办的职能活动来看，他既要承接洋东委派的任务，又要同清政府打交道，还要在市场商业上有活动，简直就是买办资产阶级的缩影，买办所具备的这些特点，买办资产阶级也都具备。所以，研究买办阶级的时候，可以先从买办的职能着手，先比较深入地分析一下第一次鸦片战争以后买办职能的发展变化，由此来看买办制度的形成。

买办制度同买办的职能当然是密不可分的。比如说买办的职能若仅限于洋行行内琐务管理，那么买办同洋东所订的合同就比较简单。但后来买办有独立的商业活动了，甚至有独立的商业字号了，于是问题就比较复杂了。到后来在合同里就有这种情况：由于买办的活动范围很广，每年经手几百万两银子的生意，大出大入，本来做买办只需要有人保，后来就需要还有铺保，甚至于有的洋行不需要买办履行什么条款，只要交保金就行[①]。洋商可以利用这笔保金作为资本，即洋东用买办的钱打着洋行的名义去做

① North China Daily News，1868.1.21；《办理洋商务案》，第24册，同治十一年津海关道署刊刻，第24页。

生意。所以到 19 世纪后期，我们认为已经发展到洋行同买办的关系与其说是什么"雇佣关系"，不如说是"合作关系"更贴切的阶段，因为他们之间不仅有包购包销，还有资本合作①。这也引出另外一些表面看来很奇特的现象：洋行很多，但其中不少并不是洋商开设的，而是买办利用洋商的牌号做生意。

买办具备外商所不具备的与地方、官府的联系等等条件，所有这些，在 19 世纪 60 年代第二代洋行产生后，就成为买办同洋行更紧密的结合的基础。前面讲过，此时洋行已形成各个不同的行业，如轮船运输、保险、仓栈码头等等，洋行势力得到迅速扩张。而买办与洋行势力的扩张是同步的，凡是有洋行的地方，必然就有买办。随着第二代洋行的建立和势力的扩张，买办的力量也在膨胀，不仅人数增多，更重要的是影响越来越大。人数增多是显而易见的，每条轮船都有一个买办，大的洋行如宝顺洋行等，在中国都有自己的买办班子。又如琼记洋行在香港的行员只有 8 人，而"买办间"即后来称为华经理账房者达 20 人②，洋行业务的开展主要靠买办。买办为何会有这么大的力量呢？也不是靠买办本身。大洋行的买办除自己有字号外，每个人都要联系大量的内地华商。资料记载，有一个大买办，与他建立业务联系的华商不少于 100 家。一个洋行在十几二十个口岸都有分行，各分行的买办又都联系一大批本地商人，这就很可观了。曾有资料记载，一个买办为一家洋行经手几百万两的生意；怡和洋行的一个买办 3 年之间为洋行做了 1000 万两的丝茶生意③。

---

① 见拙著《中国买办资产阶级的发生》，中国社会科学出版社 1979 年版，第 108—113 页。

② Yen—Ping Hao, The Compradore in Nineteenth Century China，p. 24.

③ North China Daily News，1867. 3. 22.

从这些方面来看，在第一次鸦片战争以后，说买办是侵略的产物应该是适宜的。如果我们承认洋行是以特权在半殖民地的中国进行掠夺的侵略者，那么我们就不能不承认买办是侵略的产物，这在逻辑上是完全说得通的。不这样看问题，很多问题就不好解释，也会丧失组织、驾驭庞杂资料的能力，既然凡有洋行的地方就必有买办，那么就不能把洋行和买办分开，不能说洋行在中国进行暴力掠夺，而买办却在一旁睡大觉。

有人对买办资本的积累作了估计，我不大敢作这种估计。我认为买办资金的积累在洋行势力扩张、买办活动膨胀的情况下是很难估计的。譬如说，旗昌洋行对于它所属的华商的投资是绝对保密的。而买办商人对洋行投资的多少虽有些数字可查，但都肯定低于实际数字。买办业务中钱财货物大出大入，很难相信买办们就那么老实，向其洋东老板实报实销。60年代轮船航运利润丰厚，不少买办自己买有轮船，有的甚至多达七、八艘，都挂洋旗经营，这种收入也不好估计。一个买办原来只有几千两，过上几年，变成10万两了，其实这还只是小焉者，像徐润这样的大买办，光上海房租的收入每月就成千上万两。不难想象，在短短一二十年内，买办力量膨胀得这样厉害，发展得这样迅速，他们在社会上的作用显然不仅是个人的作用。这些买办既投资于洋行，也投资于华商的行号，同时又打入行会，如上海的丝茶行会，有些大买办已经当上了行会公所的董事了[①]。行会组织原来是有排他性的，目的在于保护华商自己的权益，但买办进去之后，他的活动本是与洋商结合起来的，他所在的行号限制不住他的活动。再有，外商洋行既然建立了轮船运输的体系，当然不可能跟买办势力脱离关系。例如牛庄是东北大豆贩运中心，原由沙船承运，

① 见《徐愚斋自叙年谱》。

1861 年开埠后，洋行势力打入牛庄，牛庄的豆石贸易也开始为洋商所夺。1862 年进口外船 86 条，1865 年增加到 274 条，而其中外商自己用来运货的只有 31 条，其他都是买办商人用来运货的[①]。别的口岸亦大致如此。我们说的买办不一定都是在职买办，有的是卸职买办，还有的是经常跟外商合伙贩运的、与买办有资本、业务联系的买办化的商人。可见，在洋行和买办势力扩张的年代里，中国经济的流通环节已经开始落入了洋行手中，这里买办所起的作用是很大的。这就是商品流通渠道的买办化。从外商企业和华商企业中买办资本活动的情况来看，它的势力通过大批买办华商已经深入到流通领域的各个环节了。外商的轮船、仓栈码头、保险、船舶修造以及银行，固然是为洋商推销洋货、收购土货服务的，但这些企业中几乎没有不存在买办资本的。换言之，洋商势力所及之处，买办势力都打进去了。在棉纺织品、丝、茶、鸦片这几项业务的活动中，买办商人出于安全的需要，也出于逃避繁重捐税的需要，一般采取两种方式：一种是挂外国旗子，打着外国的名义活动，以至于外国国旗的价格昂贵，当时光买一面外国旗子，就是 50 两到 200 两。有资料表明，1873 年从上海开出去的中国船，仅挂英国旗的就有 68 条[②]。因为花点钱买一面英国旗挂上就可以逃税，可以干非法的事情，可以获取超额利润。另一个方式就是请外商出面去报关纳税。有几句话概括这些现象说："华商避捐，因托洋行，洋行图利，愿为代报。"[③] 所以上海的中国船大多同外商贸易。可见商业领域里半殖民化之趋势。当时情况也确实是：中国船遇关纳税，遇卡抽厘，而打着外国旗号就一帆

① British Consular Report, 1865, New Chang, pp. 10—13.

② NCH, 1873. 3. 27.

③ 《海防档》，甲，购买船炮（三），第 809 页。

风顺。镇江进口的棉布贸易额连年不断地以成倍的速度增长，据统计，1867 年比 1866 年增长了 4 倍，1868 年又比 1867 年增长了 3 倍①。之所以能以这种速度增长，是因为利用子口税单，利用外商的特惠。

上述内容就是 19 世纪 60 年代买办和买办资本扩张的情况。

买办同封建势力保持着千丝万缕的联系，这是另一个值得注意的问题。买办同封建势力之间存在着相互作用、相互支持的关系，买办要开展活动不能不利用封建社会的力量。这种现象越发展越普遍。这里需要注意官僚和买办相互转化的问题。买办需要利用封建势力，封建势力在半殖民地的中国也必须要利用买办势力，在政治、军事、经济方面都是如此。我们说一些官僚是买办化官僚，那主要是从政治上、军事上说他们勾结外国势力。在那个社会里，除非不在口岸当官，当了官必然同外国势力打交道，不应轻易给官员戴上买办的帽子，不能简单化，要具体人物具体分析。最近有人说刘鸿生是爱国资本家，还有人认为虞洽卿在早期是有爱国行动的，这方面学术界很活跃。在早期，就一个阶级而言（不是就个别人而言），还很难得出买办官僚化或官僚买办化了的结论，但买办与封建势力之间互相利用的现象很早就存在的。拙著《中国买办资产阶级的发生》里有一节"洋行买办势力向封建政治舞台的渗透"，这里只是说渗透，还谈不上买办在封建政治舞台上起什么主导作用，和后来买办登上政治舞台是有一些区别的。然而，却已为后来买办势力的发展和膨胀创造了条件。

关于洋行势力和买办势力的扩张，在买办资产阶级发生的年代里对封建社会所起的冲击作用这个问题，恐怕在学术界分歧就更大了。洋务运动初期，洋行和买办势力的扩张对封建社会的影

---

① 见班思德：《最近百年中国对外贸易史》，第 108 页。

响很大，外国轮船势力的扩张首先冲击了中国的木船业，而木船业的衰败首先影响到清政府的漕运。这在清政府内引起很大的反响。1861年曾国藩就说过："不过一二年，火轮必为中外官民通行之物。"① 他不仅看出轮船非发展不可的趋势，而且已经开始行动了，1859年，曾国藩就买了一条"威林密号"②。1860年，李鸿章也买了一条"飞来福号"③。曾国藩、李鸿章通过杨坊、吴煦等人购买的轮船先后达17艘之多④。有资料表明，江苏省当局和两江总督1866年分别拥有5艘轮船，全部由外国人驾驶⑤。外国轮船垄断了中国的江海航线。中国的轮船招商局1873年1月才挂牌，但中国封建官僚买外国轮船要早得多。另外，商人买轮船也不在少数，挂洋旗或利用外商行号名义经营的就更多。在这种情况下，中国却没有一家轮船公司企业。前面讲过，19世纪60年代，外商远洋轮船公司有8家，江海轮船公司有5家，而中国连一家也没有。官方资料对这个问题不是没有反映，比如《海防档》就曾记述说："中外商民，聚居已久，交际颇深"，"自相授受，不肯经官"，"骗捐取利"的现象及华商大量附股外商轮船公司的诡诈行为十分严重⑥。买办资本这么雄厚，官方又大量买轮船，商人也买轮船，但都只愿把资本投在外商轮船公司，自己却没有建立轮船公司，这不是很奇怪吗？当时已有人注意到这个问题。从1864年，清政府就开始调查、研究，看究竟怎么办。对这些华商

---

① 《海防档》，甲，购买船炮（三），第20页。

② 见《海防档》，购买船炮大事年表，同治元年三月。

③ 见同治二年十月七日《上海新报》。

④ 见《吴煦档案中的太平天国史料选辑》，第132页。

⑤ 见 Trade Report, 1866, Shanghai, pp. 13—19。

⑥ 见同治三年九月初六致上海通商大臣李鸿章函，《海防档》，丙，机器局，第1册，第3页。

要完全加以限制，既不必要也不可能。李鸿章曾设想派中国水手到外国轮船去，"就洋人微窥用炭用水之秘"，"潜探底蕴"①。他的这种企图透露出洋务派制造轮船、利用轮船的意图由来已久。不仅如此，李鸿章在上海设立江南制造局造船的同时，对华商购买洋船不是单纯地管束和限制，而是在管理中强调鼓励和奖掖。在他推荐的丁日昌"密禀"中就明确提出："准中国绅商收买轮船、夹板，以裕财源，而资调遣。"② 从当时来说，这种主张是适应当时"势难禁阻"的华商利用轮船的潮流的。这与另一种只着眼于防范、稽查和控制的主张显然不同，但洋务派代表人物李鸿章的这一主张并未得到贯彻。镇压了太平天国革命以后，洋务派在从"自强"到"求富"，从军事工业转向民用工业长期酝酿的过程中，无论是对华商购置轮船还是洋务派自办轮船的意图，其态度都非常隐晦、暧昧，不是那么明朗。这主要是洋务派同顽固派矛盾斗争激化的结果。洋务派想办新式的轮运，顽固派却坚决反对，两派之间壁垒森严、针锋相对。顽固派的声势使洋务派不得不顾忌，首先是因为掌握清政府重权的顽固派在政治上具有优势。1865年，慈禧太后曾一度撤了恭亲王奕訢的官职，这是洋务派的一个大挫折。曾国藩一次从谕旨上看到，担任军机大臣的奕訢名字前面没有按惯例加上"议政王"的头衔，十分紧张地说："若非生死大变，则必斥逐"，"此事关系重大，不胜悚惧。"③ 虽奕訢不久恢复原职，但风波并未平息。李鸿章当时也看到两派"嫌衅日深，恐波澜未已"④。在朝野压力下，洋务派不得不有所收敛。同时，

① 《海防档》，丙，机器局，第1册，第6页。
② 同上书，第5页。
③ 《曾文正公家书》，第10卷，第6页，同治四年三月初十作寄源浦。
④ 《李文忠公全书》，朋僚函稿，第7卷，第15—16页。

洋务派创办轮船公司的活动还得面对各种封建阻力的现实。根深蒂固的封建社会守旧努力，反对轮船的社会舆论，同中国人民反侵略的强烈情绪交织在一起，有时达到狂热的程度。激烈迸发的思想感情往往使人难辨资本主义侵略与新生事物的区别。一听说修筑铁路、电信就痛心疾首，群相阻拦，甚至达到看到洋人的机器就群情激愤的程度，看见有人坐轮船上内地，"官绅起而大哗，数年不息"①。

尽管朝野上下向洋务派施加压力不要轮船，但漕运还得用轮船。木船毁了，少了，不够了，不用轮船又有什么办法呢？于是这个问题又引起清政府内两派的斗争。起重要作用的是职掌漕运的户部，这是因为在漕运体系下面有一大批既得利益者不愿放弃木船运输。但经过两年酝酿之后，李鸿章、曾国藩等人又不能"坐视漕运之无策"，而户部态度此时亦有所松动，认为"除官买洋船济运外，每年能划分漕额数成招商承运"亦无不可。这表明在无可奈何之中，户部同洋务派关于官买洋船、"以商利佐官利之不足"的主张明显地接近了。因而洋务派一方面明令内地商人可以购买轮船，另一方面就着手修订《华商买用洋商火轮、夹板等项船只章程》以作为华商购买洋式船只的法律依据。这时曾国藩的态度也很明确，他说："以后凡有华商买造洋船，或租或雇无论火轮、夹板、装运出进江海各口，悉听自便。"② 可见，早期洋务派代表人物对于民族资本所表露出来的生机所持的态度，是不能完全否定的。同时，洋务派自己也提出官办轮船了。1867 年，曾国藩经过与总理衙门的咨商，提出了轮船招商的主张，并指出，

---

① 郭嵩焘：《养知书屋文集》，第 11 卷，第 3 页。

② 《海防档》，甲，购买船炮（三），第 870 页。

这个轮船招商并非"商办",而是"官办"①。由李鸿章的"由商买而推及官买",到曾国藩的"官办",显示了洋务派在创办轮运的道路上又前进了一步。接着江苏巡抚丁日昌到北京向朝廷面呈奏章,"欲广招华商购船,兼运西皖漕粮","楚皖等省,河运难复,恐均不得不酌改海运",因此他本有轮船分运(漕粮)之议。

洋务派的这些活动取得了一定成效。华商购买洋式船只章程公布后,容闳、许道身、吴南皋、赵立成等先后提出置办轮船的申请。人们似乎可以期望,在外国轮船公司垄断中国江海航线的情况下,终于出现了中国民族资本的轮运业的一线生机。洋务派自己创办轮运的意图也逐渐明朗起来。然而,正当洋务派踌躇满志之时,顽固派却又加紧了攻击。他们公开攻击洋务派是"求一技之末",攻击曾国藩"湘乡之讲求泰西技术实为祸端"②,一场喧嚣几年的漕粮河运、海运之争又重起风波。素以运河为漕务常法的户部仍坚持"力筹河运,以补中原之元气,而济海运之穷"③,态度也有了变化。这种沉重的政治压力,使洋务派对商办轮船的态度发生了180°的大转弯。曾国藩这时说,对官雇洋船运漕之事顾虑重重,"遽议创行,未免群议沸腾,不特无以服众人之心,并且无以钳众人之口"④。原来对商办轮船是"悉听自便",这时有几家申请办轮船公司的却均未获批准。所以,在这关键的几年里,中国民族轮运业的幼芽还没出土就被扼杀了。

上面的介绍无非是想说明:第一,在轮船招商局创办之前,即中国第一家轮运企业诞生之前,是有一个长期的酝酿过程的。

① 《海防档》,甲,购买船炮(三),第870页。
② 李慈铭:《越缦堂日记》,同治六年七月初三日。
③ 吕实强:《中国早期的轮船经营》,第166—167页。
④ 同上书,第171—172页。

第二，通过这个长期的酝酿过程，体现了洋务派同顽固派的区别。有人认为二者都是反动派，我们不同意这种看法，认为不能把洋务派同顽固派画等号。后期的洋务派确有勾结外国侵略者的情况，这里只是说从早期酝酿创办轮船的阶段来看，对洋务派不能完全否定，因为它有别于顽固派。它之所以没有成就，背后有很复杂的政治原因。招商局在挂牌之后的短短几年中还几经挫折。大买办商人唐廷枢、徐润等进入招商局后，也未尝不想把招商局办成一个资本主义性质的企业，但在一个半殖民地半封建的社会里，这是他们力所不能及的。

总的来说，对于买办资产阶级的发生，可以做如下概括：100多年以前，由于西方资本主义的入侵，在中国这个古老的封建社会内部发生了前所未有的深刻变化，一个自给自足的封闭社会变成了异邦分子可以任意践踏的"乐园"，一个独立自主的封建国家开始走上了半殖民地半封建的轨道。来自外部的巨大冲击力触动了这个社会的各个阶层，一批在政治上为侵略者张目的买办化官僚出现了（如吴煦），一大批在经济上为外国商人服务的买办商人，在口岸地区形成了自己的排他性领域。由于这种政治经济关系的演变，终于从统治阶级内部分化出一个以洋务运动为标志的洋务派，在买办商人势力迅速扩张的基础上，一个依附于中外反动统治者的买办资产阶级也在这块封建社会的土壤中破土出芽了。这就是买办资产阶级的产生。

买办是西方资产阶级按照自己的面貌，用恐怖的方法改造中国的产物，没有西方资产阶级的入侵，就不会有半殖民地的买办；而没有买办及由此发展起来的买办商人与买办资本，就不会有买办资产阶级。换言之，即买办资产阶级的发生有它的社会基础。买办是买办资产阶级借以发生的种子和胚胎，可以从买办职能的变化看出买办资产阶级的一些特点。经过不过二三十年的发展，原来仅仅是洋行仆役头目的买办爬上了独立商人或洋行代理人的地位，积累了买办资本，出现了庞大的买办队伍，形成了买办制度。以买办为社会基础的买办资产阶级的发生，它的依附侵略势力、勾结封建势力的某些基本特点，通过买办职能的发展变化集中地反映出来。这个新的社会阶级的发生，首先表现在它的经济地位上。买办阶级所拥有的雄厚的资本，一方面是在华外商企图网罗、利用的力量，没有买办的资本的支持，某些外商企业就无法创办，比如旗昌轮船公司70％以上的股本是买办所持有的；另一方面又是控制大批华商企业的手段，没有这一批受买办资本控制的华商企业的存在，外商企业就难以向内地扩张。在丝、茶、洋布、鸦片、轮船、钱庄、沙船等直接与外商贸易联系的行业和部门中，都迅速打入了买办资本。就是说，买办资本一方面打入了外商企业，另一方面又打入了华商企业。在强大的买办资本势力面前，这些行业或部门或者是接受买办资本的改造，以适应侵略者的需要，像钱庄；或者是遭到毁灭性的打击，逐步退出历史舞台，像木船业。包括若干封建性的同业公所组织即行会在内，大致都遭到同样的命运，一些原来具有阻抑外商势力扩张作用的公所，逐步纳入了买办商业活动的范围，如上海、汉口的丝茶公所。各口岸之间或各口岸与内地之间，买办的商业体系即商业流通渠道也已初步形成。就已有的经济地位来讲，这个买办资产阶级虽还不像后来那样发展得干大枝荣，但已是一个不可忽视的社会阶级了。

（《中国经济史论文集》，中国人民大学出版社1987年版）

论洋行买办的本质特征

——答日本学者宫田道昭兼与严中平先生商榷

　　自 1979 年拙著《中国买办资产阶级的发生》一书问世以来，国内外都有书评发表，日本刊物《近代中国》第 11 卷中的宫田道昭的书评，便是其中之一。书评中提到他曾在 1981 年的日刊《骏台史学》第 52 辑上发表《论清末的对外贸易商品的流通机构——以行会支配的流通为中心》一文，因不通日文，一直无缘拜读。1991 年春读到由上海社会科学院出版社出版的《中国近代经济史研究资料》第 10 辑上的汉译文，才得以对他的观点有了进一步的了解。对他提出的一些问题，先谈谈自己的看法。

一

　　宫田先生在文章中就中国半殖民地的性质提出一些正确命题：鸦片战争后"中国人的经济逐渐卷入资本主义世界市场"，这是"历史的必然"，作为半殖民地"经济结构的依附性"，"就是要把中国市场变成对西方国家服务的原料、粮食的供应地和资本主义商品的销售市场。同时它又引起另一个动向——把从来在国内相互进行的商品流通切断，改组传统的市场结构"。这正是我们研究买办，买办资产阶级及买办商业高利贷剥削网等问题所有的共识。在商品贸易方面，洋行商人面对中国封建社会所固有的各种阻力，也只能利用、依赖买办商人"切断"原有的商品流通渠道，"改组传统市场结构"，代之以洋行、买办控制的"商业高利贷剥削网"，扩大对中国的商品侵略，然而宫田书评中的观点正好相反。他认为这个"网"的垄断，"阻碍了外国贸易的发展"。这自然首先涉及到对买办的看法。

有关买办问题的阐述，宫田的概念是相当混乱的。他对买办所下的定义是："贸易买办属于洋行，全面承包洋行的生意。……具有这种功能的中国商人叫做买办。"这个定义至少是极不完整的。哪里有不受雇于洋行的买办呢？买办应该是一个历史的概念。买办职能活动的扩大与洋行势力的扩张是一个同步发展的过程。单单用"全面承包洋行生意"这一点远未概括买办的本质特征。说承办洋行生意的买办"始终只是靠外国商人的资金来进行交易的中间人，同商品所有权本身无关"，是又一个离奇的观点。自己没有资金的买办只能中介生意，岂能"全面承包洋行生意"？作为独立商人，买办承包洋行生意，岂能同商品所有权无关？这同我们所理解的买办，不说"根本不同"，却也大异其趣。或许就是出于这个根本不同的理解，才导致买办商业高利贷剥削网对外商贸易是有利还是有碍的不同结论。或许也是由于对买办职能活动性质的不同理解，宫田才把英国领事报告中多次出现的"贸易落入华商手中"这一概念转换为"中国商人的优势的"。19世纪60年代热衷于越过买办的中介直接同内地华商交往的外商一再发出外商仍需依赖买办、买办已不需依赖外商的抱怨。① 仿佛洋行与买办的主仆关系已经颠倒，外商已经变成买办的附庸，果真如此，

---

① North China Herald, 1862. 3. 22; 1865. 9. 18; 1867. 9. 28.

岂不同前面所说的"中国经济结构的依附性"这一命题背道而驰了。

所谓"中国商人的优势"，宫田是说华商行会（公所）垄断、"联合"相对于"任意竞争"的外商的"优势"。一句话，外商不敌华商。华商行会一般是以排除同业竞争、维护同业利益为宗旨、凌驾于商人之上的封建性垄断组织。货源与价格、商品运送方式、报税办法等等都在公所职掌之内。① 虽然公所权势主要是在华商内部具有约束力，但就其性质讲，它同洋行及其代理人买办之间必然存在各种矛盾。例如当中外商人发生纠葛，为维护同业利益，华商"计无所出"、"无处伸理"，而由公所出头交涉，直至号召罢买罢卖，以抵制外商的横暴行为。当然也曾有过限制华商不得任意同外商的接触的规定。

然而大致始于19世纪60年代，情况逐渐发生变化。行会同外商的矛盾包含着旧式华商同买办商人的矛盾。在半殖民地的社会中，旧式华商排除依仗外商特权的买办商人固然势所不能，甚至独立于买办商人之外都是困难的。清一色由旧式华商掌握的公所事实上很难维持。特别是同外商贸易关系密切的同业公所，诸如洋布、丝茶、鸦片等公所，一些买办巨商均已大权在握，位居要津。这样，买办商人于外商特权及包税特权之外，还可控制、利用行会的权势扩大自己的商业活动。

顺便指出，面对华商"联合"、公所垄断的洋行商人也并非一盘散沙。洋行何尝没有垄断。19世纪后期各大洋行都分别建立了自己的资本体系。除银行资本以外，包括仓栈、码头、保险在内的庞大的轮船运输体系在很大程度上控制了中国各口间商业流通命脉。而且在扩大交叉投资活动中，洋行在各口岸的资本垄断集

---

① British Consular Report, 1869, Canton, p. 42.

团也已形成，各口的外商商会均在其控制之中。在其本国也成立了各种"协会"组织。当然，洋行之间存在竞争也是事实。但竞争产生垄断，垄断又复加剧竞争，这是资本主义经济进程的规律。在这种情况下，单单强调华商行会"联合"的作用，就未免失之片面了。

问题的关键还在于外商贸易究竟是怎样进行的。宫田似乎并不否认买办商业网的存在，他也看到内地活动的广东商人大半是买办商人，然而他却不曾深入探讨买办商业网的运行机制及其作用，而仅提出个别口岸"行会控制价格"问题，从而导致他得出一个不符合历史实际的结论：即华洋竞争中华商占有"优势"。限于篇幅，这里仅就买办商业网的运行机制及其作用简略谈谈自己的看法。

在这个买办商业网络中，正如买办向洋行包销一样，内地商人也可向买办包销，或者通过买办直接向洋行包销。自口岸到内地、自买办商人到内地商人之间通行的贸易方式是进口贸易中的"赊销"与出口贸易中的"预约定购"，实际都是以高利贷为手段形成的强制性信用关系。以华茶贸易为例，贷款大半出自外资银行、洋行乃至买办，经由茶栈、茶庄直至茶农，层层转贷，利率则逐层提高，以贷款预约订购，不仅保证出口商的货源（外商已无需派人深入内地），且亦能利用利率来操纵市场和控制价格。一般说，贷款利率之高低与期限之长短可以直接影响市场之荣枯盛衰。利率上升，办茶华商利息负担加重，故办茶者少，生产者及内地茶贩不得不降低价格求售，外商于是乘机压价，利率下降又会引起办茶者抢购竞买，多运多贩，造成口岸茶叶积压，同样得降低价格求售。可见利率变动，对外商无往而不利。在订购契约及高利贷双重压力下，华商必然失去讲价能力。当商品运抵口岸以后，洋行商人"窥客情急"，就趁时"退盘、割价"，这就是所谓"跪买跪卖"。① 借助于轮船电讯的便利，各口洋行常彼此保持"默契"，即"此一家未能买成，另一家绝不再购买"。② 在这种情况下，华商固无"优势"可言，即使公所作出价格规定，亦难发挥作用。因为决定市场价格的因素，主要还是商品的供求数量。至于外商的"过剩贸易"（指"过度进货"），与其说是外商竞争的结果，不如说是洋行投机所致。其实上述问题拙书均曾论及。大概由于宫田所说拙书"难读"而没有"卒读"的缘故，在买办网的形成过程中买办职能扩大的作用这一问题未能引起他的重视，因之买办网的意义与性质也随之难以正确估量。

二

但是，宫田毕竟提出一个有意义的问题，即划分买办或买办资产阶级的标准问题。对此，过去未曾刻意琢磨，问题难度很大，确实应该认真研究。在这里，严中平主编的《中国近代经济史，1840—1895》（以下简称《严书》），给我们提供一个借鉴。书中有两节（第一章第十节，第四章第四节）论述了买办问题。其中一节是专门论述买办标准的。但对《严书》的论证，笔者也有不同看法。这里顺便与《严书》作者进行探讨商榷。

《严书》论证的基础是列宁关于阶级的定义："所谓阶级就是这样一些集团，这些集团在历史上一定社会生产关系中所处的地位不同，对生产资料的关系（这种关系大部分是在法律上明文规定了的）不同，在社会劳动组织中所起的作用不同，因而领得自己所支配的那分社会财富的方式与多寡也不同。所谓阶级，就是

---

① 《申报》，光绪七年三月初七（1881 年 4 月 5 日）。

② London and China Express，1882. 9. 1.

这样一些集团，由于他们在一定社会经济结构中所处的地位不同，其中一个集团能够占有另一集团的劳动。①"

为了直接利用列宁的阶级定义作为划分买办及买办资产阶级的标准，《严书》下了一番诠释功夫。首先把社会上一些集团在一定社会生产体系中所处的地位及对生产资料的关系这一点诠释为买办资产阶级在中国的社会经济结构中和外国资产阶级结成直接的人身雇佣关系或直接的资本合作关系；他们处在投靠、勾结和支持外国资产阶级入侵中国的帮凶者"地位"。其二把在社会劳动组织中所起的作用这一点，诠释为在外国资产阶级的操纵、指使和庇护之下，发挥为外国资产阶级压迫和剥削中国人民的"作用"。其三把领得自己所支配的那份社会财富的方式与多寡，诠释为通过为外国资产阶级积累资本的"方式"，以积累自己的资本。②

在这三点之中，如果我理解不错的话，似乎包含这样一些含义：一是与外国资产阶级结成直接的人身雇佣关系或直接的资本合作关系这两个条件（或两个标准）不分主次，而是并列；二是这三点之中最强调的是第三点，即"通过为外国资产阶级积累资本的方式以积累自己的资本"。《严书》认为："区别买办资本与买办化资本主要看是否结为盈亏与共的资本关系。"③只要符合这一点，例如附股于外商企业的华商资本，就"都是买办资本，他们之为人都是买办资产阶级分子，不管他们是否具有买办身份，都是一样"④。

我们认为，这样的解释在理论上未必准确；在实践中，用这

---

① 《列宁全集》，第 29 卷，第 382—383 页；亦见《严书》，第 368 页。

② 严中平主编：《中国近代经济史，1840—1895》（以下简称《严书》），第 368页。

③ 同上书，第 370 页。

④ 同上书，第 395 页。

样的标准来划分买办、买办化商人与买办资产阶级也难免有悖情理，还真地有可能"扩大化"。

列宁定义无疑是对人类阶级社会生产关系的总结与概括。照我们的理解与体会，定义中的第一点指的应是生产资料所有制方式。他所说的"地位"是指占有或不占有生产资料的"地位"，这是区别各个不同社会经济形态的主要标志。由于对生产资料占有的"地位"不同，在社会劳动组织中的"作用"、分配社会财富的"方式"与多寡也就跟着不同。在阶级社会中，人们在生产中的地位和相互关系、交换关系和产品分配关系都是由生产资料所有制形式决定的。或者说一定的生产资料所有制形式是通过一定的生产、交换和分配关系体现的。在这里，几种关系不能割裂，但明显有主次之分。列宁虽然没有直接论述划分买办、买办化商人及买办资产阶级的标准问题，但按照"定义"精神，似乎可以这样表述：与洋行有雇佣关系的买办、或是虽无买办名义，但已取得洋行代理人的地位（包括买办掮客），或者虽是卸任买办，但仍保有原来买办与洋行的业务、资本关系，继续为洋行效力，这类人物都能受到洋东及领事政治上的庇护，享有外商所享有的特权。他们在特定经济结构中同外国资产阶级占有相同的"地位"。这是具有决定性的一点，也是划分买办、买办化商人及买办资产阶级的主要标志。因为只有取得这个"地位"，买办的商业经营等活动才能迅速扩张，才有可能发挥中国人剥削中国人的"作用"，才能通过为外国资产阶级积累资本的"方式"，同时（《严书》用的"以"字还值得推敲）为自己积累资本。显然三个条件（标准）不是同一层次的问题。据此而论，那些以自己资本为外国资产阶级利用，同时也为自己积累资本的人，但不具备实质上同外国资产阶级占有相同"地位"这个条件，就更不能像《严书》那样视为买办资产阶级分子，只能视为买办化商人。所谓"资本合作关系"

是有特定历史含义的，不能一概而论。事实上"资本合作者"有些有买办身份，有些没有，具体情况自然需要具体分析。同样，主要是由买办资本开设的行号称为买办资本企业是对的；把附股于这种企业的非买办资本，也称之为买办资本，就未免失之过苛。因为这些附股者未必都能直接享受外国资产阶级特权及政治上的庇护，而在特定社会经济结构中，二者也没有相同的"地位"。附股于洋行者情况不一样，不能不加区别地把所有附股者都推到买办资产阶级分子行列中去。

《严书》在论证中多次提出列宁定义难以适用的"例外"。例如"并非所有这样为外国人侵势力服务的资本都是买办资本，其人都是买办资产阶级分子"。[①]"不能把曾经充当洋行买办的所有中国人都看成是外国侵略势力的帮凶。"[②] 这无异是说，即使符合列宁定义的，也有的是买办资产阶级分子，有的不是。甚至还提到："上述买办资本的本质特征，是根据 19 世纪后期的历史情况概括而成的，不一定适用于 20 世纪"[③]。读后令人感到茫然。其所以有这许多"例外"，恐怕都出自对列宁定义的理解上。

三

单靠经典作家的定义来规范错综复杂的历史现象并非易事，它终归有其限度。这种研究方法未必可取。买办究竟是什么人物，仍需从买办职能的发展变化说起。买办资产阶级的发生也是有一个过程的。买办商人与买办化商人之间，除去质的规定性以外，

---

① 《严书》，第 370 页。
② 同上书，第 420 页。
③ 同上书，第 371 页。

当然也存在有不同的空间和领域。

第一次鸦片战争以前公行时期的外商商馆所需买办，作为仆役头目，不仅不是外商所能任意选雇的，而且其人数与职能活动都要受到公行制度的限制。第一次鸦片战争以后，公行被迫裁撤，侵略者获得了自由选择交易对手、自由选雇买办的条约权利。从此买办的性质发生了根本变化。买办日益成为侵略势力扩张的工具。买办的职能活动也很快由经管洋行琐务的仆役头目进而兼及洋行生意的经营。

大约始自 19 世纪 40 年代末期，买办即已走出洋行代洋东执行内地收购任务。进入 50 年代，由买办出头为洋东经营生意的事例即已屡见不鲜。人们可以看到，有些买办已由"仆役头目"爬上了外商"代理人"的地位。作为洋行"代理人"，买办势必要同华商进行广泛联系，交易之中就要同华商磋商价格、订定交易合同、收付货款、接交货物，并鉴别与保证同洋行交易的华商是否信实可靠。洋行的生意不仅有买办参与，甚至有些是由买办拍板敲定。所以有些买办竟被视为洋行老板的"人格与信用的化身"。[①]由此可见买办与洋东的关系及其在洋行中的重要地位。

不仅如此，随着侵略势力的扩张，买办的职能活动仍在不断迅速扩大之中。进入 19 世纪 60 年代，大量买办资金投向外商创办的轮船、保险、银行、贸易、造船、仓栈、码头等各种企业；同时也有越来越多的买办利用职务之便，自设商号铺面，直接承接洋行的进出口生意。买办同时是一名独立商人。为了发挥买办的作用，洋东对买办的商业活动，不但不予限制，反而采取支持态度。汉口有些洋行还要求充当买办者首先须是一名商人。[②] 在侵

① North China Daily News, 1866. 1. 25, p. 1306.

② North China Herald, 1865. 9. 16, p. 146.

略势力日益扩大的态势中，买办的商业活动也随之日益普遍。洋行分支机构遍布各口岸，买办的商业网点也从各个口岸深入到内地丝茶产区。总之，从买办职能发展看，买办不只是一名洋行雇员，而且是洋行内部的一名商人。买办自营商业而设的店铺字号则成为"一种商业组织（洋行）里的另一商业组织"①。这足以显示买办对洋行的重要作用。一般较大洋行均设有以总买办为首的班子，通称"买办间"或"华账房"。有的还相当庞大。例如1860年的琼记香港总行，外商行员不过8人，买办间则为30人，它的上海分行外商行员6人，其买办间有20人。外商行员只有1人的广州琼记分行，买办间竟有20人之多。②

就整体而论，还应看到，买办向洋东提供的已不仅是个人的劳务，而是资本的力量。"资本不是一种个人力量，而是一种社会力量"（马克思、恩格斯：《共产党宣言》）。资本关系体现的是阶级关系。作为一支在特定历史条件下新兴的社会力量，买办资产阶级正是通过买办资本势力的扩张而发生发展的。

尽管如此，买办之为买办，却是时刻离不开洋东的支持与信任。一旦失去这个支持与信任，买办的资本活动就有可能瘫痪瓦解。1871年一度谣传唐廷枢的上海怡和洋行买办职位难保的消息，他的债主就赶紧追偿，以致他的三家钱庄很快清算倒闭③。天津旗昌洋行买办刘森也曾遇到类似情况。1873年当市面传闻旗昌洋行将调换买办之时，人们纷纷找他提货索欠，结果刘森不得不宣告破产④。上海仁记洋行买办徐荫三，为了同仁记洋行对口交易

---

① British Cousular Report, 1869—1871, p. 25.

② Yen－Ping Hao, The Compradore in Nineteenth Century China: Bridge Between East and West, Harvard University, 1970, p. 24.

③ 刘广京：《唐廷枢之买办时代》，载《清华学报》1961年6月号。

④ Yen－Ping Hao, Ibid, p. 97.

而开设一家谦泰利炒茶栈。当他辞去买办职位时，这家炒茶栈也跟着宣告歇业了。[①] 事情非常清楚，买办的商业活动与买办职位是紧密联系在一起的。有些买办商人虽收入丰厚，仍然不肯放弃洋行的微薄薪资，其目的不过是借以表明洋行雇员的身份以便获得外国势力的庇护。[②] 有些买办，如天津沙逊洋行买办侯梅平公开挂出"英商沙逊洋行买办"的招牌进行活动，就是以"英商"名义"吓唬中国人，便于收回鸦片钱款"。[③] 对于利用外商子口半税单照特权从事口岸同内地贩运贸易的华商来说，具有洋行雇员身份就更加方便了。这就是我们根据历史实际强调在界定买办及买办资产阶级时首先应该考虑买办雇员身份的原因，其雇员身份是买办活动的前提条件。有无雇员身份，大不相同。

当然，还应看到，洋东也并不曾因为自己的买办已经成为独立商人、承接洋行生意，或是建立某种形式的资本合作关系就放松对买办的控制。以"保证书"或"合同"受雇于洋行的买办，一旦扩大了自己的职能活动，便要向洋东提供更大的保证。除"保证书"外，还要具备殷实的铺保与人保。[④] 可见买办"诚实可靠"是一回事，提供足够的保证又是一回事。并不因为"诚实可靠"就不需保证。既然受雇于洋行，就须按洋东意图行事。离开这个受雇身份，情况就将全然两样。这就是买办及买办资产阶级分子的本质特征。买办资本之所以为买办资本，道理也在这里。买办积累自己资本也是以为洋行积累资本为前提条件的。不这样考虑问题，就有把"买办的内涵"扩大的可能。

---

① 见《上海新报》，1869 年 8 月 17 日。

② British Consular Report，1869—1870，p. 25.

③ North China Daily News，1885. 4. 18，p. 356.

④ Ibid.，1868. 1. 21.

四

在论证买办资本与买办化资本的区别时，《严书》认为："接受外国侵略势力或其买办所直接庇护、指使或控制，但并不形成盈亏与共的资本合作关系的那些资本，应称为买办化资本"。[①] 这里强调的仍然是"盈亏与共的资本合作关系"。而我则认为买办资本与买办化资本、或是买办商人与买办化商人的区别，主要仍然是有无洋行的雇佣关系。

在中外商人交往领域中，买办商人与买办化商人属于不同层次。买办商人是受雇于洋行、直接听命于洋东的商人；买办化商人则没有这种关系与身份，而是在买办的影响下多方参与洋行生意的商人，因而他们同买办关系特别密切。买办"以夷商为奥援"，买办化商人则以买办为支柱。洋行依靠买办力量开展购销业务，买办也要凭藉他所联系的华商开拓自己的局面。因此，买办势力的扩张必然导致买办化华商势力的膨胀，这是没有问题的。

在洋行势力扩张及买办资产阶级产生的过程中，各洋行买办各自笼络华商，把大批华商从资金、货运等纳入买办业务活动的范围之内，这在 19 世纪 60 年代以后即已是相当普遍的现象。例如英商太古轮船公司就曾规定一项办法："选择熟识客商货多而可靠者，嘱渠分庄各口揽载，或加一九五用，或贴补房租，或货多准其荐一买办，货至多者缺至优，以此羁縻，使其奋勉，为我招徕。"[②] 也有的洋行把诱引、拉拢华商作为买办职责或是洋东对买办取舍的标准。1864—1865 年间由于长江航线竞争剧烈，旗昌洋

---

① 《严书》，第 370 页。

② 郑观应：《盛世危言》，第 3 卷，第 14 页。

行老板即以此项标准对其"华籍雇员"作了一次大规模的"调整",对轮船买办也作了大幅度的变动。经营沪汉贸易多年的丝业巨商陈竹坪便是在这次"调整"之中被旗昌洋行老板看中而当上总买办的。[1] 洋行买办只要取得"华商"支持,就能受到洋东重视,否则就要被洋东抛弃。洋商、买办及其周围华商之间的关系就是如此。

就这样,洋行通过买办销售或购买,华商通过买办购买或销售。买办化华商不啻为洋行买办之外围。他们通过买办与洋行建立千丝万缕的联系。每个买办,特别是大洋行的买办巨商几均有这种外围的华商。例如鸦片商沙逊洋行行东长期意欲解雇其买办陈荫棠而未果,因"各〔鸦片〕土行皆言,如停陈之生理,皆不与我〔沙逊〕交易"。[2] 陈荫棠背后的这些"土行",正是鸦片贸易中具有多年垄断地位的"潮州帮"。据说沙逊洋行每年通过陈荫棠这条渠道作成 600 万两的巨额鸦片生意。对沙逊洋行来说,陈荫棠可说是"土行"的代表,"土行"则无异买办的外庄。作为代表,买办有照顾土行利益的义务;作为外庄,土行有代买办宣泄鸦片的责任。[3] 怡和洋行买办唐廷枢的情况颇为类似。资料记载,他投资于江海航线营运的轮船不下 6 艘之多,但全部委托外商经营。[4] 此外他还在上海的公正、华海、北清 3 家英资轮船公司投放大量资金。[5] 但他的这些投资,大半为华商资金。在华海的 930 股华股中,由唐招徕者占 700 股。北清的华股中,他只占 1/3,而他

① Liu Kwang—Ching, Anglo—American Steamship Rivalry in China, 1862—1874, Harvard University Press, 1962, p. 48.

② 《申报》,光绪十一年正月廿七日(1885 年 3 月 13 日)。

③ North China Daily News, 1885. 3. 20, pp. 263—264.

④ American Neptune, vol. 17, No. 1, p. 50; vol. 17, No. 3, pp. 216—217.

⑤ K. C. Liu, Ibid, p. 73.

实际是这批"华股的领袖和代言人"。在公正轮船公司，他的名义是董事，而得到这个董事席位，则是"应华籍股东的要求"的结果。[①] 正是由于他有大批华商为后盾，他才有可能在旗昌洋行垄断的江海航线上为怡和洋行的轮船赢得一席之地。

根据这些事例，可以清楚地看出，与买办之有受雇关系者不同，买办化商人同洋行之间虽多有彼此信用与依赖，但却说不上"直接庇护、指使与控制"。因而尽管他们在共同投资的企业与轮船中，有着"盈亏与共的资本合作关系"，但仍应视为买办化商人，与买办商人有别。

当然，问题也有复杂的一面，有时在两者之间并非存在一条不可逾越的鸿沟，他们常常可以互相转化。卸任买办往往可以成为一名买办化商人。买办化商人也可以变成一名受雇于洋行的买办。错综复杂的现象，有时需要具体分析，遽难一概而论。就以19世纪60年代大量出现的"附股"而论，其中确实有在职买办，如旗昌洋行的顾丰盛及阿尧、怡和洋行的唐廷枢等。但附股者并非都有买办身份。自然也不大可能是旧式商人。"寻常经商之人"，"未闻有人乐从而买股者。"[②] 附股者除在职买办，即与外商往来"熟知情形"的买办化商人，此外则"绝无仅有也"。[③]

"附股"之外，另一种假冒洋商的华商诡寄经营现象也十分普遍，买办化商人资本活动扩大之中，同封建地方政府当局的矛盾日益突出起来。为了逃避封建政府各种可能的敲诈勒索，购买、悬挂外商旗号者有之，由外商出名代为报关纳税者有之。在外商

---

① American Neptune, vol. 17, NO. 3, p. 216; K. C. Liu, Ibid, pp. 78—81、141—143、193.

② 《申报》，1882年6月20日。

③ 《申报》，1882年6月9日。

贸易中心的上海，华商船只"与洋商贸易者十之七八，自置货物贸易者十之二三。合伙贸易之船，凡报关完税等事，固由洋行出面，即自行贸易之船，亦多托洋行代报"。[①] 挂用洋行招牌、空托外商之名者，为数亦不为少。当时就有人概括说："通商口岸，洋行如林，其真正洋商东家，十中不过一二，而挂洋行牌子，则比比皆是"。[②] 时至 20 世纪，由城市直到乡村，诡寄经营现象更多，范围更广。所有这些出于偷漏、贪利的华商，仅就其诡寄经营本身而言，这些人一无外商的雇用关系，二无与外商盈亏与共的资本合作关系，严格说，即使划为买办化商人也未必合宜，更不必说是买办商人了。不然有可能导致荒唐的结论：中国到处都有买办资产阶级分子。其结果势必有悖于经典作家的定义。

五

最后，还想就《严书》有关买办部分的行文体系谈一点商榷意见。

如上所述，《严书》是以列宁的阶级定义（即前文所说的"三点论"）为行文体系的。内容主要是对买办及买办资产阶级的本质特征及其标准的论证。然而标题却是"买办资产阶级的产生"。"论证"是为买办资产阶级定性；而"产生"的内容理应是买办势力发展与买办资产阶级产生的过程。以"论证本质特征"为主体，自然难以反映买办资产阶级产生的历史阶段性。二者之间的不谐调，势必增加处理问题的难度。也因此使繁杂的、大量的资料极易失去排比顺序，论证亦易失当。例如 19 世纪 60 年代初期上海

---

① 《海防档》，甲，购买船炮（三），第809页。
② 《皇朝经世义编》，第95卷，第34页。

抽收商捐的困难同 19 世纪后期华中、华南一带相当普遍的"包税制度"直接联系起来就显得牵强。封建当局对于那些"恃夷人为奥援"的买办商人难于征课因而将税课出包是一回事，获取包税特权的买办商人通过包税获取巨利，同时借此进一步控制内地华商则是不同的又一码事。

在这里，我们不无遗憾地指出，就在我们讨论的《严书》有关买办问题的两个章节中，出现不少讹误，皇皇巨著出现一些讹误在所难免，但为数未免过多。经初步校对，计有关附注的 36 处，其中漏注者 11 处，张冠李戴性质的误注 25 处。人名、年代、行名、书刊名搞错竟达 16 处之多。如果说这些属于一般性讹误，那么至少有 6 处的史实性错误就非同一般了。论点是容许讨论的，讹误则无讨论的余地。为了避免广大读者的误解，理应采取一些措施以弥补之、更正之。

问题是讹误何以如是之多？粗疏固然是原因之一。这与行文体系未尝没有干系。因为《严书》这两节大量利用拙书的资料，但两书的行文体系有很大不同。用相同的资料论述不同体系的问题，势必要打乱原文结构、作大幅度的内容嫁接与调整。不少讹误或许就发生在这个嫁接、调整过程之中。同时对"二手资料"不经过一定的消化、琢磨功夫而直接引用，也有可能偏离史实或有失资料原意。例如：洋货推销网与"土货采购网"（《严书》，第1143—1166 页）两目基本上全文摘自拙书，未作嫁接与调整的变动（全文抄自拙书，不注明出处，不计文责问题，这种做法也令人费解），当然就没有材料错用之类的讹误可言了。

后记：这篇文章是 1990 年 8 月读完《严书》有关买办的章节以后着手写的。严中平先生研究功力湛深，治学态度严谨。在他的领导下受到的教益殊多，至今铭感不忘。他年老孤寂，常于工作余暇过舍交谈，广泛地提出一些学术问题进行讨论。买办问题也是一个方面。本文动笔之初曾同他交换过一些意见，他很有兴趣，希望写出以后再深入交谈。非常遗憾，十月底他又摔了一跤，体力衰弱，虽头脑清醒，没有语音障碍，但已不能看书报、电视，每次前往探视，只能嘘寒问暖，不敢再提问题向他请教，生怕耗费他的精力。文章脱稿后，终于没有请他过目的机会。

如今严中平先生病逝将近一年，我想以原来题目，不作更动发表此文，或许不失为一种纪念的方式，同时借机向同行们请教。

1991 年 12 月 1 日

（《近代中国》，1993 年第 3 辑）

航 运 篇

川江航权是怎样丧失的?

一

19 世纪 60 年代是外国资本主义势力开始从中国沿海向腹地深入侵略的时代。

经过第二次鸦片战争,西方侵略者从清政府手里夺得了汉口以下长江水道的航行特权。一经取得了这一特权,他们立刻就从事入侵汉口以上的阴谋活动。在 1861 年,有一批外国冒险家私乘帆船入川,侦察川江航道。他们在江上航行达 5 个月之久,一路千方百计地搜集水文和帆船航行的资料,然后就公开提出入川轮船应该具备的结构特点,鼓动侵略伙伴利用这种先进的水上交通工具,深入四川天府,说什么如果在中外条约上加上一条规定,"或者不需有这么一条","在不久的将来"也可望有轮船驶入大江上游云云。① "不需"条约根据,"不久"就可在川江通轮,这种论调暴露了侵略者当时急于入川的迫切心情,也暴露出他们那副肆

---

① 《北华捷报》(North China Herald),1861 年 11 月 16 日,第 183 页;1861 年 12 月 7 日,第 195 页。按:这些外国冒险家的这次"旅行",原计划沿江而上,穿过四川,前往西藏,后只行至四川夔府(今重庆奉节)而止。

无忌惮的凶恶面貌。

不过，不管这伙冒险家的如意算盘怎样打法，在当时条件下，他们是不可能立刻如愿以偿的。事情一直拖延到 8 年以后，他们才又开始行动。

1869 年底，上海的英商商会在发给英国外交部的备忘录里强调说：除非开放通航汉口以上的长江航线，对华贸易就不能扩张。1872 年初，他们又在另一份备忘录里强调川江通航的意义说，一旦通航实现，就能使四川"差不多和欧洲直接连系起来"。① 到了 1876 年，英国政府终于通过《烟台条约》强迫清政府"让予"这么一项特权，即"四川重庆府，可由英国派员驻寓，查看川省英商事宜。轮船未抵重庆以前，英国商民不得在彼留住，开设行栈；俟轮船能上驶后，再行议办"。②

为什么在轮船未抵重庆以前，英国就要派员到重庆去"驻寓"呢？英国代表威妥玛后来透露，他的用心是要在英商定居重庆以前，先行派员做好准备工作的。③ 但清方代表李鸿章却另有计算。他说"自夔州下至归巫，险滩林立，民船迂回绕避，然犹触礁即碎。轮船迅急直驶，断难畅行，故设辞以难之曰：俟轮船能上驶后，再行议办"。④ 看来，这个卖国贼的外交政策竟是依靠川江险滩去抵挡外国侵略势力的。但不管双方怎样打算，这条规定总是立下了一条原则：在宜昌至重庆江段上行驶轮船是重庆辟为商埠

---

① 伯尔考维茨：《中国通与英国外交部》（N. A. Pelcovits, Old China Hands and the Foreign Office），中译本，商务印书馆 1959 年版，第 92—93、133 页。

② 王铁崖：《中外旧约章汇编》，第 1 册，北京，1957 年，第 349 页。

③ 《伦敦中国快报》（London and China Express，以下简称《快报》），1887 年 8 月 26 日，第 483 页。

④ 光绪十六年一月五日，李鸿章致总署，《李鸿章集》，译署函稿，第 20 卷，第 1 页。

的前提条件。

19世纪70年代以后，随着殖民地分割高潮的到来，重庆开埠和川江通航的时代意义已经日益凸现，且不复只是局限于四川一省的市场开拓问题了。当时西方资本主义侵略势力已先后把中国周围毗邻国家据为殖民地，并以其为根据地积极策划从外国对中国侵略。在这种形势下，四川、云南、贵州、广西各省就成了英法两国分别从缅甸和越南攫夺的目标。英国侵略者一向是把中国的长江流域当作他们的"势力范围"的。因此，从长江水道进入四川，南趋云贵，借以呼应缅甸一路的北上侵略势力，便成为他们囊括西南的巨大侵略计划的一部分。而1885年中法战争以后，法国从越南深入西南的计划也大大地前进了一步。于是，从中国本部进入西南各省的路线也就跟着成为英国必求打通的目标。此中，由广州循西江而上是一条路线，由上海循长江而上又是一条路线。特别是长江一线，乃是英国侵略者势在必夺的主要通道。① 这一点，在英国的报纸上，他们曾经不断地毫不隐讳的公开叫嚣。

1876年《烟台条约》签定以后，英国侵略者立刻积极行动起来。首先，他们根据《烟台条约》所给予的特权，在1877年就先"驻寓"到宜昌，使那里在几年以内就成为入川货物的转运中继商埠。这年6月，英人贝德禄（Baber）向汉口英领事提出了有关险滩情况的报告。接着"英国官员"便接踵而来，广事窥察，纷纷向英国政府提出报告书或备忘录，千方百计地策划西进。其中如英国驻重庆领事史盘斯（Spence）就曾在春、夏、秋、冬四季都亲乘帆船往来宜渝，考察航运情况。史盘斯在1880年的报告里说，他"坚决相信"这段水道每年足有九个月的时间可以毫无阻碍地通行小轮，其余三个月也还可以利用通常的方法帮助轮船过

---

① 王铁崖：前引书，第1卷，第349页。

滩；他估计宜昌至重庆江段的帆船多至六七千只在运行，说什么"中国人用他们笨拙的帆船都能到达的地方，而我们以我们的科学和能力，却不能用轮船尾随而至，这能令人信服吗？[①]"

1881年汉口英领事的报告说，7年以来，入川洋货已自15万两迅速增长至400万两以上；汉口输入棉织品300万匹，毛织品30万匹，足有1/3以上销入四川。同年，贝德禄也说四川东下货物价值每年高达三四千万两，而进口方面，重庆则已成为仅次于上海、天津和汉口的第4位销售中心，并叫嚣"看不出有什么理由不把重庆辟为商埠"。[②]

另一位英国驻重庆领事谢立三（Hoise）则居心更险。他在亲自侦察贵州、云南两省以后，于1882年提出报告说，当前该两省所销的洋货，一路来自汉口，但经洞庭湖而达贵阳，至少需时35—40天；而循广州，经广西而达云南一路，则历时决不在两个月以下。只消宜昌至重庆通行轮船，即汉口一路洋货可自重庆转运，就是从宜昌算起，也仅10日可达贵阳；若再将轮船上驶叙府（今四川宜宾市——编者），则广州西入云南之货，也极可能大部分改道大江。至于四川本省，谢立三认为，浅水轮船可通达泸州、叙府、嘉定（今四川乐山市——编者）与合州。不过，最后的关键，还是要回到宜昌至重庆的轮船通航问题上去。这一点，谢立三又有亲身经验。在他看来，这段航道上，"惟一称得上真正意义的险滩者"只有"新滩"一处，而这处滩险又被他在1881年12月自乘吃水3—4英尺的帆船安然渡过了。因而他便大肆强调："有什么理由会堵住一艘同样吃水，利用蒸汽动力而又有特殊构造

---

① 英国蓝皮书，谢立三：《重庆洋货贸易报告书》；史盘斯：《重庆进口贸易备忘录》，转译自《快报》，1883年1月19日，第71—73页。

② 同上。

的轮船上驶呢？"① 总之，在英国侵略者心目中，重庆必须开埠，宜渝必须通轮。

80 年代中叶以后，英国侵略者的侵略阴谋，便从侦察险滩、调查市场、设计轮船结构、进行外交讹诈和宣传鼓动等等准备活动发展到置备轮船入侵川江的具体行动。最早负责执行这一行动计划的是所谓"川江轮船公司"，其领头的活跃人物则是一个英国流氓立德（Archibald J. Little）。

二

立德这个流氓商人，是在 1859 年来到中国的。最初，他投到香港的禅臣洋行（Siemssen & Co.）当了一名茶叶检验员。1860 年，正当太平革命军进攻上海，英法侵略者公开宣称与清政府一起"保卫上海城"的时候，他跑到上海，"以一个志愿人员的身份"参与了上海的反革命战争。② 此后不久，他曾深入到浙江、安徽及江西各地太平天国地区以及太平军和清军犬牙交错的地区去，以收购丝、茶为名，进行刺探活动。为此，1861 年他还在九江和汉口公开挂过立德洋行（Little & Co.）的招牌。③ 但第二年他却又参加了外国流氓组织的洋枪队，帮助清政府镇压太平天国革命了。当他满处乱窜的时候，几乎到处挨揍。在安徽，太平军当局认为他是奸细，因而几乎丧命；在汉口，"他被清兵捆起来打得不省人事"；在景德镇，"又险些被瓷工打死"。④ 此后，在

---

① 英国蓝皮书，谢立三：《重庆洋货贸易报告书》；史盘斯：《重庆进口贸易备忘录》，转译自《快报》，1883 年 1 月 19 日，第 71—73 页。

② 《北华捷报》，1908 年 11 月 7 日，第 362 页。

③ 《北华捷报》，1907 年 1 月 11 日，第 61—62 页。

④ 《北华捷报》，1908 年 11 月 7 日，第 362 页。

1864—1880 年间，这个流氓始终呆在上海，经营他的立德洋行。1880 年他曾进入上海租界工部局，当上了这个侵略机构的爪牙。[1]而当英国侵略者深入华西的阴谋由准备阶段进入具体行动的当儿，这个流氓便又离开上海，一变而成为英国西进侵略的急先锋。[2]

为了开辟宜昌至重庆的轮船航道，立德在 1883 年曾亲自乘坐一只小帆船在这段江面上进行过侦察。他由此得出的结论是，开发四川富源，扩大洋货销量，并无不可克服的困难，其唯一条件只在"操纵灵便，吃水不超过现行帆船而又马力强大的轮船"。[3]从这里他便开始了利用轮船"试航川江"的侵略活动。

1884 年，立德开始经营汉口宜昌段的冬季轮船运输业务。在此以前，汉宜江面上，只是夏季洪水季节才驶行轮船的。立德的冬季行轮显然是为了取得枯水季节行轮经验，以便把航线向宜渝延伸。大约他的这项准备行动没有碰到多大困难，所以第二年，这个流氓就正式向清政府提出了申请，要求发给他在宜昌与重庆间行驶轮船的执照。[4]值得注意的是，也就在这一年，立德竟还跑到川西偏远地区打箭炉与松潘设立了羊毛收购站。[5]

立德入侵川江的计划反映了英国资产阶级深入侵华的迫切要

---

① 《北华捷报》，1908 年 11 月 7 日，第 362 页。

② 1886 年还曾有另外两起"洋商"置备小轮，企图测量川江航道，不过都没有成功，参见《北华捷报》，1886 年 9 月 24 日，第 331 页；10 月 6 日，第 355 页；12 月 1 日，第 579—580 页。

③ 伍德海：《长江问题》，第 22 页。

④ 《快报》，1889 年 12 月 13 日，第 1230 页；《北华捷报》，1907 年 1 月 11 日，第 61—62 页。

⑤ 《1900 年中国协会报告·附录己》（The China Association Report，1900；Appendix F.），转见艾伦、担尼桑合著：《远东经济开发中的西方企业》（G. C. Allen and A. G. Donnithorne，Western Enterprise in Far Eastern Economic Development），第 38 页。

求和囊括大西南的巨大阴谋。《泰晤士报》（Times）说："假如立德成功，则 7000 万人口的贸易就送到门上来了。兰开夏、密德兰、约克夏的制造品就能从伦敦、利物浦经过一次简单的转运，缴付从价 5％的进口税，直接运至深入 1500 英里的亚洲心脏地带。"① 1886 年，曼彻斯特商会（Manchester Chamber of Commerce）并且特别成立一个组织，支持他的行动。② 不用说，英国政府也是热烈为立德撑腰的。例如英国驻北京代办欧格纳（N. O'conor）就这样鼓励过立德："对待像中国人这样的人，提抽象的问题是没有用的。你只管把船造好，然后开来提出要求，保管没有问题。"③

1887 年，立德组成了一家资本为 1 万英镑的"川江轮船公司"（Upper Yangtze S. N. Co. Ltd.）。④ 同年，特别在英国设计制造的"固陵号"轮船运抵上海。这艘小轮长 160 英尺，宽 27 英尺，吃水 4 英尺 6 英寸，能载货 350 吨，另有客舱可容旅客 92 人，每小时能行 14 英里。⑤ "固陵号"于 1888 年底在上海装配完成，次年 2 月驶抵宜昌待发。⑥ 同时，英国驻北京公使华尔身（J. Walsham）于 1887 年的 6 月正式向北京总理衙门提出照会，要求发给立德行轮执照，并"转饬沿途地方官员弹压保护"。⑦

立德的行轮计划，使李鸿章借川江险滩以应付外资入侵的政

---

① 《快报》，1888 年 11 月 16 日，第 1087 页。

② 《快报》，1886 年 8 月 20 日，第 872 页。

③ 《北华捷报》，1891 年 3 月 13 日，第 298 页。

④ S. F. 莱特：《赫德与中国海关》（Hart & Chinese Customs），第 608 页。

⑤ 《快报》，1887 年 8 月 26 日，第 841 页。

⑥ 《快报》，1889 年 1 月 4 日，第 16 页。

⑦ 《清季外交史料》，光绪朝，第 82 卷，第 6—8 页。

策破了产。在侵略者的政治压力之下，这时的清政府连"设词以难之"的勇气都消失了。因此，他们在接到华尔身的照会以后，一面就指示地方官员"晓谕百姓，不必惊疑"，并令"水陆各营，妥为保护"；一面更赶忙派员至宜昌就地与英方议订行轮章程。

但不管清政府采取多么屈辱的态度，广大的川江船户和纤工却群起反抗展开了斗争。当时在宜昌至重庆航线上，帆船航运业直接维系了广大川帮船户和拉纤工人的生计。前面说过，1880 年史盘斯曾估计这段江面上的帆船，数达六七千只；1893 年海关报告则谓多至 12000 只。这些帆船中大型者每只需船工和纤工 25 人，中型者十八九人，小型者 10 余人。[①] 根据这些资料推测，大约 80 年代后半，宜昌至重庆沿江的船户和纤工，总不下 20 万人，连同他们的家属统计在内，则直接依赖帆船为生者，恐不下百万。立德的行轮消息传出后，东湖县的告示透露说，"川帮船户人等"认为行驶轮船"必碍生计"，所以一闻轮船上驶之说，当即纷纷集议，"欲行聚众堵截"。[②] 当时的四川总督刘秉璋给湖广总督张之洞的电报中也说："民船畏碰，群起哗然。"[③] 船户纤工的坚决态度，使李鸿章也深感他们"难以虚言欺哄"，[④] 不敢同意英国侵略者的要求。于是，便出现了一场川江行轮交涉。

在这场行轮交涉中，如何处理轮船碰撞帆船问题成为双方争执的焦点。清方认为如果发生轮船碰损帆船事件，必须"船货全

---

① 《海关十年报告》，1892—1901 年，第 1 卷，重庆口，第 131 页。

② 《宜昌东湖县告示》，见《申报》，光绪十四年一月二十二日。

③ 《张之洞集·电稿》，第 134 卷，第 18 页，光绪十六年闰二月九日，刘秉璋致张之洞电。

④ 《清季外交史料》，光绪朝，第 80 卷，第 17 页，光绪十五年四月十三日，李鸿章致总署。

赔"。而立德则要求：赔偿损失一定要经过驻宜昌英国领事的"合法调查"，而最高额又不得超过 1 万两；如不经过这项手续，则不得超过 500 两。[①] 这种在国际海损法上都找不到先例的荒谬主张，明显地暴露了帝国主义分子横行霸道的凶恶嘴脸。后来清政府提出每月特准英商行轮两天，在行轮的时候，不准帆船行驶，借以避免碰撞。但英方却进一步要求不限时日，每于行轮时"于岸旁悬旗示警，暂止民船"。[②] 这就是说，为了行驶外国轮船，可以随时禁止中国的帆船通航，实质上就等于是让外国轮船独占这段水道。这样的条例使李鸿章也踌躇起来。据他自己说，清政府"虽欲姑且含糊，怎奈百姓不肯含糊何？"[③]

这场交涉拖到了 1889 年冬，终于根据另一个英国侵略分子，当时任清廷海关总税务司的赫德（R. Hart）的意见达成了口头协议。这项协议在 1890 年 3 月中英《续增烟台条约》上遂又变成了正式条文。这份条约修改了旧烟台条约以行轮为重庆开埠条件的那项规定，明确宣告重庆"即准"作为通商口岸，但只许英商"或雇佣华船，或自备华式之船"，不得行轮。[④] 总理衙门自我解嘲地说："行轮患在坏民船，激众怒；通商患在夺商利，损厘金。然既行轮，必通商，则兼两害；仅通商，不行轮，则止一害，两害取轻，当是中策"。[⑤] 赫德和英国政府又为什么放弃他们一贯坚持

① 莱特：《赫德与中国海关》，第 609 页。

② 《清季外交史料》，光绪朝，第 80 卷，第 16 页，光绪十五年四月十二日，总署致刘秉璋。

③ 《清季外交史料》，光绪朝，第 79 卷，第 27 页，光绪十五年二月二十九日，李鸿章致总署。

④ 王铁崖：《中外旧约章汇编》，第 1 册，第 553 页。

⑤·《清季外交史料》，光绪朝，第 81 卷，第 14 页，光绪十五年六月二十一日，总署致李鸿章。

所谓的"合法权利"呢？关于这一点，后来为赫德作传的莱特 (S. Wright) 曾透露出一些底细，即：赫德比〔川江轮船〕公司和英国政府更清楚地懂得，坚持下去"就会招致地方叛乱"。[①] 事情很清楚，清廷害怕"激众怒"，赫德害怕"叛乱"，——中外反动势力都害怕人民的反抗！

行轮计划流产后，立德的"固陵号"轮船及其在宜昌的地皮，都由清政府买了下来，计价 24300 镑。这就是说，为时不过两年，一个没有开张的企业，就给立德带来了 130% 以上的暴利！[②]但是李鸿章对这次交涉却是满意的，因为协议中规定了立德 10 年内不再试航川江。李鸿章说，这样的解决办法，"明知立德赚银不少，实属万分周旋，姑求十年无事。"[③] 在他看来，23000 镑的代价，至少可以换得 10 年的苟安。但事实证明这纯是幻想！《续增烟台条约》签订后只隔了两年，即 1893 年，立德就根据这项条约在重庆挂起了立德洋行的招牌。同时太古 (Butterfield & Swire)、怡和 (Jardine, Matheson) 等也开始在川江航道上利用木船运货了。[④] 到了 1898 年初，立德便把"利川号"小轮开进了重庆！

---

① 莱特：《赫德与中国海关》，第 609—610 页。

② 同上书，第 610 页。对川江轮船公司出卖事，当时上海英商报纸指责这是出于"商业观点"，公开表示"绝大的遗憾"；并且透露了立德也并未死心，他又在等待华尔身为他索取"必要的执照"，以行轮川江。参见《北华捷报》，1889 年 4 月 12 日，第 429 页。

③ 《清季外交史料》，光绪朝，第 79 卷，第 27 页，光绪十五年二月二十九日，李鸿章致总署。

④ 《海关十年报告》，1892—1901 年，第 1 卷，重庆口，第 142 页。1893 年 9 月，立德还在重庆开创了"利川保险公司，专保旗船货物"，参见《关册》，1893 年，重庆口，第 50 页。

三

19世纪末叶，资本主义已发展成帝国主义。各帝国主义国家在华势力的相互矛盾也随着更加尖锐起来。在甲午战争之后瓜分中国权益的斗争中，内河航行权，是各国剧烈争夺的一项主要目标。

日本首先在《马关条约》中取得了这样一项特权："从湖北省宜昌溯长江至四川省重庆府可以通轮，附搭行客，装运货物；轮船可由上海驶入吴淞江及运河以至苏州府、杭州府。"[①] 紧接着在1896年，日本侵略分子白岩龙平就勾结中国买办商人以资本10万两创立了一家"大东新利洋行"，开办上海至苏州的轮运航线，成为苏沪杭内河航线上最大的一家轮船公司。[②] 随后这个日本侵略分子又跑到湖南阴谋筹划当地内河轮运航线。[③] 1897年10月，日本政府还指定长江线为大阪轮船公司的所谓"命令航线"，由政府给予津贴，于1898年1月正式开航。[④] 这样，在长江下游航道上，以大阪、大东为代表的日本轮运势力便成为英国轮运势力的一个劲敌。

另一方面，法帝国主义者也于1896—1898年间先后从清政府手里取得了龙州铁路、滇越铁路的修筑权，直接威胁英国囊括大西南的阴谋计划。为此，英国一面就提出了南宁开埠的要求作为"抵制性特许"[⑤] 以和法国争衡；一面就积极经营川江航道。例如

---

① 《马关条约》第六款，《光绪条约》，第32卷，第8—9页。

② 中岛真雄：《续对支那回忆录》，下卷，第342—344页。按：大东新利洋行于1898年改为大东轮船公司。

③ 同上。

④ 《大阪商船株式会社五十年史》，第60—61页。

⑤ 《中国通与英国外交部》，中译本，第287页。

在 1896 年的 11 月间，就有一个英国侵略分子伯恩（Borne）乘木船调查了这条航道的运输费用。据他说，1 吨布匹的木船运输费用高达 3 镑 8 先令 3 便士；[①] 如果将木船运费和曳滩费用合并计算，则两项费用，足占运川货价的 2.5%；此外，由于木船守候过滩，往往需时 1—3 个月之久，因而在利息上又要损失一个 2.5%。[②] 同时英国侵略者的在华报纸也跟着大事渲染这条航道上的纤工工价太高，客货运价太贵。因此他们极力主张赶快开办川江轮运。[③]

后来，另一个英国侵略分子烈顿（Litton，后任英国驻重庆领事）又深入到四川北部内地"旅行"。这个侵略分子向英国政府提出报告说，四川内地"也许是世界上最有前途的未开发商业区域"，极力强调在四川内地各条水道上（岷江、涪江）建立轮运交通或允许自由雇佣中国民船的重要性，并且怂恿英政府赶快提出开放成都的要求。为此，英国首相沙士伯雷遂于 1898 年 5 月训令驻华公使窦纳乐，"在将来对清政府交涉中必须提出开放成都问题。"[④]

除侦察鼓动之外，英国侵略者又利用霸占中国海关行政权的便利条件，自己直接动手整治险滩工程。为此他们还曾从清政府手里勒索 3000 英镑的经费，[⑤] 于 1897 年冬季由海关职员英人泰勒

---

① 《伯恩报告摘要》，《蓝皮书》，中国，第 2 卷，第 413 号附件之三，1899 年，第 315—316 页。

② 《北华捷报》，1898 年 3 月 21 日，第 483—484 页。

③ 《北华捷报》，1899 年 5 月 29 日，第 960 页。

④ 1898 年 5 月 27 日，《沙士伯雷致窦纳乐》，《蓝皮书》，中国，第 1 卷，第 145 号，1899 年，第 99 页。

⑤ 1898 年 12 月 3 日，《立德致伦敦中国协会·关于长江上游险滩的备忘录》，《蓝皮书》，中国，第 1 卷，第 413 号附件之二，1899 年，第 315 页。

(Tylor) 带领工程人员，到四川云阳县境去治理新滩。① 经过这次整治以后不久，英国侵略者就把轮船开进川江了。而开进来的第一艘轮船，还是 8 年前在纸上答应 10 年内不再试轮的那个流氓商人立德所置备的"利川号"。"利川号"是一艘 7 吨②的平底小轮，轻载吃水 2.9 英尺，满载吃水 5.5 英尺，横宽 10 英尺。③ 这艘小轮由立德自任船长与大车，④ 趁 1898 年 2 月的枯水季节空船自宜昌出发，花了 21 天的时间，开抵重庆。⑤ 尽管由于马力甚小，"利川号"在途中仍须借助人力绞滩。⑥ 但英国侵略分子的川江行轮阴谋终于实现了。

这一时期，随着侵略势力之日益嚣张，在长江及一些内河水道上，中国人民的反侵略斗争也在普遍开展着。例如 1894 年，在汉口至宜昌水道上，就曾发生过船民反抗外国轮运势力的激烈斗争。在这次斗争中，清政府勾结外国侵略者联合行动，把炮舰开至现场，企图镇压；但这并没有吓倒中国船民，他们仍然集体协议，不御货，不救险，向敌人叫骂、扔石头，并打翻其卸货跳板，使侵略者一筹莫展⑦。又如 1898 年 7 月间，镇江附近内河也发生过轰动一时的船民捣毁英轮事件。⑧ 这些事件充分显示了中国人民

---

① 《北华捷报》，1898 年 3 月 21 日，第 483—481 页。

② 《海关十年报告》，1892—1901 年，第 1 卷，重庆口，第 131 页。

③ 1898 年 12 月 3 日，《立德致伦敦中国协会·关于长江上游险滩的备忘录》，《蓝皮书》，中国，第 1 卷，第 413 号附件之二，1899 年，第 315 页。

④ 《北华捷报》，1907 年 1 月 11 日，第 61—62 页。

⑤ 《北华捷报》，1898 年 2 月 28 日，第 309 页；1898 年 4 月 16 日，第 613 页。

⑥ 《通商各关华洋贸易总册》（以下简称《关册》），1898—1899 年，第 17 页。

⑦ 《北华捷报》，1894 年 1 月 12 日。

⑧ 1898 年 8 月 2 日，《窦纳乐致沙士伯雷》，《蓝皮书》，中国，第 1 卷，第 329 号，1899 年，第 246 页；1898 年 7 月 16 日，《代理镇江领事妥伊曼致窦纳乐》，同上书，第 329 号附件之一，第 247 页。

对侵略者的仇恨，也显示出中国人民反击侵略者的斗争威力。

立德是领教过中国人民反侵略斗争的威力的，所以在"利川号"入川以前，就曾迫使清政府给他提供各种各样的安全保障措施。而清政府则不仅在宜昌以上江段，沿途张贴布告，警告人民不得干扰，还为这个流氓准备了救生用的红船，护卫用的兵船。一路上"满大人"对侵略者的殷勤照顾无微不至。① 在重庆，当"利川号"还没有启程的时候，就预为布告通知，不许人民接近"利川号"。② 清政府如此这般的周密安排，连侵略者自己也认为殊非意料所及，③ 大为惊叹：清政府远不是像从前那样"难于共事"了。④

中国人民对于立德的侵略行为当然是采取另一种完全不同的立场的。当"利川号"自宜昌出发的前夕，中国引水和工程人员就曾拒绝为立德服务。⑤ 在重庆，当各国侵略分子以及清地方当局正对立德张罗盛大接迎的时候，四川人民则又在离重庆不远的江北厅地方掀起了声势浩大的反侵略者的"暴动"⑥。这表明，"利川号"试航虽获成功了，但侵略者深入天府的野心还是未必就能得逞的。

四

就在这次"利川号"试航前后，英法争夺中国大西南的矛盾

① 《北华捷报》，1898 年 4 月 11 日，第 614 页。

② 《北华捷报》，1898 年 3 月 14 日，第 409 页。

③ 《北华捷报》，1898 年 3 月 14 日，第 430 页。

④ 《北华捷报》，1898 年 4 月 11 日，第 614 页。

⑤ 《北华捷报》，1898 年 3 月 14 日，第 430 页。

⑥ 《北华捷报》，1898 年 4 月 11 日，第 614 页。

也进一步尖锐化了。

当时法国正积极图谋修筑滇越铁路，它的目的，并不止于侵入云南，还企图更进一步"接长滇越铁路以达成都；然后窥时审变，以出扬子江"。① 为此，法国侵略者特别组织了一个路线勘测团，对我西南地区大肆窥探。法国驻重庆领事哈士（Hass）等也到四川各地乱窜，并向清政府提出了重庆附近沿江两岸以及岷江流域广大地区矿山开采权的要求。②

为了与法国在西南地区的势力相抗衡，英国侵略者一方面继续要求南宁开埠，以便由广州循西江经百色直达黔滇两省，以抵制法国来自越南的一路势力；③ 另一方面则图谋建造滇缅铁路，也把路线延入四川，借以囊括川滇资源④。为此，英帝也组织一个以白定若（Pottinger）为首的勘测队，到川、滇、黔三省各地区广事窥探。⑤

1899年，英法侵略者在这一地区的矛盾，曾经发展到剑拔弩张，不惜以战争相威胁的程度。⑥ 在这种情势下，英帝国主义通过长江深入四川的侵略活动自然也就更加猖獗了。自从1898年初"利川号"试航成功以后那一年多的时间里，英帝国主义的这项侵略活动已经由商人冒险家的行径发展为伦敦政府公然直接动手的行动。这些行动充满着火药味，并且不再限于宜昌至重庆段，而更伸展到重庆上游去。行动的第一步还是先进行侦察。

---

① 《路政汇钞》，第1卷，第67—68页。

② 《环球报消息》，转见《北华捷报》，1899年7月31日，第217页。

③ 《北华捷报》，1899年5月22日，第914页。

④ 《环球报消息》，转见《北华捷报》，1899年7月31日，第217页。

⑤ 《北华捷报》，1899年6月19日，第1125页；1899年6月12日，第1075页。

⑥ 《北华捷报》，1899年7月10日。

用提出建议的英使窦纳乐的话说，就是对川江水道"进行详细的测量"。①

起初，英国侵略者竟妄图由江上船户来分担他这份测量费用。例如立德和凯耶（J. L. Kaye）都曾经打过主意，向当地船民征收"过滩税"来筹措这笔经费。② 但由于他们内心还是害怕船民的反抗斗争而不敢一意孤行。到了1899年初，英国外交部终于公开发表声明说，川江的测量费用由英国政府来承担，并指派海军少校魏森（Watson）负责进行③。为此英政府特别派遣了两艘浅水炮舰"武克号"（Woodcock）与"武喇号"（Woodlark），定于同年秋季溯川江而上。④

应该指出，这个时期，正是义和团运动大爆发的前夕。四川人民的反帝怒潮已如火如荼地开展起来。这股浪潮吓得驻在重庆的英美"侨商"惶惶不可终日，纷纷要求英国领事武装保护。⑤ 因此，"武克号"在1899年的4月便提前驶到宜昌，船长魏森随即于5月自驾木船进入川境，"武克号"亦曾驶至宜昌以上53英里的地方，因遇到了险滩才折返宜昌。由此可见，"武克"与"武喇"两炮舰的入川，已经不仅仅是"测量"川江水道的问题，而

① 《伦敦中国协会关于测量长江上游的备忘录》，《蓝皮书》，中国，第1卷，第413号附件之一，1899年，第313—314页。

② 1898年12月3日，《立德关于长江上游险滩的备忘录》，《蓝皮书》，中国，第1卷，第413号附件之二，1899年，第315页。

③ 1899年3月14日，《伦敦中国协会致英国外交部函》，《蓝皮书》，中国，第1卷，关于中国事务的通讯，第43号，1900年，第40页。

④ 1899年2月23日，《英国海军部给驻华舰队司令的训令》，《蓝皮书》，中国，第1卷，1900年，第34页。

⑤ 《英美侨渝商民给沙士伯雷的备忘录》，《蓝皮书》，中国，第1卷，第72号附件之一。

是怀着对中国人民动用武力的阴险意图了。[①]

当"武克号"与魏森在宜渝段江面上进行活动的时候，英国那个流氓——立德也正伙同英国驻重庆领事一道驾驶"利川号"从重庆上行，企图直达叙府。这伙强盗只上行了50英里，就被沿岸人民的"骚扰"吓回头了。[②]

但是清政府却是另一副嘴脸，他们不仅没有阻止侵略者的武装舰艇深入内陆江面，尽显对外屈膝的奴才相。例如，当"武喇号"与"武克号"在1900年5月6日抵达重庆的时候，清政府的炮舰竟悬挂彩旗，向侵略者"开炮致敬"，清地方官员则与两艘炮舰的管驾"往来拜会，颇称欢洽"[③] 云云！

"武克"和"武喇"毕竟是两只军用船舰，马力强大。它们这次从宜昌上驶重庆，是在1900年的4月5日启碇的，在途中虽然耽搁了33天，但实际航行时间只不过69小时。[④] 这就最终地证明了，使用马力较大的轮船行驶这段水道完全是可能的事情。不仅如此，这两只炮艇到了重庆以后，还曾继续上驶过。其中"武喇号"到达过泸州，而"武克号"则一直开到了叙府。[⑤]

五

立德在"利川号"试航以后就回到了英国。当时他除去积极

---

① 参见《北华捷报》，1899年5月1日，第763页；1899年5月22日，第906页；1899年5月29日，第960页；1899年6月5日，第1012页。

② 《北华捷报》，1899年5月29日，第950页。

③ 《关册》，光绪二十六年，下卷，重庆口，第14—15页。

④ 同上。

⑤ 同上；另参见《北华捷报》，1900年6月30日，第1109页。

煽动并参与筹划武装入侵川江的阴谋活动以外，^① 又组织了一家专门行轮川江的公司——溥安公司（Yangtze Trading Co. Ltd.），^② 以图大举。^③

溥安公司的资本额不详，但据说它与侵华历史已久、资本极其雄厚的德国瑞记洋行（Arnhold，Karberg & Co.）有密切关系，而上海英商委员会主席郝利德（Holliday）又是其股东之一。^④ 看来溥安的资本也必是相当雄厚的。溥安这次专为入侵川江所置的轮船"肇通号"（Pioneer），是一艘由英国丹那船厂（Denny Bros.）制造，在上海装配的浅水明轮。这艘轮船长 180 英尺，宽 30 英尺，深 10 英尺，马力 1000 匹，331 登录吨。^⑤ 这条航线在洪水季节试航。领头进行这次试航的除去立德本人外，又出现了另一个后来对帝国主义在川江航权的侵夺上横行一时的英国流氓普蓝田（S. C. Plant）。^⑥ 这次试航只花了 7 天时间。途中仅曳滩及牛口峡两处借助人力绞滩，其余各处均依赖本身动力通过。^⑦ 400

---

① 1899 年 2 月 23 日，《英国海军部给驻华舰队司令的训令》，《蓝皮书》，中国，第 1 卷，1900 年，第 31 页。按：在航行技术问题上，根据立德的意见，只要水位盖过礁石，那么具有一定速率的船只就可以通过这条水道。这样的季节是每年的四、五月及十、十一月。

② 1899 年 1 月 16 日，《透克致云南公司函》，《蓝皮书》，中国，第 1 卷，第 42 号附件之一，1900 年，第 37—38 页。

③ 参见《中国通与英国外交部》，中译本，第 296 页。立德表示由于当时的英国政府已经不像二三十年以前那样对中国的权益漠不关心，因此，他将满怀信心地回到中国去。

④ 《北华捷报》，1900 年 5 月 30 日，第 987 页。

⑤ 《海关十年报告》，1892—1901 年，第 1 卷，重庆口，第 134—135 页。

⑥ 《北华捷报》，1900 年 6 月 20 日，第 1112 页。

⑦ 《北华捷报》，1900 年 7 月 11 日，第 62 页。

英里的航程，也只用了 73 个航行小时。①

"肇通号"的试航虽获成功，但侵略者在这条水道上还是没有立刻建立起向往已久的"正规的轮船交通"来。因为，中国人民的反帝斗争再一次地打乱了侵略者的进程。

当"武克"、"武喇"入侵四川及"肇通号"通航川江成功的 1900 年，恰正是义和团大起义的年头。英国侵略者可以利用武装炮舰打通川江水道，但他们却无法在长江及各条内河水道上镇压中国人民的反帝斗争。当时各地的"英商"都纷纷要求英国政府采取保护措施。其中重庆英国领事的要求尤其紧迫。但 1900 年 7 月 5 日沙士伯雷致上海英国领事的训令却说："请你转告重庆领事：陛下政府允准他扣留轮船备用。十月以前是无法开去炮舰的。"② 正是这种情况，迫使重庆英领事傅磊斯（H. Fraser）把"肇通号"租去用作撤退"侨商"之用。③ 同年 8 月 3 日，"肇通号"装载 30 名"商民"离开了重庆。④ 到了 11 月，这艘本为商运而来的"肇通号"，根本就被英国政府买了去，改装成为炮舰，这就是专门留在长江上游镇压中国人民反帝斗争的"金沙号"。⑤

应该强调指出，立德这次以"肇通号"入侵川江的行动是十分猖狂的。他在英国组成溥安公司以后，回到中国来又勾结四川当地官僚买办商人在重庆组织了一家岷江轮船公司，预定资本总

---

① 《关册》，1900 年，宜昌口，第 18—19 页；《海关十年报告》，1892—1901 年，第 1 卷，第 184—185 页。

② 《蓝皮书》，中国，第 3 卷，第 256 号，1900 年，第 99 页。

③ 《北华捷报》，1900 年 11 月 7 日，第 976 页。

④ 《北华捷报》，1900 年 8 月 15 日，第 323 页。

⑤ 《关册》，1900 年，宜昌口，第 18—19 页；《海关十年报告》，1892—1901 年，第 1 卷，第 184—185 页。

额 15 万两，先收一半。其中立德的溥安公司承受了 4500 两，其余 3 万两则由买办商人王子范负责筹集。[①] 岷江轮船公司的任务是专门行驶重庆、嘉定、江口、成都航线，企图与溥安的宜渝航线相衔接，一举打通宜昌以上直到川西腹地的全部川江航线。为此，岷江轮船公司曾以 6 万两的价格在上海订造了一艘载重 200 吨、速率 12 海里、吃水 4 英尺的暗车式小轮。[②] 这是一条比"利川号"大得多的一条轮船。看来岷江轮船公司的组织工作均已安排停当，只待择日开航了。

但是，这是立德的如意算盘。前面说过，义和团运动使英国侵略者吓破了胆，他们把"肇通号"买去改装成炮舰，于是溥安公司首先瓦解，从而依附于溥安的岷江轮船公司也就跟着不复存在了。[③]

六

义和团运动被中外反动势力镇压下去以后，外国侵略者入侵川江的活动再次活跃起来。

还在溥安公司解散以后不久，便有德国"商人"置备了一艘比"肇通号"轮船更为坚巨的"瑞士号"（Suihsiang）轮船开进了川江。但这只商轮在初次航行川江中，没有开到重庆便触礁沉没了。[④] 随后，紧接着又有德资"美最时洋行"及日本大阪轮船公司

---

① 《东西商报》，商 57，光绪二十六年，第 11 页。

② 同上。

③ 《北华捷报》，1900 年 11 月 7 日，第 976 页。

④ 《关册》，光绪二十六年，下卷，重庆口，第 16 页；《海关十年报告》，1892—1901 年，第 1 卷，第 297 页；另参见《东西商报》，商 79，光绪二十六年，第 4 页。按：这艘轮船亦有译为"瑞湘号"的。

的势力侵入了四川。它们分别在 1901—1902 年间先后在重庆开设行栈，并雇佣木船在这条航线上往来运货。①

当时的川江险滩对于商轮运输来讲依然还是有相当严重的障碍。美最时和大阪这两家公司在轮船试航成功以后，仍然利用木船运货。"肇通号"上水试航的两次借助于人力绞滩②，德商那艘轮船的触礁沉没，使企图行轮川江的外国"商人"都不得不踌躇起来。他们普遍认为在川江航道没有得到进一步改善的情况下，通行商轮肯定是无利可图的。③ 当时为侵略者控制的海关也强调用机器代替人力绞滩，以"振兴商务"。④ 正是在这种情况下，那个在川江航道上从事侵略活动已有将近 20 年经验的立德，也自此放弃了"通轮"的野心，转过头来专门从事于掠夺四川矿权。

为了攫取川江行轮的便利条件，1902 年 5 月，英帝国主义又迫使清政府和它签订了《中英续议通商行船条约》。该约第五款规定："中国本知宜昌至重庆一带水道宜加整顿，以便轮船行驶，又深知整顿之费浩大，且关系四川两湖地方百姓，所以彼此订立未能整顿以前，应准轮船业主听候海关核准后，自行出资安设拖拉过滩利便之件……"⑤ 这个条约的附件《续议内港行轮修改章程》中还规定："英国轮船东可向中国人民在河道两岸租栈房及码头，

---

① 《关册》，光绪二十八年，下卷，重庆口，第 21 页。按：在此之前，英商太古、怡和也曾利用木船从事贸易活动，以与它们的沪宜线相衔接。参见《海关十年报告》，1892—1901 年，第 1 卷，重庆口，第 142 页。

② 《关册》，光绪二十八年，宜昌口，第 18—19 页；《海关十年报告》，1892—1901 年，第 1 卷，重庆口，第 134—135 页。

③ 《北华捷报》，1907 年 6 月 4 日，第 659 页。

④ 《关册》，光绪二十六年，下卷，宜昌口，第 19 页。

⑤ 《光绪条约》，第 60 卷，第 12 页。

不逾二十五年租期。"①

这些特权对于帝国主义以轮运势力入侵川江的野心，又是一个新的刺激。所以紧跟着在1903年，就有法国"商人"开始在川江航道上援约进行活动。② 大约是由于具体"安设拖拉过滩利便之件"和沿江租设栈房码头等等也并不像侵略者设想的那样容易，所以直到5年以后，即1908年才又见有一批英法资本家组成了"长江英法辛迪加"（Syndicat Franco－Anglais du Yangtze），更进一步具体计划设立绞滩站，企图利用特种上滩小轮，不管洪水枯水，四季行轮，并打算以8万镑的经费进行第一次试探。③

20世纪初期帝国主义的疯狂掠夺，再一次激起了中国人民的反帝高潮。这就是由矿权、路权问题所引起的收回利权运动。在这次运动中，四川人民的反帝爱国阵线比以前更加强大了。他们在收回川汉路权运动的同时，也于1909年组成了一家轮船公司以对抗外轮入侵川江的活动。这就是"官商合办川江轮船股份有限公司"。④

川江公司是四川的一些官僚、士绅和商人组成的一家公司。开办资本共银20万两，"官任其四，商任其六"。⑤ 它所购置的"蜀通号"，是一艘长115英尺，宽15英尺，吃水3英尺，载重30吨，马力600多匹的暗轮式小拖轮。这艘小轮于1909年9月6日由宜昌开出，经过8天的航行抵达了重庆。⑥ 这是在川江航道上出

---

①　《光绪条约》，第60卷，第28页。

②　《北华捷报》，1903年8月21日，第401页；另参见《交通史航政编》，第1册，第4页。

③　《北华捷报》，1908年2月21日，第418页。

④　《交通史航政编》，第1册，第4—5页。

⑤　同上。

⑥　《关册》，1909年，下卷，重庆口，第85—86页。

现的第一艘华资轮船。但是，历史好像特意要讽刺中国早期发展中的轮业资本。这家川江公司行驶川江的第一艘轮船"蜀通号"竟招聘那个与立德一起驾驶"肇通号"入川的普兰田来当所谓"船主"。① 而这个普兰田借此也就在川江立下了脚跟。到第一次世界大战期间，他竟当上了执掌川江水道工程的海关大员"巡工司"。②

"蜀通号"开抵重庆以后的第三年，辛亥革命便爆发了。尽管这场革命并没有彻底清除帝国主义势力，但是对于入侵川江的帝国主义分子而言，汉口至重庆江面毕竟不是他们十分愉快的去处。当时的具体环境迫使他们不得不再一次推迟入侵川江的日程表。也正是在这样的条件下，川江公司才能在它创办以后最初几年中以唯一轮运公司的地位，获得了优厚的营业利润。③ 1915 年时还曾增资 15 万两。④

川江公司的营业利润吸引了另一些华资投入了川江轮运业。1915 年出现了一家蜀江公司，1916 年出现了联华公司，1917 年又出现了岷江公司等。⑤ 但是这个时候，全国各地已形成了军阀混战的局面。在战乱之中，这些资本微弱的华资轮船公司受尽了折磨。当时沿江的大小军阀毫无顾忌地征用它们的船只，摊派各种

---

① 《申报》，宣统元年六月二十八日。

② 《海关十年报告》，1912—1921 年，第 1 卷，宜昌口，第 261 页。

③ 邓少琴：《川江航业史》，《西南实业通讯》，第 8 卷第 4 期，1948 年 10 月，第20—22 页。

④ 日本东亚同文会编：《支那省别全志》，第 5 卷，四川省，1917 年版，第 400—401 页。

⑤ 邓少琴：《川江航业史》，《西南实业通讯》，第 8 卷第 4 期，1948 年 10 月，第20—22 页。

名目的捐税，其勒索之重，完全超出了它们可以承受的限度。[①] 后来有人统计，在这一时期，川江航道上华资轮船所负担的捐税计有护送费、江防费、送船费、护商费等总计达 20 余种之多，[②] 该线航商每户每年的负担不下 40 余万之巨。[③] 这样就根本扼杀了华资轮业的生机。同时这些小轮业在这条航线上又缺乏足够的经验，碰损失利也造成了严重的损失，[④] 以致前面提到的一些小轮公司先后停闭了。

另一方面，封建军阀是不敢触动帝国主义势力的，帝国主义势力正好利用军阀战争阻塞川江航运的机会大事扩充，并且迅速在这条航道上建立起它们的垄断地位。

在这个阶段里，首先出现于川江水面的帝国主义势力是 1917 年的美孚和亚细亚石油公司的班船"安澜号"及"美滩号"。[⑤] 第一次世界大战结束后，美资大来公司及英资隆茂洋行又相继侵入了川江。值得注意的是，当时由于军阀战争的影响，"轮行稀少，货客拥挤"，直把这条长仅 350 海里的川江航线的运价提升到骇人听闻的高度。以打包花为例，1921 年每吨运价曾一度达到 280 元左右，而由上海运至美国的运价，每吨不过 12 元。这就招致了一场帝国主义轮运势力间空前剧烈的竞争。到 1922 年初，行驶在这段江面上的帝国主义轮只就已增至 14 艘之多。[⑥] 美资捷江，英资

---

① 《关册》，1920 年，万县，第 13 页。

② 《东方杂志》，第 23 卷第 6 期，1926 年，第 55 页；另参见《关册》，民国八年，重庆口，第 406—407 页。

③ 《上海总商会月报》，第 4 卷第 2 期，《会务纪要》，1924 年 2 月，第 6 页。

④ 《海关十年报告》，1912—1921 年，第 1 卷，重庆口，第 234 页。

⑤ 同上书，第 233—234 页。

⑥ 《银行周报》，第 6 卷第 26 号，1922 年 7 月 11 日，第 32 页。

太古、怡和、安利洋行（Anrhold & Co.），日资日清和鸿江公司，[①] 法商吉利洋行（Antoine Chiris N. Dept.）和聚福公司（Union Franco—Chinoise de Nav.）[②] 蜂拥而至。

剧烈的竞争，又造成了运价的大幅度削减。大约从 1922 年 4 月开始，货运水脚较原有运价曾经跌了 4/5，客运亦跌了 2/3。[③] 帝国主义轮运势力这样翻云覆雨，横行霸道，不必说，中国自己的轮运业难以有生存余地的。

帝国主义轮运势力垄断川江航线的局面至 1925 年卢作孚的民生公司创办以后才逐渐有所改变。

最后，让我们简要地总结一下川江航权的丧失经过吧。

从 19 世纪 60 年代起，外国侵略者就开始了对川江航道上的水流险滩、木船运输和川滇黔三省的商品贸易等各个方面不断地进行侦察，累次提出备忘录、报告书渲染贸易前景，公开鼓动外交讹诈，乃至具体策划武装侵略。总之，侵略者处心积虑地入侵川江，以囊括大西南，不达目的决不罢休。在这中间，清政府始则畏葸苟且，妄想借川江险滩阻挡侵略势力；继则手足无措，出高价以换取短暂苟安；终则彻底屈服，竟致武装保护侵略者入川，其奴颜婢膝之态，完全丧失了民族的立场！

但是外国侵略者从蓄谋入侵川江时候开始，整整经过了 60 年才得以大举入川，这又是怎么一回事呢？历史事实清楚地说明，

---

① 《交通公报》，第 57 期，1921 年 9 月，第 17—18 页；《海事杂志》，第 3 卷第 2 期，1929 年 8 月，第 142 页。

② 《日清汽船株式会社三十年史及追补》，第 86—87 页。按：其中法商聚福公司，实为华商黄锡滋等创办，后因逃避军差，才由法商吉利洋行租挂法旗的。1927 年又改为"中法合资经营"。

③ 《银行周报》，第 6 卷第 26 号，1922 年 7 月 11 日，第 32 页。

中国人民的坚决斗争打乱了侵略者的西进日程表。事情是十分清楚的。1887年英国流氓商人立德的第一次试航计划，正是因为川江航户纤工"群起哗然"、"不肯含糊"的坚决斗争，迫使清政府以害怕"激众怒"、侵略者害怕"叛乱"才告流产的。1898年立德驾"利川号"再度试航时，引水与工程人员在宜昌又曾拒绝为立德服务。声势浩大的义和团运动，不仅打破了侵略者建立"正规的轮船交通"的计划，连"商民"都撤离重庆了。为开创川江商轮交通的溥安公司和岷江公司也随之瓦解。

1902年帝国主义势力从清政府手里又夺得了为便利入侵川江的另一批特权。但不久以后，中国人民收回利权运动则又压住了侵略者的气焰，使他们直到第一次世界大战时期依然无所作为。

收回利权运动也对中国轮业的诞生起到了促进作用。1909年开始出现中国人自己创办的轮船公司，其后又有几家小公司相继开办轮运业务。但军阀战争窒息了这一发展！而外国侵略者乘机于20年代初，再次大规模地侵入了川江！

在反侵略斗争中对人民的力量是不容低估的。对国内封建统治势力也是不能存在任何幻想的。侵略者的气势更是吓不倒人的。

川江航权丧失的历史，是最好的见证。

（《历史研究》，1962年第5期）

19 世纪中叶中国领水主权的破坏及外国在华轮运势力的扩张

第一次鸦片战争以后，在中国各项主权丧失的过程中，首先是中国领水主权的破坏。这里所说的"领水权"，最初是航权，很快就由航权扩及到土货贩运权、引水权以及港口行政权等等。在这一历史时期里，中国领水主权的破坏与外国在华轮运势力的扩张不仅是同步发展的，而且都是以暴力掠夺为手段实现的。

一 中国领水主权的破坏

（一）鸦片贸易与飞剪船

以迄第二次鸦片战争的半个世纪里，鸦片贸易以成倍地增长趋势不断扩大。马克思曾经指出："自 1816 年起，在对华出口贸易的每个发展阶段上鸦片走私所占的比率愈来愈不相称地大量增加。"[①] 据统计，1811—1812 年间中国每年进口鸦片平均为 4494

---

① 马克思：《鸦片贸易》，1858 年 9 月 25 日，《马克思、恩格斯论中国》，第 85 页。

箱，1821—1828 年间已达 9708 箱，1828—1835 年间为 18712 箱，1835—1839 年间更为 35445 箱。[1] 到第一次鸦片战争前夕，以经营鸦片为业的代理行号日渐增多，鸦片商人之间的竞争也日趋剧烈。剧烈的竞争中出现一批鸦片"巨商"，其中主要是英商怡和、宝顺及美商旗昌。资料记载，1829—1830 年间怡和的前身麦尼克行（Magniac & Co.）一家即独销 5000 余箱鸦片，价值 450 余万元。足占当时中国进口总额的 1/3。[2] 它与另一家鸦片商颠地行（后称宝顺）同称为贩售毒品的首恶。[3] 1834 年东印度公司垮台前夕，这两家行号的鸦片贸易额，即占广州总进口额的 2/3。[4]

为适应急剧扩张的鸦片贸易，鸦片贩运船只显著增加起来。1812 年春，麦尼克行就派船自广州沿海北上，一路走私贩毒。[5] 随后，以快速著称的一种专用于贩销鸦片的快艇（通称飞剪船）出现在中国沿海。1833 年前后，麦克尼行的飞剪船就不下 10 艘。[6] 1834 年这家洋行改组为渣甸行（怡和洋行）时，已经拥有一支包括 12 只飞剪船在内的船队，其中一半是专作中国沿海鸦片生意的。[7] 美商旗昌洋行，则后来居上，自 19 世纪 30 年代，它也开始置备船只参与走私贩毒活动。到第一次鸦片战争的时候，旗昌在广州的地位不仅与渣甸、宝顺相伯仲，甚至已超出后者。1839 年林则徐曾经指出："夷船到广通商，获利甚厚，……从前

---

①　马士：《中华帝国对外关系史》，第 1 卷，第 205—206、238—240 页。

②　格林堡：《鸦片战争前中英通商史》，第 124 页。

③　道光朝《筹办夷务始末》（以下简称《始末》），第 3 卷，第 2—3 页。

④　费正清：《1841—1845 年中国沿海的贸易与外交》(J. K. Fairbank, The Trade and Diplomacy on The China Coast 1842—1854)，Vol. 1，第 133—134 页。

⑤　拉巴克：《鸦片飞剪船》(B. Lacbbock, The Opium Clippers)，第 61 页。

⑥　同上书，第 70 页。

⑦　费正清：前引书，Vol. 1，第 134 页。

夷船，每岁不及数十艘，近年来至一百数十艘之多。"①

鸦片战争以后，侵略者乘余威，走私贩毒达到空前猖狂的程度。洋行商人很少不"充分利用他们的资力"走私贩毒的。② 有人估计中国历年鸦片消费额是，1842 年 28508 箱，1845 年 33010 箱，1848 年 38000 箱，1852 年 48600 箱，1853 年 54574 箱，1854 年 61523 箱，1855 年 65354 箱。仅上海一口的需求量 1848 年为 16960 箱，1853 年为 24000 箱，到 1857 年更增至 31970 箱。③

鸦片贸易的进一步扩大，自然需要船运力量相应的增加。在中印航线上为竞运鸦片经常有六、七只以上往返飞速行驶、号称世界第一流的鸦片飞剪船。这些船只不仅造型新颖、装备精良，而且一般配有"空前大胆"熟练的驾驶船员。④ 在中国沿海航线上，洋行商人也纷纷置办"漂亮的船只"或是扩充已有的船队。⑤ 旗昌洋行曾以巨额鸦片利润在短短几年之内一举添置数只鸦片飞剪船。⑥ 在这个时期里，飞剪船队的大小，往往成为衡量洋行实力的标准。资料记载，1845 年 11 月进出香港的鸦片船只不下 80 艘，其中属于怡和名下的即达 19 艘之多。⑦ 而当时出没于中国沿海的

---

① 林则徐：《林文忠公政书》，使粤奏稿，第 1 卷，第 155—157 页。

② 马士：前引书，第 1 卷，第 612 页，注 1。

③ 同上书，第 626、613 页。按：估计额可能偏低，据英国官方文件，仅在 1845 年输华鸦片即达 38000 箱。

④ 拉巴克：《中国飞剪船》（China Clippers），第 3—4 页；赛尔：《中国和中国人》（H. C. Sirr, China and Chincse），Vol. 1，第 265 页。

⑤ 拉巴克：《鸦片飞剪船》，第 59—60 页。

⑥ 斯塔克波罗：《普莱斯考特与鸦片飞剪船》（E. A. Stackpole, Prescott and the Opium Clippers），第 30 页。

⑦ 安达考特：《香港史》（G. B. Endacott, History of Hongkong），第 73 页。

鸦片船只就不下四五十艘。[①] 至于为承销鸦片而在各口普设的趸船还不算在内。

除鸦片飞剪船外，还有茶叶飞剪船；鸦片的贩运，也不限于飞剪船，此外还有夹板等各式"精锐的船只"。正是这些船只，扮演破坏中国航权的先锋。在暴力的驱使下，走私贩子完全置约款于不顾，"任意毫不拘束地在他们所愿去的地方，用他们所愿用的方法进行贸易"。这种无法无天的行径，约款条文固然无从限制，连侵略头子们都感到束手无策无法管理。[②] 外商船只的活动范围远远超出通商口岸的界限。诸如1861年才开埠的烟台、天津、牛庄等口远在开埠以前就已见到外商鸦片船只的踪迹。[③]

（二）海盗护航船只的猖狂活动

对于中国沿海航权的破坏，海盗"护航"的破坏作用较之走私贩毒有过之而无不及。我们知道，迫于海盗的肆虐，中国船商不得不以极其苛刻的条件接受外商的"护航"。实际上"护航者"本身往往就是海盗。因此，接受"护航"的中国船商仍然难以逃脱讹诈与抢劫的厄运。进退维谷的中国船商曾经力图摆脱困境，有时采取"结队航行"的办法以自卫，结果照样对付不了武装精良的海盗。[④] 一些华商宁愿舍弃水路转由陆路运输，然而这不仅费时、运费加大以及陆路税课不胜负担。同时战乱频仍，同样并不

---

① 马丁：《中国的政治，商业与社会》（R. M. Martin, China, Political, Commercial and Social），Vol. 2，第258—260页；赛尔：前引书，第265页。

② 莱特：《中国关税沿革史》（以下简称《沿革史》），第86、89、95页。

③ 同上书，第187页。

④ 1848年1月3日英国驻宁波领事 Sullivan 致 Davis，转见《沿革史》，第247页，注6。

安全。① 1848—1849 年间宁波木船公所曾经包租英商纵帆海盗船"斯派克号"(Spec) 护航，并向英国皇家海军舰队表示情愿每船支付 1000 元报酬，"允许"公所木船得在该舰队巡游的渤海湾及山东洋面开行，同时负责回航宁波的护送任务。英国舰队于是乘机勒索，加倍索酬，以致宁波公所计无所出。最后公所决定自筹 23000 英镑购买轮船"保顺号"(Paou Shun) 自行护航。但是，这艘华商自置护航船却仍需悬挂英国国旗，雇用外籍职员。华商护航船只本身都难以维持，"保顺号"的活动很快就停止，不久就被出售。② 走投无路的中国船商，最终仍然不得不借助海盗来"护航"。而以"护航"为业的海盗商人既赚取"护航费"，又向中国船商敲诈勒索。因为越来越多的外商船只竞相经营这项一本万利的"护航"生意。特别自香港至上海华南沿海一线，经常有英、葡、丹、荷等大批小型船只、双桅船和快艇（夹板船）为华商"护航"，其中以葡籍"护航船"最多。③

十分明显，以护航为业的海盗商人，一方面给中国船商贩运以严重摧残，一方面在更广的范围内破坏了中国领水主权。当然首先是航权。通过"护航"，外船尾随中国木船随处都可湾泊停靠。凡华船所至之处，"护航"船只均可任意前往。在海盗猖獗的地区，其势力甚且由海上伸向沿海城市。例如台湾的打狗（今高雄），美商拉毕奈（Robinet）和奈伊（Nye）就曾以"保护"这个非约开口岸不受海盗袭击及每船允交 1000 元为条件换取该口的樟

---

① 《沿革史》，第 185 页。

② 斯卡思：《旅华十二年见闻》(J. Scarth，Twelve years in China)，第 245—249 页。

③ 英国蓝皮书《1847—1848 年中国各口贸易报告》(B. P. P. Returus of the Trade of the Various Ports of China for the years 1847 and 1848)，第 104—105 页，转见姚贤镐：《中国对外贸易史资料》，第 1 卷，第 607 页。

脑贸易垄断权和设行的特权。[①]

第一次鸦片战争后签订的不平等条约约款中虽然不见有关航权的规定，但事实上在侵略者的暴力掠夺面前，中国的航权是难以维持的。然而航权的攫夺只不过是外船活动的条件。只有在侵夺航权的同时，又攫夺土货贩运权以后，侵略者才具备了发展在华船运业的基础。

（三）由航权到土货贩运权

揽载土货、从事沿岸土货贩运贸易的权利，与航权一样，作为独立国家都是不容侵犯的主权。不过航权遭到破坏，土货贩运权也就随之难保。

土货贩运贸易有称沿岸贸易的，这原是指中国木船商人固有的贩运贸易而言。有些著作又称之为"转口贸易"其实并不确切。所谓"转口贸易"，是指来华外商船只，按照约款规定，在完纳船钞后，"因货未全销"可以再"载往别口转销"。[②] 这本来是明明白白的。约文既不涉及土货贩运问题，更无允许外船在五个约开口岸行船贸易之意。相反，外商船只在非约开口岸的任何"私买私卖"活动都是非法的，更不必说贩运土货了。

但是，恰正是约款的这一条，为外商非法转运土货大开方便之门。外船转运洋货既然是"条约所明许"，转运土货也就"势难禁阻"了。[③] 一位西方学者曾就此写道：这项条款"为外船经营沿

---

① 丹涅特：《美国人在东亚》，第246页；格里芬：《飞剪船与领事》（E. Griffin, Clippers and Consuls, 1840—1860），第285页，注2。

② 1844年中美《五口贸易章程：海关税则》第六款："……或有船只进口，已在本港海关纳完钞银，因货未全销，复载往别口转售者，……俟该船进别口时，止纳货税，不输船钞，以免重征。"引自王铁崖：《中外旧约章汇编》，第1卷，第52页。

③ 班思德：《最近百年中国对外贸易史》，第77页。

岸贸易打开半扇门"。①如果意在说明约款文字不严谨，不足以约束外商的非法活动，固然未尝没有道理。实际上在暴力掠夺的年代里，外商的非法活动不是约款条文所能约束的。

首先，走私贩毒的船只贩运土货就不是约款条文约束得了的。早在 1843 年厦门地区即曾发现走私船只作为一项"附带利益"从事土货贩运活动。②"护航"船只的活动尤其难于约束。以"护航"而闻名的葡萄牙快艇老早就常为华商雇用，于厦门台湾之间从事鸦片、洋货及大米的贩运了。③ 在华商方面，与其承受海盗"护航"的敲诈勒索，不如干脆直接租雇外船承运土货反而较为有利，而且易于招徕。④ 在外商方面，则又以"船运比商品买卖更有利润"，所以乐于揽载。⑤ 然而，不论是华商雇用外船，还是外商揽载，终究都是没有约款依据的非法活动。为了扩大这项权益，侵略者蓄意要把这项权益合法化。

最初，出于防止走私、维持税收的目的，厦门地方政府曾经禁止华民利用外船运货，但却为英国侵略者所不容，并由此引起一场香港总督兼英国商务监督德庇时与清钦差大臣耆英之间的交涉。1947 年 9 月德庇时通过英国外交部转由英国驻华公使向耆英提出照会，进行威胁："如果限令华商不准用英国船装运货物，那就势必会妨碍贸易。"而在这当口，耆英居然建议英方采取措施，商定办法，以使华商能用英船运货。就这样，香港英国当局竟单

①　丹涅特：前引书，第 142—143 页。

②　《沿革史》，第 185—186 页。

③　同上书，第 188 页。

④　艾伦：《远东经济发展中的外国企业》（G. Allen, Western Enterprise in Far Eastern Economic Developments, China and Japan），第 127 页；S. 莱特：《赫德与中国海关》(S. Wright, Hart and Chinese Customs)，第 76 页；班思德：前引书，第 77 页。

⑤　格里芬：前引书，第 307 页。

方面以公告形式宣布："中国大学士（按：指耆英）允许该政府的臣民得用英国船只载运货物。"耆英也同时行文闽浙总督与海关监督示意遵行。①

发生于广东福建沿海地区的地方交涉事件在当时战败的清政府整个对外关系中不过是一支小小的插曲，并不具备国家之间条约约款的效力，但它"足能赋予华商用外船运载土货以合法的外貌"，同时对外商船舶的土货揽载业务无疑也会起着庇护与鼓舞作用。在此前后的几年之间，这项非法活动便在华南沿海相当普遍地开展起来。一艘载重 50—300 吨的"快艇"等轻便帆船大都"从事于租赁人所指定的任何口岸间的土货沿岸贸易"。② 这股势力寖假又向上海以及华北地区扩张。外商的各式轻便木船跟着出现在漫长的沿海航运线上。既有英、美、荷、葡国籍的快艇，还有一种以善于经营著称的来自"德国北部的轻便船只"。③ 既贩运宁波上海间的土糖，也兼载东北南运的豆石。④ 英国官方文件透露：英国船只"绝大部分"都在非约开口岸非法从事土货的贩运。⑤ 据 1856 年的统计，上海外商船只半年的数字表明，在总数 141 只英商船只中，进口上海者有 1/3 都在经营"沿岸贸易"；在 51 只美商船只中，经营此项贸易的比例也不相上下。⑥

"土货贩运"显然是侵略者以暴力手段攫夺到手的一项约款外

---

① 《沿革史》，附录丙，第 584—585 页。

② 《沿革史》，第 186 页。

③ 班思德：前引书，第 37—38、48 页。

④ 蓝宁等：《上海史》（G. Lanning－S. Couling, The History of Shanghai），第 388 页；咸丰朝《筹办夷务始末》（以下简称《始末》），第 40 卷，第 35—36 页。

⑤ 英国蓝皮书《关于 1857—1858 年额尔金勋爵至中国及日本特使团的通讯》，第 83—84 页。

⑥ 格里芬：前引书，第 265 页。

权益。随着这项业务的日益扩大，1855 年上海外商复向上海道台施加压力，进一步要求由外船承揽贩运的土货"得按沙船所载货物的现行税率交纳关税"，[①] 把矛头直接指向沙船业。事情当然不是上海道台所能拍板的，但上海外商意欲进一步扩大华北、长江地区土货贩运阴谋却暴露得一清二楚。这一阴谋通过第二次鸦片战争终于实现了。

（四）航权与土货贩运权的进一步丧失

第二次鸦片战争以后首先是长江航运权落入他人之手。中英《天津条约》第十款规定："长江一带各口，英国船只俱可通商"、"准将自汉口溯流至海各地，选择不逾三口，准为英商进出货物通商之区"。[②] 这是英美侵略者对长江航行贸易特权长期觊觎的结果。早在 1854 年英国外相克勒拉德恩在给包令的训令中明确表示英国的头号目标是广泛进入中国内地及沿海各城市，第二个目标就是长江航线的"自由航行"。[③] 美国驻华公使麦莲竟蛮横地以"近年江路不通，商本亏折"为借口，要求进入长江贸易，甚至以"径赴天津"、逼近京师相威胁。[④] 与此同时，外商船只已经肆无忌惮地非法开进长江，越过镇江、南京一直深入到安徽的和州与芜湖。[⑤] 从这个角度来讲，约款的签订不过使外商的非法活动合法化而已。

无论如何，第二次鸦片战争后签订的各项约款都给在华外商以新的鼓舞。上海洋行纷纷展开紧张的活动。《天津条约》签订前

---

① 《北华捷报》（North China Herald），1855 年 3 月 31 日。

② 王铁崖：前引书，第 1 卷，第 97 页。

③ 马士：前引书，第 2 卷，第 764—769 页，附录 16。

④ 咸丰朝《始末》，第 8 卷，第 18 页。

⑤ 同上书，第 14 页。

后，就已有资料说，至少有 4 艘英国轮船已顺长江闯到九江与汉口。[①] 成批的歹徒恶棍渗入长江沿线各地。上海汉口间的"半海盗性"走私贸易日益猖狂。[②] 在这里，值得注意的是外商船只承运土货贩运活动的扩张。

与行船、贸易特权一样，侵略者也想把土货取运权订入约款、把非法活动合法化。香港英商即曾向受命来华主持修约的全权专使额尔金（Elgin）提出："因为中国土货的沿岸贸易目前已完全奠定"，所以在修订条约和税则之时，有必要"以专款予以保障和确定"，这样"渐渐地外国船或许就会垄断了沿岸贸易的极大部分"。[③] 英国政府当局则认为"欧洲国际惯例没有承认这种权利的，我们用武装征服得之，无辞可以辩解"。[④] 或许由于顾虑国际舆论的压力，侵略者终于未敢贸然将此项特权写入《天津条约》。

论者咸以为最早订有专款的是 1863 年在英美支持下签订的《中丹条约》。该约第 44 款规定："丹国商民沿海议定通商各口载运土货，约准出口先纳正税，复进它口再纳半税"。[⑤] 实际上在以前的两年，即 1861 年签订的《通商各口通共章程》中已经明确规定："洋商由上海运土货进长江，其该货应在上海交本地出口之正税……"[⑥] 当然，"这只不过是将当时已经成为公认惯例的事物写成文字"[⑦] 的把戏。但即使在这个时候，虽然实际早已打破通商口

---

①　咸丰朝《始末》，第 33 卷，第 25 页。

②　S. 莱特：前引书，第 238 页。

③　英国国会档：《关于 1857—1859 年额尔金勋爵及中国及日本特使团的通讯》，第 71 页。

④　1861 年 11 月 10 日卜鲁斯致罗素，158 号发文，F. O. 17/356。

⑤　王铁崖：前引书，第 1 卷，第 203 页。

⑥　同上书，第 178 页。

⑦　《沿革史》，第 195 页。

岸的界限，约款文字还是限于"通商各口"。

在华外商之所以急于把土货贩运权正式订入约款，也并非出于偶然。土货贩运业务的增多，直接刺激外国在华船运势力的扩张。第二次鸦片战争以后，连盐运、漕粮以及东北豆石尽皆落入外商的视野之中，使外船承运土货达到无所不包的程度。

盐的运销历来都是由官府控制的。除额定盐船外，其他船只均属"永在禁例"不得任意承运。然而依恃特权活动的外商船只不仅"安全稳妥"、"有保险可靠"，通过走私偷税降低运输成本，很快打入"永在禁例"的盐运。资料记载："近来各国拖带盐船之案，不一而足。英则有郑士贞、法则有弥乐尔、美则有立本，以及兆丰行、士吉行、华记行皆曾犯禁，虽然被获议处，漏网尚多，各国无不包庇商人"。[1] 英国依伦马时多在温州上海间违约装载盐斤。[2] 曾经轰动一时的"亚连船主案件"（Allen Master Case）就是在这条航线上私载 1500 包盐斤触发的。[3] 在长江航线上同样"往来任意"、不受口岸限制牟取暴利。[4] 有一美国洋人白来"屡在南京私作买卖"，"并在不通商口岸私卖食盐"。[5] 有的外商利用太平天国战争期间淮盐滞销的机会，驾私运盐斤的轮船竟"潜赴吴城饶州一带"。著名的琼记洋行甚至把它的轮船自泰州拖曳盐船往返汉口。仅 1862 年一年琼记在盐运上就获取净利 8000 元。[6] 沈葆桢曾对外商轮船猖狂偷运盐斤的现象记述说："常有小轮船私运盐

① 同治朝《始末》，第 50 卷，第 35 页。

② 《通商章程成案汇编》，光绪十二年，第 15 卷，第 8 页。

③ 《沿革史》，第 149 页。

④ 拉巴克：《鸦片飞剪船》，第 354 页。

⑤ 《通商章程成案汇编》，光绪十二年，第 15 卷，第 8 页。

⑥ 洛克伍德：《琼记洋行》(S. C. Lockwood, Augustine Heard ＆ Co.：American Merchants in China on the Eve of the Openig of the Yangtze, 1858—1862)，第 94—95 页。

侵入湖汊", "然缉之甚难，辄以洋税见拒，擒之则以陵虐为词，防以炮船，又迟速悬殊，每被远飏而去"。[①]

盐运情况如此，我们再看漕运。被视之为"天庾正供"的漕粮，数量大、运价高，早已为在华外商所觊觎。由于太平天国革命战争的发展及黄河易道运输因之阻滞，北运漕粮大减，以致"京师为之震动"。1859年法国侵略者首先趁机威胁，"屡有拦阻漕粮放洋之议"。[②] 深虑"夷情叵测，海运堪虞"的清政府，计无所出，不得不通过买办商人出头与外商疏通。对于运价优厚的漕运引颈待望的上海洋行商人自然不愿错过机会。据说1860年初怡和、广隆、宝顺、华记、公益、和记等洋行"已允相机行事"。[③] 但首先是美商琼记与旗昌。

我们知道，当时的琼记老板 A. 赫尔德（A. Heard）长期充当俄国驻上海领事，保持着"多年来在俄国外交界苦心建立起来的联系"，因而俄国驻京公使伊格那提业幅（Ignatiev）及俄国驻京主教古黎（Gurü）千方百计地从政治上影响清政府、为美商穿针引线。[④] 当《北京条约》换约的时候，他们首先向清政府发出"助兵剿贼、代运南漕"之请。伊格那提业幅同时提出上海美国商人及中国买办"情愿领价采买台米、洋米运京"。[⑤] 这里所说的美商即琼记与旗昌。这两家洋行及其买办一方面与有关方面签订合同，一方面秘密交易：两家共同承担费用，保持独立经营。各自垫支60万—70万元资本，分头由远东各地购买100万担谷米运津。估计从采买与运输中可获利120万元，显然这是一桩如意的

① 同治朝《始末》，第53卷，第6页。
② 咸丰朝《始末》，第47卷，第10页。
③ 同上书，第48卷，第11页。
④ 洛克伍德：前引书，第82—90页。
⑤ 夏燮：《中西纪事》，第20卷，第1—2页。

买卖。为完成这项合同，需要另雇赁 100—150 艘轮船。因为由外商承运漕粮之议引起了清政府内部的严重矛盾，事情终至于搁浅。[①] 合同虽不曾实现，洋行商人也并未死心。在利润驱使下，洋商之间仍然出现一场购运漕粮的竞争，一时间涌至天津的米谷总计达 65 万担，致使北京米价大跌。琼记洋行因此招致在中国的"第一次亏损"达 12 万元巨款。[②] 洋商争夺漕运的活动才暂沉寂下来。不管怎样，历来由官方承办的漕粮却开了可由外轮承运的先例。

漕粮如此，东北的豆石自然也难于逃脱外商的注视。第二次鸦片战争以后，豆石出口贸易中心牛庄与登州同时被迫开埠，"准英商亦可任意与无论何人买卖，船货随时往来"（中英《天津条约》第十一款）。不过约款尚未具体涉及具体的贸易问题。1858年 11 月 8 日签订的中英《通商章程善后条约》第五款甚至还规定："豆石、豆饼在登州、牛庄两口者，英国商船不准装载出口。"[③] 然而，在这个暴力掠夺猖獗的年代里，外商船只既已获得自由进出贸易特权，欲禁其揽载豆石已势所不能。不到两年，即1862 年 3 月 24 日上海英国领事就悍然宣布外商船只即日起可"自登州及牛庄出口豆石至任何口岸，与其他中国土产无异"。[④] 其所以发生如此大的变化，未尝不是为共同对付太平天国中英之间一笔政治交易的结果。历来由中国沙船营运的巨额豆石贸易最终落入外国船商手中。

实际上除盐运、漕粮及豆石以外，油、麻、铜、铁、米粮、面食、木植、铜钱等等，不仅都是外船揽载的"土货"，且均已订

---

① 洛克伍德：前引书，第 82—90 页。

② 同上。

③ 王铁崖：前引书，第 117 页。

④ 《字林西报》（North China Daily News），1868 年 5 月 11 日，第 1660 页。

入约款之中。第二次鸦片战争以后几年之间"国际惯例"不能承认的土货贩运权在中国都取得了约款的"合法保障"。

(五) 引水、保险及港务行政权

与航权、土货贩运权一样,引水权则是一个主权国家另一项不容侵犯的领水主权。广州公行时代,引水均由华民充当。在清地方政府管理下,他们有自己的引水组织。事实证明他们完全可以胜任广州黄埔地区外船进出的引水任务。[①] 尽管如此,引水作为一项特权仍然被订入不平等约款之中。不过最初还只是外商可得"自由雇佣引水",没有多久,引水便落入外国领事的控制,即由领事决定引水取费标准,甚而由领事颁发执照。从此西方浪人便得以挤入中国各口领水的行列。这些外籍引水无论在取费标准及技术操作上都不是华籍引水的对手,有些人根本都不具备基本引水的条件,他们是一些"倾酒贪杯"的流氓;在品质上"通常都不比他们的中国同行可靠"。[②] 在福州即曾发生由于外籍引水技艺过于低劣而给旗昌洋行船只造成严重海损事件。于是旗昌便公开通告,嗣后充当闽江引水员在为旗昌船只引水之前,必须取得美国领事的签证。[③] 福州引水权就这样最终落入与船运及保险业务有密切关系的七名"商人领事"手中。华籍引水虽然也被允许申请执照,但由考核、鉴定到颁发执照同样都需要由七名领事共同签发证件。[④]

在上海,开埠初期华籍引水还有一定的活动余地。自 1851 年

---

① S. F. 莱特:《赫德与中国海关》,第 304—305 页。

② 拉巴克:《中国飞剪船》(China Clippers),第 177 页。

③ 《北华捷报》,1855 年 12 月 8 日。

④ S. F. 莱特:《赫德与中国海关》,第 308 页。

任命外籍"港务长"以后，华籍引水的地位逐渐为外籍引水所取代。1852年一个外籍引水林克雷特（Thomas Linklated）开始了当地的引水业务。继上海海关"临时征税制度"建立之后，于1855年底英美法三国领事会同上海道制定了"第一次引水章程"。其中竟规定充当引水员的资格需要3—5名外籍船主及一名外国海军军官与中国海关监督组成的"考核委员会"进行考核。在这个时候，虽然考核权利旁落，不过中国引水在名义上还保有申请引水执照的权利。① 到第二次鸦片战争后的1859年，三国领事又复规定一项"管理"外籍引水的"十三条条例"。在这项条例中，全部吊销过去颁发的引水执照，规定上海外籍引水执照由三国领事颁发，华籍领水竟被完全撤开。② 直到1868年在《中国各海口引水总章》中，才又规定了"华民亦可充当引水"，但须经"考核局"考核。③ 而"考核局"的大权却是在外商掌握之中。中国的引水权就是这样一步步旁落的。

侵略者之所以蓄意侵夺中国引水权，是因为在当时贩运贸易机制中，引水是扼制中国船商、扩张自己船运势力的有力手段。通过上述的"十三条条例"，不仅剥夺了中国商民申请执照、充当引水的权利，竟还规定外籍引水"不得任意为华船引水"。④ 而没有"合格的"引水员引水的船只就不得进出港口。在这里，引水本身就足以置中国船商于十分困难的境地。

问题还不止于此。引水还是船商能否取得保险资格的前提条件。没有"合格的"引水员引水的船只，不仅不得进出港口，还

---

① 《北华捷报》，1856年1月5日；蓝宁等：前引书，第380页。

② S. F. 莱特：《赫德与中国海关》，第308页。

③ 王铁崖：前引书，第264—265页。

④ 《北华捷报》，1860年1月21日，第10页。

不能向保险行"纳费投保"。而没有保险行承保，就难以揽载，船只便无货可装。在暴力掠抢盛行的年代里，出于安全的考虑，对于船商来说，保险具有特殊的重要意义，所以外国洋行、船商大都经营或代理保险业务，几乎很少例外。作为商业流通的一个重要环节，外商控制的保险，充分发挥的是便利外商、限制华商的双重作用。不用说外船承运商货自然可以向外船保险公司"纳费投保"，甚至对一些从上海购买洋货利用外船运输的华商都可给予"不必保险"的优待。[①] 利用外船运货，既迅速安全，又能节省保险费用，对华商货主无疑具有无比诱惑力，以致向外国船商托运的华商竟"趋之若鹜"。[②] 而外商保险行对中国船则往往拒绝承保。[③] 对得不到保险公司的承保而难以招徕货源的中国船商来说，这无异"釜底抽薪"。所以当时就有人说，是"海上保险原则"使外商船只得以垄断华商货运的，[④] 这种说法不是没有道理。

一方面引水被作为保险的前提条件，另一方面保险又能控制引水。上述的"十三条引水条例"中就有这么一条："凡欲在长江或黄浦江引水者，必须向本地保险公司的一名理事（Surveyor）提出申请，不得保险公司的同意，不得充当引水。"[⑤] 引水本来是一项领水主权，似乎不可能也不应该由纯粹商业性质的保险公司所控制。然而事实却是如此。1862 年曾经有过一家外商的"引港公司行"开张营业。跟着兼营轮运业的怡和、宝顺与广隆 3 家大洋行就分别代表谏当、于仁与香港 3 家保险行以威胁的口吻出头

---

① 班思德：前引书，第 77 页；英领报告，1869 年，天津，第 14 页。

② 同上书，第 77 页。

③ 英国国会档：《关于 1857—1859 年额尔金勋爵至中国及日本特使团的通讯》，第 83—84 页。

④ 《北华捷报》，1860 年 1 月 21 日，第 10 页。

⑤ 同上。

公告说："凡不雇用执有本行执照的引水员引水的船只，本市保险公司即不予承保。"①

上海如此，福州情况亦极为相似。美商旗昌洋行最早于1852年开展福州业务以后，复于1855年把"孔夫子号"轮船开进闽江。② 不久它又开办了中国互助保险公司（China Mutual Ins. Co. Ltd. Of Boston）的代理业务。旗昌也曾公开声明："不得美国领事签证的引水执照，亦不能得到旗昌的保险。"③

与此相关而不能不提的是港务行政权。这项领水主权同样直接关系到船运业的盛衰与发展。以上海为例。19世纪50年代初期，随着侵略势力之逐渐自广州北移，上海日益成为外商船运活动的中心，上海港务行政权亦复成为侵略者猎取的目标。

早在1851年即由英、美、法三国领事出头，勾串上海道吴健彰任命一个"美商"贝利斯（Baylies）充当上海"港务长"。作为一个主权国家，由外国人充当港口港务长，在中国固然是空前的，在国际惯例上也是罕见的。据说港务长的职称，除有权任命"海关头等总巡"（Customs Tidesurveyors）外，④ 还对港口进出外籍船只之下锚和进出负有维持秩序之责。⑤ "港务长"也曾订定过《港务条例章程》，但终究掩盖不了它的侵略实质。《上海新报》透露说，上海港口在《港务条例章程》管理下，外商船只，"不论东西，截江横泊"，进出上海港口的沙船，不能识别其沉落水底之锚，以致"不碍此处之锚，便碍彼处之缆"。于是，外商即"藉此勒诈，指为碰坏船中物件"，除重加勒赔外，还将沙船耆舵吊打。

---

① 《北华捷报》，1862年4月19日，第62页。

② 《北华捷报》，1855年4月21日，第153页。

③ 《北华捷报》，1856年1月5日，广告。

④ 格里芬：前引书，第297页。

⑤ 《北华捷报》，1851年10月4日，第38页。

许多中国木船商家因此遭受严重摧残。① 中国港口的"港务长"明显地扮演了打击中国船商、维护外国船商的角色。

总之，在本文所讨论的短短十数年间，从航权、土货贩运权、引水权直到港口行政权，整个中国领水主权，已经遭到全面的破坏，从而为外国在华轮势力的扩张铺平了道路。事实充分证明，中国领水主权破坏的过程，也就是外国在华轮运势力扩张的过程。

二　早期外国在华轮运势力的扩张

（一）鸦片战争前的外轮试探活动

探讨早期外商轮运势力侵略中国的历史，需要追溯到19世纪20年代。这个时候，作为新式运输工具，轮船在西方也还处于初创阶段。1807年北美赫森河出现第一艘轮船，英国克莱德河出现第一艘轮船则是1811年。② 在俄国，别尔德工厂中造成第一艘轮船是在1815年。③ 但是，没有几年，外国人就开始在中国领水行轮的行动了。

1821年，一个广州东印度公司商馆职员罗巴茨（J. T. Robarts）在伦敦向东印度公司董事会提议在广州内河行驶轮船。这项提议由于东印度公司执事兰尼（Rennie）坚持认为中国当局不会允准而搁置起来。但罗巴茨并不死心，蓄意自己着手购造轮只，并于次年初把备件运抵广州。其组装计划由于他生病而未果，

① 《上海新报》，同治元年闰八月十四日。

② 《新建设》，1953年8月号，第50页，据《大英百科全书》第14版第20卷第549页载，1814年英国才有第一艘轮船加入航运。美国则在1809年，转见樊百川：《中国轮船航运业的兴起》，第117—118页。

③ 《史学译丛》1954年第2号，第20页。

机器物件复于 6 月转运至加尔各答，重新装配。1823 年 7 月终以"Diana 号"命名下水，载重 80 吨，明轮轮船。据说这是从西方向东方"引进"的第一艘轮船。[①]

这项中途流产的行轮计划并非出于偶然。就在 1821 年前后的几年当中，中国鸦片走私贸易急骤增加，华南沿海鸦片走私市场迅速开辟。美商旗昌、奥理芬，英商麦尼克、孖地臣、颠地等洋行先后组成。这里既有散商行号之间的竞争，又有散商行号与东印度公司之间的角逐。亟待引进的轮船显然被视为鸦片贸易竞争的有力手段。

鸦片贸易日益扩大，散商行号的作用也日益明显，前已提到仅麦尼克行一家在 1829—1839 年间的一个季度就独销了 5000 余箱鸦片。[②] 正是这家行号在此时此刻把一艘小轮开到中国领水的。这就是"中国领水第一次出现的"161 吨的明轮小轮"福士号"。据说这艘小轮 1829 年原为麦金托什洋行（McIntosh & Co.）所购置，转年由麦尼克行行东孖地臣租用，于 1830 年 4 月 18 日从加尔各答开抵伶丁。[③] 在中印间的航行过程中，它拖带一艘载有 840 箱鸦片、52 吨煤的"杰姆茜娜号"帆船，以便沿途提供轮船用煤，而中途煤尽，不得不甩掉帆船靠风力航行。[④] 由于买不到适于发动轮机的优质煤，在归途中甚至烧木代煤。[⑤] 魏源在《海国图志》中记述的"中立铜柱，空其内烧煤。上设机关，火焰上即自

① 哈维兰：《早期中国香港及珠江的轮船运输》，《美国海事》（American Neptune），第 22 卷，第 1 期，第 5—6 页。

② 格林堡：前引书，第 124 页。

③ 《美国海事》，第 22 卷，第 1 期，第 6 页。

④ 拙书《中国近代航运史资料》第 1 辑，第 35—36 页。

⑤ 《早期怡和洋行及怡和轮船公司简史》（The early History of Jardine, Matheson & Co Ltd. and the Indo-China S. N. Co. Ltd），第 6—7 页。

运动，两旁悉以车轮自转以行"，抵作"通紧急书信之用"，不载货物，1828 年出现于澳门的小轮，可能就是"福士号"。①

由"福士号"驶华的经过看，中印航程需时 38 天，速度上并不比飞剪船优越，难以起到"通讯船"的作用。它本身又缺乏货载舱位，技艺上亦不足以作远程航行。这种"代价很高"的行轮活动，也"只有在鸦片买卖中"才有可能。尽管如此，"福士号"的出现，却显示鸦片贸易的扩大趋势及中国领水通行轮船的可能。

1835 年，即麦尼克行扩大改组为怡和洋行后的第三个年头，便把一艘以其行东名字命名的"渣甸号"（Jardine）利用风帆自阿伯丁开到中国。② 这条 58 吨的小轮之在中国出现，当然不无鸦片商人在竞争中自我炫耀的作用。据说怡和原意是想用以解决外商居留的广州及眷属居住的澳门之间的交往与通讯的交通迟滞问题的。③ 1836 年 1 月 1 日当它上溯珠江之时，却遭到清地方当局的禁阻，旋即将机器拆除，改为横帆继续航行于广东沿海。④

直到鸦片战争前夕及战争期间，轮船曾经频繁出没于广州、定海以及吴淞地区的广阔水域，出于侵略战争的需要，从事探测水势、通讯联络、拖带帆船、引导兵船等活动。战争期间一时还谈不上商用。但是，战争甫停，大批外商蜂拥来到中国，商用轮船的活动跟着提上日程。几年以前对"渣甸号"清政府还有权

---

① 魏源：《海国图志》，第 52 卷，第 3 页。文献中还见到另一艘"金发号"（King—fa）小轮，据说 1832 年曾见诸广州报纸广告，《泰晤士报》还说该轮行驶广州北京航线，乃是"一桩骗局"，均不足信，参见前引《美国海事》。

② 《沿革史》，第 247 页，注 12；一说在伶丁组装，参见埃米斯：《在中国的英国人》（J. B. Eames，The English in China），第 267—269 页。

③ 《中华丛报》（Chinese Repository），第 4 卷，第 436—437 页，转见吕实强：《中国早期的轮船经营》，第 4—5 页。

④ 《美国海事》，第 22 卷，第 1 号，《怡和洋行及怡和轮船公司简史》，第 7 页。

"禁阻"。战败之后,外商轮船即已获得进出中国领水的自由。1844—1845年间美商的伊迪丝号及米达斯号(Midas)开到中国,并在香港广州间"航行过一段时间"之后返回纽约。这是美国开到远东的第一艘轮船。[①] 也是这一年,英商丽如银行在港粤开设了分行,大英火轮公司的轮船"玛丽伍德夫人号"(Lady Mary Wood)也开到中国。[②] 对华贸易的狂热投机吸引着轮船。西方商人预期有朝一日中外贸易的进一步发展,必将对轮船运输带来繁荣。[③] 这种"预期"当然不无道理。外商在华轮运业的兴起过程就是一个证明。

(二)鸦片战争后省港澳地区外商轮运业的出现

外商在华轮运业首先是在西方商人盘踞的基地、鸦片贸易的中心广州、香港、澳门地区出现的。资料证明,早在1844年怡和洋行便以186吨的"考赛尔号"(Corsair)轮船开展了广州、香港间的客货运输。开始时曾以约款未允轮船从事货运为由一度被清政府扣留,随后在广州英领事压力下冲破清政府禁令而自由航行。[④] 前述旗昌的"米达斯号"(148吨)抵达香港后于1845年9月3日曾发布公告:"米达斯号将开香港广州定期航线,每周往返两次,兼运客货"。[⑤] 1846年在这条航线上至少有两艘轮船"迅速准时"地从事定期客货运输。[⑥]

---

① 《福士回忆录》(R. B. Forbes, Personal Reminiscences),第208—211页。

② 姚贤镐:前引书,第641页。

③ 同上书,第640—641页。

④ 《怡和洋行及怡和轮船公司简史》,第8页。一说该轮1846年初开省港线班轮,参见《美国海事》,第22卷,第1号,第9—10页。

⑤ 《美国海事》,第22卷,第1号,第8页。

⑥ 姚贤镐:前引书,第641页。

　　作为庞大的鸦片、洋货存储仓栈及贩卖华工的中心，香港地区的贸易活动日益扩大。[1] 已有的小轮已经供不应求。香港外商先是要求大英火轮公司开辟香港至广州日班，未果。随后大英同意派出一船行驶港粤线，作为远洋航线的补充。而宝顺行东甘倍尔（A. Campbell）及怡和行东 A. 孖地臣（A. Matheson）则认为"大英一轮肯定不敷所需，增添轮船仍能有利可赚"，遂倡议创办轮船公司。1847 年 8 月着手建造适宜航行珠江的轮船各约 140 吨的"香港号"、"广州号"。[2] 1848 年一家"省港小轮公司"（Canton Hongkong Steam Packet & Co. ）在广州开业了。[3] 这是在中国最早出现的外商专业轮船公司，资本 3 万两，共计 120 股，每股 250两。[4] 招股之时，几乎整个外商商界前来购股。首倡者虽是怡和、宝顺，实则投资创办者包括琼记、公易（Smith，Kenndy & Co. ）、布什（Bush & Co. 音译）、丹拿（Turner & Co. ）、李百里（W. W. King & Co. ）等香港、广州主要洋行。[5]

　　英商的置轮活动，跟着招致美商的竞争，继"米达斯号"之后，1849 年旗昌又把一艘木质明轮"星火号"（Spark）小轮的骨架运至黄埔，于次年初装配完工，寻即开始省港间运输业务，并赢得"珠江最舒适的客运船"的声誉。于是 1851 年大英再加一艘141 吨的"查理·福士爵士号"（Sir Charles Forbes）。从此在竞争中英美商人竞相增置小轮，广州、香港一带水域变成外轮竞运角逐的场所。1853 年旗昌先后添置 468 吨的"孔夫子号"及 137 吨

---

① 班思德：前引书，第 57 页。

② 《美国海事》，第 22 卷，第 1 号，第 11—12 页。

③ 艾德：《香港史》(E. J. Eitel, The History of Hongkong)，第 276、346 页。一说资本为 3 万镑。

④ 《美国海事》，第 22 卷，第 1 号，第 12—13 页。

⑤ 同上。

的"皇后号"。转年大英也添置"大达号"（Tartar）及"安恩号"（Ann）。差不多同时美商又增加一艘"河雀号"（River Bird），英商则又复酝酿再增三艘铁质轮船，即"罗斯号"（Rose）、"塞斯特号"（Thistle）及"沙姆罗克号"（Shamrock）。[①] 日趋激烈的竞争构成对省港小轮公司的严重威胁，使这家一直无利可图、但给（省港外商）社会提供"实惠"的专业小轮公司不得不于1854年宣告拍卖。[②]

此后不久，太平天国的军事行动波及到广州地区，华商木船运输实际等于停顿。在政治特权及武装力量保护下的外商轮船遂趁机进一步扩大客货运输业务，以致一度出现货源不足、轮船供过于求的现象。到1855年又一变而成为异乎寻常的繁荣。常川行驶在珠江的轮船，本已达7艘之多，却仍然继续添造"威廉麦特号"（Williamtte）、"铁皇太子号"（Iron Prince）及"加罗林那号"（Carolina）。其中由奈伊洋行（G. Nye Bros. & Co.）代理的"加罗林那号"是一艘"700马力、容积600吨、在拖带、货运及运送邮件方面都是最有效的暗轮轮船"。[③]

1856—1857年间第二次鸦片战争爆发了。在这场民族战争中，受到严重摧残的不是外商轮运业，而是中国木船商，激于民族仇恨的木船船民愤而开展打击侵略者的尖锐斗争。1856年12月初发生一场空前规模的罢工运动，"所有中国木匠都离开了黄埔船坞"。有一外籍"造船者"被华民强执以去后再无所闻。跟着广州外商商馆几乎焚毁殆尽。同月22日，"塞思特号"拖带夹板"安欧恩那号"赴港途中，遭到100只木船的攻击，使这艘轮船不

---

① 《美国海事》，第22卷，第1号，第12—13、16—20页。

② 同上书，第12—13页。

③ 同上书，第21、27—28页。

得不甩掉夹板狼狈逃窜。1857年1月初"飞马号"的船长卡梯拉
(Caotilla) 差一点被中国船民捉住，吓得他"再不愿冒险航行
了"。①"皇后号"船长魏恩（Wynn）、工程师维尔（Wier）都被
船上华人杀掉，由此使侵略者惴惴不安，竟将所有外轮船上华籍
水手解雇，全部改由欧人经理。②

由此中国木船商更加备受摧残。为了适应侵略的需要，很多
商轮都加以武装而被用作镇压中国人民的工具。1857年5月在武
装的"香港号"及"查理福士号"的参与下，曾毁坏中国木船40
只。6月，包括"轮船炮艇""普拉佛号"（Plover）、"斯塔林号"
(Starling) 及"汉泰号"（Hanghty）在内的英国武装力量一次击
毁中国木船达70—80只之多。③

斗争尽管十分尖锐，但外轮业务并不曾绝迹。即使在珠
江之内，还有一部分外轮继续"在困难中活动"。④ 第二次鸦片
战争结束以后，外商轮船又纷纷驶回，珠江上的运输实际已为外商
轮船所垄断。这就是外商轮船最早在省港澳地区的发展历
程。

（三）外轮势力由省港澳地区向沿海航线的扩张

省港澳地区外商小轮运输业之所以发展迅速，主要是地方贩
运贸易扩大的结果。除走私、贩毒、华工出口外，还有土货贸易
运输。在贩运活动中，外轮采用各种方式扩大自己的业务。有的
是拖带华商木船，有的则是自己揽载货运，还有的为华商所包租。

---

① 《美国海事》，第22卷，第1号，第33—35页。
② 同上书，第38页。
③ 同上书，第33—35页。
④ 同上。

在这种情况下，轮船活动领域必然要突破香港、广州、澳门地区的范围。早在 1847 年 1 月，华商雇用"考赛尔号"拖带一条 500 吨货运的木船开至"西部海岸"。前述的"加罗林那号"的船东还曾公告它可以"接受租雇到任何可到的港口或地方"。① 就是说不论通商口岸与否，外轮活动已然一无限制。外轮势力迅速自省港澳地区向华南沿海其他地区、向北伸张。1851—1852 年间外商轮船在广州与厦门之间已屡见不鲜。香港、汕头、厦门之间已然开辟了轮船定期航线。包括福建台湾航线在内，整个华南沿海水域，外轮运输业广泛开展起来。② 前曾提到，1855 年旗昌的"孔夫子号"甚至闯进了闽江。

值得注意的是上海。早在 1842 年 6 月鸦片战争刚刚结束，《江宁条约》尚未签订，已有两条轮船拖带木船上溯长江接近苏州。"美杜莎号"（Medusa）就是其中之一。这可能是上海最早出现的商轮了。③ 但是，与洋货贸易一样，在开埠以后，上海外商轮船运输的局面一直未能打开，运输任务的承担者主要是飞剪船与快艇。直到 1850 年前后，外商势力逐渐自广州北移，上海日益成为外商贸易中心，各国进出口船舶吨位明显地增长，外商轮运业才开始发展起来。

当然还应看到，这个时候正是欧洲和美国远洋轮船蓬勃发展、轮船取代帆船的时期。著名的大英火轮公司及丘纳德轮船公司（Cunard Line）都是 1840 年创办的。英曼轮船公司（Inmanline）则是 1850 年创办的。虽然这个时期的远洋轮船"装设的船帆几乎

---

① 《美国海事》，第 22 卷，第 1 号，第 27—28 页。

② 同上书，第 10、16—18、37—38 页。

③ 麦克莱伦：《上海史话》（J. W. Maclellan, The Story of Shanghai），第 11 页；另参见蓝宁：前引书，第 384 页。

和帆船一样多"[①]，但螺旋桨轮船已经出现，开始了蒸汽动力逐渐取代船帆的进程。在大西洋、太平洋以及欧洲非洲航线、中国印度航线上轮船已被广泛地利用。所以有人说"1840—1857 年间为全世界海运业中改用轮船之时期，洵不谬也"。[②] 这是西方国家工业发展及殖民地扩张政策在海运业中导致的必然发展趋势。这一趋势不能不在中国反映出来。

1850 年大英火轮公司就以"玛丽伍德夫人号"开辟了香港至上海间的定期航线。3 年过后，仅"大英"一家在这条航线上营运的轮船就不下 5 艘。[③] 1855 年怡和洋行便把它原来的加尔各答至香港线延长到上海。同时经营香港上海线的还有旗昌洋行。1856—1857 年间禅臣（Siemssen & Co.）、利名（Remi，Schmidt & Co.）、伯德（John Burd & Co.）等洋行纷纷起而经营中国沿海航线。[④] 自印度至香港间遍设分支机构的鸦片商沙逊洋行的分销系统也从香港延伸到上海。[⑤] 这个时候，宁波的洋行商人已经引进了"美国式江轮"。[⑥] 上海也出现外商的拖轮。其中就包括来自香港的旗昌洋行的"孔夫子号"。[⑦]

---

① 卡勃：《大英轮船公司百年史》（B. Cable, A Hundred Year History of the P. O, 1837—1937），第 282 页；克拉克：《飞剪船时代，1843—1869》（A. H. Clark, The Clipper Ship Era, 1843—1869），第 312—314 页。

② 胡继瑷：《航运公会之研究及远东与北美间各公会之现状》，《东方杂志》第 24 卷第 3 期。

③ 《沿革史》，第 187 页。

④ 刘广京：前引书，附录 2。

⑤ 勒费窝：《清末西人在华企业，1842—1895 年间怡和洋行活动概述》（Edward LeFevour, Western Enterprise in Late Ching China, A Selective Survey of Jardine, Mathseon & Co. ' s Operations, 1842—1895），第 27 页。

⑥ 班思德：前引书，第 38 页。

⑦ 拉巴克：前引书，第 356 页；《美国海事》，第 32 卷，第 1 号，第 17 页。

不仅如此，随着侵略势力的扩张，上海日益成为洋行商人走私、贩毒、收购丝茶的重要基地。一些老牌洋行分别与内地建立起直接联系。例如怡和洋行即曾派人至吴城镇租栈收茶，宝顺、琼记、旗昌等行号均蜂拥而至。咸丰七年五月张兴任的一封奏章透露说："夷人例只准在水次收买，不准闯入内地。乃近年来，（外商）往往乘坐内河船只，絮带夷妇，潜至浙江之杭州、湖州府属地面，往来窥伺。"[①] 所以，到1856年时，上海附近支流内河及运河地区外商小轮运输已经开始"蓬勃发展起来"。[②] 这些轮船自然不限于鸦片、丝茶的贩运，同时也兼及其他土货之揽载。琼记洋行轮船经常为华商所租雇到内地运货。[③] 曾经有一艘"啰哈丹号"轮船开抵苏州"沿途揽载搭客，收取船租"。鲁麟、吠礼查等洋行的小火轮数只，"有时前往内地，或搭客到苏，或装银两至棉花湖丝出产等地"。[④] 以迄第二次鸦片战争为止，上海地区虽然没有专业轮船公司出现，实际上小轮运输业已经隐然可见。它预示着长江干线轮船运输的开展已经为期不远。

（四）长江航线外轮势力的垄断

第二次鸦片战争以前外轮势力所指除珠江外，还有地处北疆的黑龙江。在那里，1854年即已有俄轮入侵的记录，1857年且已染指该地区的贩运贸易业务。[⑤] 但最主要的外轮活动区域是横贯中国、自上海深入腹地的长江。

---

① 夏燮：《中西纪事》，第17卷，第20页；咸丰朝《始末》，第15卷，第31页。

② 《沿革史》，第325—327页。

③ 洛克伍德：前引书，第79页。

④ 《通商章程成案汇编》，第24卷，第13—14页。

⑤ 马场锹太郎：《支那经济地理志，交通全编》。

对长江一线航行贸易特权侵略者不仅垂涎已久，在上海立定脚跟的洋行商人亦已在蠢蠢欲动。1856 年旗昌洋行老板金能亨就曾流露企图改变以代理业务为主的经营方针。[1] 1857 年琼记洋行甚至开始酝酿置办轮船为开行长江及沿海航线作准备。[2] 有资料显示，1858 年《天津条约》签订前后，至少有 4 艘英国轮船一直闯到九江及汉口。[3]

迨至《天津条约》签订以后，上海洋行商人迅即由酝酿、准备进而购置轮船。琼记洋行率先以 10 万元资本（其中华资 1 万元）订造一艘"火箭号"（Fire Dart）以开行上海至汉口航线。[4] 《北华捷报》更趁机鼓动说："组织轮船公司是开放长江水道、发展贸易最实际有效的办法。"[5] 与此同时，英国海军司令官贺布（James Hope）、代理领事官巴夏礼（H. S. Parkes）组织一批上海英籍洋行商人自上海出发、溯长江上驶汉口，炫耀实力，并沿途收集政治、商业"第一手情报"。[6] 紧跟着英国"远征队"之后，美国水师总领"赫福号旗舰"（Hartfort）指挥官屈柏林（S. C. Stribling）率领武装舰只开往九江、汉口，窥探调查，[7] 随即对从事长江贸易的美商发出号召说，上海汉口一线，由于战争正在进行，华商木船活动受阻，贸易势必落入外商之手，更不必担心航线的安全了。[8]

---

[1]　拙书《中国买办资产阶级的发生》，第 69—70 页。

[2]　洛克伍德：前引书，第 91—92 页。

[3]　咸丰朝《始末》，第 33 卷，第 25 页。

[4]　《美国海事》，第 17 卷，第 1 号，第 43 页。

[5]　《北华捷报》，1861 年 1 月 10 日；1861 年 1 月 19 日。

[6]　《赫德与中国海关》，第 200 页。

[7]　夏燮：前引书，第 17 卷，第 8 页。

[8]　《北华捷报》，1861 年 6 月 1 日。

在太平天国战争中，长江航线运价哄抬到令人难以置信的程度，沪汉间货运价格每吨高达 25 两白银，客位每人 75 两白银，"往返一律"。船只往返一次即"足敷成本"。[①] "厚利所趋，人皆垂涎"。[②] 1860 年至 1862 年间上海洋行商人纷纷向国外订购轮船。一股"轮船热"很快流行开来，连一些"二流洋行"都争先恐后地经营长江轮运业务。[③] 有人记述当时轮运业的兴盛情况说："看来好像一个商人的名誉还有某些缺欠，除非它拥有一、二只轮船供他使用。"[④] 据统计，至少有廿家上海洋行，每家都经营一、二只轮船。其中包括英商宝顺、广隆（Lindsay & Co.）、怡和、吠礼查（Fletcher & Co.）、美商旗昌、同孚、琼记、百亨（Byrns & Co.）、合渥（Howard & Co.）、丰裕（Fogg & Co.）。[⑤]

在这个阶段里，引人注目的是美商创办轮船公司的活动。1861 年初琼记老板就把"火箭号"开进长江，并很快获利 14.8 万元，几乎超过成本 50%。另一艘"山东号"也赚获利润 37000 元。因而 1862 年琼记曾提出一个筹资 80 万两白银开办轮船公司的计划。只是由于未能从"华商"手中筹足资本而使计划搁浅。[⑥]

成功的是旗昌。旗昌创办轮船公司的动议是它的老板金能亨 1860 年提出的。在他的计划中，沪汉之间配备 3 艘轮船就能维持

① 徐润：《徐愚斋自叙年谱》，第 9 页。

② 《汇报》，1875 年 1 月 23 日。

③ 《福士回忆录》，第 364—367 页；麦克莱伦：前引书，第 50—51 页；《北华捷报》，1877 年 3 月 29 日。

④ 密契：《英国人在中国》（A. Michie, Englishman in China），第 1 卷，第 218 页。

⑤ 刘广京：前引书，第 38—39 页；《北华捷报》，1862 年 3 月 1 日；格里芬：前引书，第 258 页。

⑥ 洛克伍德：前引书，第 94—99 页。

每周两次航班。根据香港广州间轮运经济核算，这样一条航线每年可赚利 34.2 万元。在他看来，旗昌如能于 1862 年春开展长江轮运业务，就能占据先鞭，控制长江贸易。[①] 因而他极力从旗昌以外的中外商人筹集资本。1862 年 3 月 27 日旗昌轮船公司便以 100 万两白银的资本在上海正式开业了。[②] 其规模之大，当时在远东亦首屈一指。

旗昌是在激烈角逐中创办的。及至创办以后，为了竞争的需要，它一方面降低运价以挤垮对手，甚至规定运价不拘定章听由货主面议；另一方面又竭力笼络华商，招徕货运。为此它特意选择靠近华商地段兴建宽达 300 英尺的码头与容量 30000—35000 吨的金利源仓栈。[③] 在运费上还规定利用旗昌轮船承运的货主可得运费 1‰ 的现金回报及贷款的优待。[④] 这是招揽中外商人，特别是华商货源的有力手段。在激烈的竞争中，旗昌虽然也有几年捉襟见肘的"困境"。但从 1866 年起，便已握有垄断长江轮运的实力。这一年，常川行驶沪汉线的外商轮船计共 12 艘，旗昌一家以 5 艘轮船就能控制长江贸易的 1/2—2/3。半年的时间它就捞取净利 15 万余两。[⑤] 它的股东 F. B. 福士报告说，这一年"华商交付公司的运费足以偿付全部开支而有余"。[⑥] 这使它有可能进而收购宝顺洋行的全部轮船及设备，包括上海当时唯一能容纳海轮的宝顺船坞，总值达 55 万两。接着它又以自己在长江线上的优势地位迫使势力雄厚的怡和及清理了船埠设备的宝顺进一步承诺一项"协议"：宝

---

① 刘广京：前引书，第 15 页。

② 《北华捷报》，1862 年 3 月 29 日。其规模之大，当时在远东亦首屈一指。

③ 同上。

④ 刘广京：前引书，第 44 页。

⑤ 同上书，第 55 页。

⑥ 同上书，第 63 页。

顺、怡和 10 年之内不在长江航线行轮，亦不经营轮船代理业务。旗昌则不在华南沿海航线行轮（上海宁波线除外）。在旗昌方面则须承担如下义务：在长江航线上要提供足够的吨位，以满足洋行的需要；在运价上则保证上程每吨货物不超过 6 两 5 钱，下程不超过 5 两。[1] 在这种情况下，累次集资组轮船公司未果的琼记也不得不与旗昌签订一项退出长江航线的类似"协议"而转向华南。[2] 显然，这样一来，实际形成了几家大洋行轮运势力瓜分中国领水的局面。而在长江航线上怡和等洋行又无异以旗昌在运价及船吨的保证为条件，承认了旗昌的垄断地位。

（五）沿海航线外轮势力的垄断

与长江航线一样，第二次鸦片战争以后外国轮运势力在沿海航线的扩张同样引人注目。在兼营华南沿海航线轮运的众多洋行商人中，值得注意的是香港英籍巨商拿蒲那（D. Lapraik）。这个 1845 年来到香港由钟表业致富的英商，1857 年转而经营船舶修造。1861 年左右购置轮船行港沪航线，1863—1865 年间他又是香港黄埔船坞公司及汇丰银行的创办人与大股东。到他 1869 年病死时已拥有 7 艘轮船。他的这只船队就是 1883 年改组成立的在华南沿海、福建台湾线占有垄断地位的道格拉斯轮船公司（Douglas Steamship Co.）的前身。[3]

除此之外，这个"拿蒲那"还与琼记等洋行于 1865 年集资 75 万元创办一家"省港澳轮船公司"（HongKong, Canton and Macco

---

① 《字林西报》（North China Daily Nows），1867 年 2 月 20 日。

② 刘广京：前引书，第 77 页。

③ C. N. 克利斯威尔：《香港的巨商大班》（C. N. Crisswell, The Taipans — Hongkong's Merchants Princes），第 97—99 页。

Steamboat Co.）。这是当时行驶广东内河兼营沿海航线的唯一的一家专业轮船公司，因之一开始它就占有垄断地位，并且不久便与在长江占有垄断地位的旗昌订立一项"合同"：旗昌不行驶广东内河航线，省港澳不得染指长江轮运。① 继而又与琼记、怡和签订一项在华南沿海及珠江航线"彼此不得争夺贸易"的"合约"。其目的显然在于维持高运价，排斥竞争对手，维护不同地区的垄断地位。

在上海通向华北的沿海航线上，外轮势力也有类似的扩张历程。天津、牛庄、芝罘三口开埠之初，随着外商设行活动的展开及洋布、鸦片、东北豆石贸易的扩大，外商船运活动急剧增长。轮船运价也曾达到前述长江初开时的高度。据说沪津间不过 700 英里的航程，进口洋货的运价比中英远洋线还要高出两倍。② 对外国船商来说，这样的高运价，无疑是有力的刺激。

资料记载，1862—1864 年间先后出现英商天祥洋行代理的"中日（沿海及长江）轮船公司"（China Japan [Coast & Yangtze River] S. N. Co.）及"上海天津航运公司"（Shanghai and Tientsin Navigation Company）。前者资本 30 万镑，拥有"摩拿号"轮船一艘；后者资本数额不详，拥有轮船"普罗密号"（Promise）。这两家轮船公司没有多久便分别以轮船转让及海损事故而停业③。跟着在长江航线得手的旗昌就酝酿扩张势力、插手于这条航线。1866 年 6 月，它的老板泰森（Tyson）在华商建议下决定派船开行沪津航线。④ 德商惇裕洋行（Trautmann & Co.）紧

① 《字林西报》，1867 年 2 月 25 日。

② 《海关报告》（Trade Report），1866 年，天津，第 85 页。

③ 《北华捷报》，1862 年 2 月 8 日，第 22 页；《美国海事》，第 17 卷，第 1 号，卷 17，第 3 号，第 222 页。

④ 刘广京：前引书，第 68 页。

随其后开行"行如飞"（Yingtgefei）、"南浔号"（Nanzing）两艘轮船。① 旗昌、惇裕两家于是展开了激烈竞争。

为了这场竞争，旗昌把原来的一艘轮船一举增至 4 艘。而为了避免削价竞争中两败俱伤，两家终于达成一项"谅解"进而进行"合作"，以便维持高运价，共同渔利。不到一年，惇裕就获净利 108844 两白银，每百两股份竟能分得红利 34.5 两白银之多。②

利润如此之大，竞争自然不会平息。1868 年又有一家惇华洋行（Borntraeger & Co.）以两艘轮船参与沪津线的竞争。但不到两个月，惇华就被迫撤出这条航线③，继之而起的是北清轮船公司（North China Steamer Co.）。这是 1868 年在收买惇裕轮埠设备的基础上创办的。在它的 30 万两股本中，怡和买办唐廷枢占有1/3。而唐之所以入股北清并充任董事，则是受大批华商之委托。④ 因此，旗昌可以轻易排挤惇华，但无力挤垮北清。就这样，上海以北的沿海航线落入这两家公司的控制之中。1870 年起，怡和的船队又取得明显的优势。

三 结束语

综上所述，不难看出早期外商在华轮运势力扩张的过程就是一个暴力掠夺的过程。最先在省港地区出现的外商轮船，不过二十年光景便遍布整个中国江海航线。凡是轮船所及之处就能见到

---

① 刘广京：前引书，第 78—79 页。

② 《上海新报》，1868 年 10 月 13 日。

③ 刘广京：前引书，第 78—79 页。

④ 同上书，第 78、142—143 页。

洋行势力的踪迹。在西方资本主义经济侵华活动中，外商轮船显然充当"先锋"的角色。

诚然，包括走私、贩毒、土货贩运以及洋货运销在内的"商品贸易"与轮船运输之间不仅是彼此促进与相互依存，而且大抵是同步发展的。在西方资本主义经济侵华活动中轮船的作用和意义的评估显然不能局限于"商品贸易"本身，特别是第二次鸦片战争以后。随着外商轮运垄断地位的建立及"商品贸易"的扩大，码头仓栈业、保险业以及银行业相继出现，从商品运输到资金周转的贸易流通机制也随之形成。从此，中国通商口岸间的商品流通环节便落入外商控制之中。

还应看到，外国在华轮运势力扩张影响远不止于此。面对外商轮船侵略，首当其冲的是中国木船运输业。依靠风力的中国木船无论如何不是依靠机动力而又有上述种种特权可恃的外商轮船的对手。在外轮的竞争下，传统业务被攘夺殆尽的中国木船业日益显现凋零景象。因而又可以说外商轮运势力扩张的过程也是中国木船运输业衰败的过程。

中国木船业的衰败以及钱庄业务的买办化，使中国封建社会原有的贸易流通机制遭到严重破坏。利用外商轮船的华商货运因之越来越多，由外来势力控制的贸易流通机制直接间接对封建经济结构的冲击也越来越大。所以这些不能不引起封建统治阶层的重视，从而对清政府的政治与经济都产生一些深远影响。

（《中国经济史研究》，1987 年第 1 期）

轮船的引进与中国近代化

长期以来在中国近代史研究中，论证外国资本主义侵略性质多，谈外来侵略对中国封建经济体制的作用与影响少，谈外来侵略势力入侵以后封建势力对中国近代化进程的阻碍作用更少。单单揭露侵略活动、论证侵略性质是比较简单的，如果联系到中国封建经济结构，深入研究侵略势力的作用与影响，阐明中国近代化曲折进程的特点，问题要复杂得多。本文仅就轮船的引进及外商在华轮运势力扩张所起的作用与影响进行一些具体分析。

一

在中国最早引进机器的行业是航运业。

早在 1822 年西方商人就着手向中国引进轮船了。这一年，东印度公司的职员罗巴茨（Robarts）曾把一艘小轮的零备件运抵广州，准备组装轮船，后因病未果①。7 年以后，即 1829 年，麦金托士洋

---

① 哈维兰：《早期中国香港及珠江的轮船运输》，《美国海事》（American Neptune），第 22 卷，第 1 期，第 5—6 页。

行的小轮"福士号"（Forbes）第一次在中国水域出现①，接着于1835 年又有怡和洋行以其行东名字命名的"渣甸号"（Jardine）一度在澳门地区航行，不过瞬息即逝，都没有站稳脚跟②。

鸦片战争以后，情况明显不同。华南沿海一带外商小轮迅速增加，活动范围逐步由珠江流域的省港地区向福建以及上海扩大。1847 年已出现专业航运企业——省港小轮公司（Hongkong and Canton Steam Packet Co.）。第二次鸦片战争以后，随着侵略者特权的扩大，外商在华轮运势力以前所未有的速度急剧扩张起来。不含远洋航线的轮船公司，仅仅经营中国江海航线的航运企业就有旗昌、德忌利士（后改组为道格拉斯）、公正、省港澳、北清、太古、华海、扬子、怡和等轮船公司先后创办起来，这些公司资力雄厚，在各口岸遍设分支，同时拥有各自的码头、仓栈与保险行号，形成相当完整的外商轮船运输体系。19 世纪 60 年代，通过激烈的竞争，几年之间外商轮运就在中国江海航线上处于垄断地位。据统计，各个通商口岸进出外籍船舶吨位自 1864 年的 660余万吨增至 1894 年的将近 3000 万吨。30 年间增长近 4 倍半③。

外商在华轮运势力的扩张何以如是迅猛？概括起来，不外以下两点：

1. 轮船的优越性能与资本主义的经营管理。

"交通运输业的变革，是夺取外国市场的武器"④，在资本主义国家争夺殖民地、扩大海外市场的竞争同时，轮船的工艺技术也

① 《美国海事》，第 22 卷，第 1 期，第 5—6 页。

② 拙书《中国近代航运史资料》（以下简称《航运史资料》），第 1 辑，第 35—36 页。

③ Hsiao Liang—lin, China's Foreign Trade Statistics, 1864—1949 （《中国国际贸易统计手册》），p. 259.

④ 《马克思恩格斯全集》，第 23 卷，第 494 页。

在不断改进。早期的轮船，特别是远程航线的轮船由于机动性能低下，往往机帆并用，轮船装设的船帆几乎和帆船一样多，不少轮船的船型都类似于三桅帆船。但到 19 世纪 50 年代初期铁制螺旋桨在轮船上的使用基本上完成了"以铁代木造船"及"以螺旋桨代替明轮作为蒸汽推动装置"两个平行的过程[①]。这个时期，轮船行驶中耗煤量的问题有待解决，直到 1861 年轮船发动机每匹马力每小时耗煤尚达 4 磅。这样的煤耗量，使远程航行的轮船只能"机帆并用"，风帆仍然具有经济价值。然而，进入 60 年代，在航运业的竞争中蒸汽机的性能迅速提高，耗煤量在单位时间内很快降至 2.5 磅[②]。外国在华轮运势力就是在这些轮船工艺技术不断改进的背景下迅速扩张的。

继大英之后，法兰西火轮船公司、英国蓝烟筒轮船公司、美国太平洋轮船公司（万昌）接踵而至。1862 年开辟中国航线的法兰西，其轮船吨位比大英更大，运价更低，设备也更完善。[③] 从而使大英"作为邮件承运者在过去所拥有的那种垄断地位"终于完结了[④]。几年之后，万昌轮公司又以"轮船十分考究"而成为这两家的"劲敌"[⑤]。

当然，在竞争日趋激烈的远洋航运业中，为增加速率而改进功能、扩大容量增加运载能力、革新船质以提高安全系数等各个方面都与经济效益分不开。二者彼此促进、相互作用。没有一定的经济效益，运输业务就难以展开，在竞争中就会失去生存的余地。但是在中国，情况则有所不同，即使是西方濒临淘汰的落后

---

① 克拉克：《飞剪时代，1843—1869》，第 312、314 页。

② 海德：《蓝烟筒，1865—1914》，第 16—17、27、29 页。

③ 《北华捷报》（North China Herald），1862 年 6 月 28 日，第 102 页。

④ 艾德：《香港史》（E. J. Eitel, The History of Hongkong, 1895），第 389 页。

⑤ 《海关贸易报告》（Trade Report），1866 年，上海，第 11—12 页。

轮船，依然具有使用价值。这是因为长江开放之初，太平天国战争中的长江木船运输基本停顿，大量货物积压待运，因之货运每吨运价高达20两，远远超过远洋线轮船货运运价水平。从这个时候起，上海洋行商人便纷纷引进一些过时的，甚至是"作为堆栈船只使用的"旧轮船。这些轮船大部分仍然是木质，其中美制江轮由于船面便于货物装卸，在河水浅的航段便于掉转，仍然是这支老旧船队中的"翘楚"①。即便如此，这些轮船仍能赚取高额利润。上海汉口间"往返一次即足敷成本"。这是长江初开、轮船引进初期阶段"不完全的竞争"状态下的特殊情况。这种情况并没有维持多久，美式江轮的"优势"也只存在10年光景。1872年英商太古在竞争中引进了"快速敏捷、装卸简易，航行与保管均省的一队铁制内河轮船"②，使旧式木质轮船由于笨重脆弱的船体结构而处于被淘汰的境遇之中，美商船运势力的垄断地位随后也为英商所取代。

不管怎样，轮船的优越性能还是相当充分地体现出来。首先是快速、准时。在木船往返至少需时四至五天的沪苏之间，轮船只需24小时。上海九江航线起初出于安全考虑，不能夜航的老旧轮船，往往需时一周之久。1864年出现一批"巨轮"，沪汉之间只需48小时，而木船却动不动就要用一个月的时间。③ 其次，较之木船，轮船又不只速度快，而且货载量大、并"绝少风涛之险"。此前曾有人估算，在长江航线上一艘轮船所发挥的效能至少可以抵得上15条木船。④

---

① 《航运史资料》，第1辑，第262、440页。

② 同上书，第342页。

③ 同上书，第440页。

④ 格里芬：《飞剪船与领事》（E. Griffin, Clippers and Consuls, 1840—1860），第308页。

　　重要的是轮船的快速性能在资本主义经济发展中的作用。对船主来说，船速的提高，可以"缩短航运业投资的周转时间"①，因而有可能不断提高造船技术与蒸汽机功能，进而扩大航运业投资以追求利润。对利用轮船的货运主来说，轮船的快速性能，又意味着经营资金周转的加快、周期的缩短，其结果必然导致贸易与货运额的加大，"蒸汽创造商业"一语的含义或许就在这里。当时的英国领事曾经描述说：轮船的快速性能使"时间即金钱"这一平淡无奇的谚语变成为动听的辞藻②。在洋行势力的扩张中轮船的作用是显而易见的。19 世纪 60 年代末期，当上海洋行商人的轮船控制了上海汉口一线的船运贸易之后，又准备以轮船开辟汉口至重庆的航线。但川江航线上险滩林立，每吨货运运价高达 15 两到 18 两，传统的木船运输需时四五十天。1873 年上海就已发出行驶轮船"设法以五日由汉达川说"的呼声③，具有优越性能的轮船在这里显然是外商扩张势力的工具。

　　同时应该看到，外商引进的轮船所以能发挥作用，却是与其经营方式分不开的。在引进轮船的同时，又引进一套资本主义的企业管理方法。它集中地体现在外商轮船企业的规章制度中。例如旗昌的《组织章程》，对船长及码头管理员的分工与职责都设置专门条款，周密而详尽地规定了行船及货运的全过程各自所负的责任。责任是相当繁重的，权限也是很大的。职责与权限上严格细密的规定，无疑是公司业务正常运行的保证。需要指出的是，外商轮船企业由创办到发展的关键在于它以适应封建社会商业特点的、行之有效的经营政策与一系列具体措施，主要是资金的筹

---

①　《马克思恩格斯全集》，第 24 卷，第 262 页。

②　《英国领事报告》(British Consuls Reports)，1865 年，上海，第 140—141 页。

③　《申报》，同治十二年十一月二十九日。

集与货运的招徕。

仍以旗昌为例。在资金的筹集上，旗昌成功地诱招大量华商资本，而华商股东同时大多又是旗昌货运主。不仅如此，为了笼络华商货运主、扩大货运量，旗昌行东还特意选择临近华商地段兴建码头仓栈，条件是利用仓栈者"十日之内、不取栈租，六日之内、保险无虞"[①]。华商货主在获得运费1％的现金回扣的同时，还享有信用上通融的方便："指物借款"或是"先运后付"。这就能使资金不足的华商照样可以向旗昌托运货物[②]。

外商轮船的经营的另一个重要方面是对买办的利用。外轮公司选择买办的标准之一是这些人招徕华商货运的能力。太古轮船公司以买办职位作为鼓励货运的手段，"货多者准其荐一买办，货至多者缺至优，以此羁縻，使其奋勉，为我招徕"[③]。据说太古的坐舱（即买办）"均为货多之揽载行所荐，如不能胜任，即嘱换别人，所以多乐为招徕生意"[④]。

利用外商轮船托运的华商货主不仅可以享受上述种种"优待"，还可以享受货运的"全程服务"。这就是说，在轮船所至各口上下货物及远途转驳皆由轮船公司代理[⑤]。在这方面最为"周到"的要算是旗昌了。连它的竞争对手琼记洋行的老板都承认："他们在向中国货主提供各种优惠条件和便利措施方面是一路领先的，而我们只要一查明他们的办法，就不得不效法他们"[⑥]。

①　《上海新报》，同治二年五月初一。

②　刘广京：《英美在华轮运业的竞争》（K. C. Liu, Anglo－American Steamship Rivalry in China，1862—1874），第 179 页。

③　郑观应：《盛世危言》，第 3 卷，第 14 页。

④　《洋务运动》，第 6 卷，第 122 页。

⑤　《上海新报》，同治二年九月二十二日。

⑥　刘广京：前引书，第 44 页。

　　这些以股份公司形式筹集巨额资金创办起来的轮船公司，除采取上述种种扩大货源措施外，人们还能看到在企业管理中的一项"经常性的经营原则"：即紧缩开支。旗昌就是比较突出的一个。这家公司创办以后，就把资力主要投注于增添轮船与其他设备上。在其 100 万两开创资本中，投放于轮船者 71 万两，码头等不动产约占 20 万两①。这两项投资即占资本总额的 91％。这是后来"被证实了的旗昌轮船公司最引人注目的一个特点"②。不这样就不足以扩大货运量，增加利润，然后再从利润提存准备金，进而把盈利转化为资本。1872 年时，旗昌的资本已达 225 万两，"在力图增加利润的同时"，旗昌特别强调"降低营业开支"。这使它在管理费、船只码头维修及节约煤炭等方面都取得明显效果。在它的历年资产负债表上不难看出船吨、货运量等不断增加，而总开支却呈持续下降的趋势③。据统计，1867—1872 年处于巅峰状态的旗昌，利润总额达 465 万两，利润率在 29％—64％之间，总资产额由 196 余万两增至 332 余万两④。

　　轮船在中国的出现以及它在第二次鸦片战争以后的迅速发展，不能不对中国社会经济以及思想文化领域产生深远的影响。对蒸汽机的历史作用，经典作家作过足够的估计。恩格斯曾经指出："它比任何东西都更会使全世界的社会状况革命化。"（《自然辩证法》）蒸汽动力的利用，机器的应用，曾是 18 世纪中叶起工业用来摇撼旧世界基础的伟大杠杆。作为先进的水上运输工具的轮船及西方经营管理方式之被引进中国，对中国封建社会的冲击，可

---

　　①　刘广京：前引书，第 44 页。

　　②　洛克伍德：《琼记洋行》（S. C. Lockwood, Augustine, Heard & Co. ：American Merchant in China on the Eve of the Opening of the Yangtze，1858—1862），第 94 页。

　　③　刘广京：前引书，第 93—94 页。

　　④　同上书，第 100—102、106、153 页。

想而知。

2. 外商轮运势力扩张的基础是特权。

轮船的引进及外商轮运势力扩张的过程，就是中国领水主权丧失的过程。第一次鸦片战争以后，作为主权国家不容侵犯的航权与土货贩运权都逐渐变成为在华洋行商人所享有的"约款外特权"。直到第二次鸦片战争后的 1861 年英国侵略者都承认"欧洲国际惯例没有承认（土货贩运）这种权利的"①。事实上在走私贩毒、海盗护航等暴力掠夺猖獗的年代里，外国商人已经是"毫不拘束地在他们愿意去的地方，用他们所愿用的方法进行贸易"②。他们的船只活动同样一无限制，贩毒船只可以深入到"偏僻的港汊"③，以"护航"为名的船只随处湾泊停靠。外船的非法贩运土货的活动就是这样广泛展开的。早在第二次鸦片战争以前，外商轮船或是承运土货、或是由货商租雇、或是拖曳华商木船已经是相当普遍的活动。据 1856 年统计，上海外商船只半年的数字表明，在总数 141 只的英籍船只中，在上海者有 1/3 都在经营"沿岸贸易"；51 只的美籍船只中，比例也不相上下④。

第二次鸦片战争以后，随着外商轮运势力的扩张，通过《长江贸易章程》及《中丹条约》而合法化了的土货贩运活动空前扩大起来。东北的豆石、华南的土糖、长江流域的原棉与丝茶都已成为外商轮船运销的主要项目，其数额甚至超过对外商品贸易额。据英国贸易部统计，1866 年中国对外贸易额计 7000 余万镑，其中至少有一半属于"沿岸贸易"，而中英贸易额的"最高估计是每

---

①　英国外交部档案，1861 年 11 月 10 日。卜鲁斯致罗素，158 号发文，F. O 17/356，马士：《中华帝国对外关系史》，第 2 卷，第 170 页。

②　莱特：《中国关税沿革史》，第 86—89、95 页。

③　赛尔：《中国和中国人》（H. C. Sirr, China and Chinese），第 1 卷，第 265 页。

④　格里芬：前引书，第 265 页。

年 3000 万到 4000 万镑。英国输入中国的棉织品不过 500 万镑"①。
英商主要利用轮船经营的中国"沿岸贸易"已经十分可观。

　　事情很清楚，外商轮运势力的扩张是以中国领水主权的破坏
为前提条件的。即使在外轮经营活动中，表面上是"自由竞争"，
实则并没有"竞争自由"，这里起关键作用的是政治特权。拿保险
业来说，在资本主义经济体系中促进船运业务发展的保险业在中
国却是排挤、打击中国船运业务的手段。经营轮运的外商一般都
兼营或代理保险业，几乎很少例外。这样，一些从上海购货并委
托外轮公司承运的华商不仅可以随时向保险公司纳费投保，甚至
还可享受"不必保险"的优待②。快速准时、运价低廉而又能节省
保险费的外轮，对华商货主无疑具有很大的诱惑力，以至向外国
船商托运的华商竟"趋之若鹜"③。形成鲜明对照的是，外商保险
行号对于中国船商则往往拒绝承保④，如果不能取得保险公司的保
险，商号就无异于切断货源。所以当时就有人说，是"海上保险
原则"使外商船只垄断了华商货运⑤。

　　不仅如此，外商保险公司同时使用"保险原则"插手中国引
水主权。50 年代初期，兼营船运及中国互助保险公司（China
Mutual Ins. Co. Of Boston）的福州旗昌洋行就曾公开声明说：
"没有取得美国领事签证的引水执照，亦不能得到旗昌的保险"⑥

---

　　①　伯尔考维茨：《中国通与英国外交部》，第 89 页。

　　②　《英国领事报告》，1869 年，天津，第 14 页。

　　③　班思德：《最近百年中国对外贸易史》，第 77 页。

　　④　英国国会档：《关于 1857—1859 年额尔金勋爵至中国和日本特使团的通讯》
（B. P. P Correspondence Relative to the Earl of Elgin's Special Mission to China and
Japan, 1857—1859），第 83—84 页。

　　⑤　《北华捷报》，1860 年 1 月 21 日，第 10 页。

　　⑥　《北华捷报》，1856 年 1 月 5 日，广告。

（福州领事本来就是旗昌股东兼任的）。在这里，保险无形中成为决定引水的一个条件。1895年上海颁布的一项《十三条引水条例》尤其露骨。《条例》中公然规定"外籍引水员不得任意为华船引水"，"凡欲在长江或黄浦江引水者，必须向本地保险公司的一名监事（Surveyor）提出书面申请，不得保险公司的同意，不得充当引水"①。《条例》无异把引水直接置于保险公司的控制之下，使外商保险公司对中国船商进行保险与引水的双重控制、摧残。当然，最终掌握并运用保险与引水特权的还是经营轮运洋行商人。1862年经营船运的上海英商怡和、宝顺与广隆三家洋行曾经分别代表谏当、于仁、香港三家保险公司以威胁的口吻发布一项公告说："凡不雇用执有本行执照的引水员引水的船只，本市保险公司即不予承保"②，这堪称是一个典型的例证了。

轮船作为先进的水上运输工具，同时又成为了有效的侵略手段。它之所以在中国获得迅速的发展，没有特权是很难想象的。如果说外商之把先进的运输工具引进中国，从而促进中国轮运的发展是不自觉的活动，那么外商扩大在华轮运势力、排挤华商船运、控制华商货运显然是自觉的行径。

二

先进的以机器为动力的轮船被引进中国及其在中国江海航线运输中的迅速普及、发展，对中国封建社会政治、经济乃至文化等各个领域势必带来程度不同的冲击与影响。面对以特权为基础而扩张起来的外国在华轮运势力，日益普遍的华商"诡寄经营"

---

① 《北华捷报》，1860年12月1日，第10页。

② 《北华捷报》，1862年4月19日，第62页。

活动及中国木船业遭受的摧残几乎是同时发生，也足以引起封建统治当局重视的社会不安定现象。

1. 诡寄经营。

所谓"诡寄经营"，即为了逃避繁重的封建税课与勒索，利用各种形式寻求外商和特权庇护，或是利用外商特权从事各种经营以获得与外商相同的暴利。无疑这是由外商特权泛滥引发出来的现象。凡外商特权所及之处，大抵就有华商"诡寄经营"活动。也有的华商以高价购买外国旗号、假借外商名义进行活动。这种活动最早见诸于"划艇贸易与贩运猪仔中心"的澳门。在这里，实际上为华商所有的划艇不仅悬挂洋旗，而且在澳门注册。往后这种划艇在整个华南沿海"恃洋旗为护符，从事不法贸易"。在长江航线上悬挂洋旗的现象或许是"和轮船航行的改善相偕以俱来"，以致每面洋旗售价高达 50—200 两[①]。

除购挂洋旗外，还有的是以外商名义代华商报关纳税的。"华商避捐，因托洋行；洋行图利，愿以代报"。其中又有中外合伙贸易的船，"凡报关完税等事，固由洋行出面，即自行贸易之船，亦多托洋行代报"[②]。还有的外船承运的华商货物"往往洋商认为己货，包揽代报完税"以避重就轻。至于子口半税单照特权的滥用，影响尤其深远。

不能不提的是在外轮势力扩张过程中有华商大量附股外轮船商公司的事实。旗昌、公正、省港澳、华海、北清、怡和等外轮公司都曾诱招巨额华商资本。不仅轮运企业，与之相关的仓栈、码头、保险几乎没有例外，甚至很多兼营轮运的洋行经营的轮船

---

① 《英国领事报告》，1864 年，汉口，第 116—117 页。

② 同治三年九月六日总署致上海通商大臣文，《海防档》，甲，购买船炮（三），第 809 页。

也都是如此。即使华商购置的轮船也往往委托外商以外商的名义代理经营。

各种"诡寄经营"活动，对于长期凝固的封建社会秩序来说乃是前所未有的变异现象。在封建统治者眼中，如果任其泛滥，有可能冲破封建经济结构、动摇封建社会的根本。华洋混杂不分，固然为封建社会教化、伦理观念所不容。假藉特权，"抗不交税纳厘"、"任意偷漏税饷"，更是影响地方政府财政收入的严酷现实。因而在长达半个多世纪里，"诡寄经营"活动一直被封建政权列为取缔与打击的现象。然而又碍于外商特权，顾虑此等事易酝酿成中外交涉事端，以致各级清政府对"诡寄经营"者"欲加之罪，踌躇不决"。有些地方当局曾经一度采取过"不动声色，一经拿获，重则立毙杖下，轻则痛打重枷，不用公牍，不用审供，不提及洋人一字，专用蛮干"的严厉打击手段①。尽管如此，仍然难以根除。正如郭嵩焘所说："防范"愈严，比附于洋商者也就愈深，"利之所趋，虚文有所不能制也"②。

清政府在这种情况下也只好放宽限制华商置办轮船的政策。起初，由于"中外商民，聚集已久，交际颇深"，针对轮船"自相授受，不肯经官"、"骗捐取利"的现象③，单单依靠管束与限制，显然是不可能的。华商大量附股外轮公司等诡寄行径又是无法阻遏，且日益普遍地利用轮船的"潮流"又是"势难禁阻"的。因此，1864年起清总署便行文各地督抚臣等要求查明华商雇买洋船是否报关立案等情，开始酝酿制订《华商置买洋式船只章程》。虽

①　《曾国藩未刊信稿》，第49—50页。

②　《洋务运动》，第1册，第138页。

③　同治三年九月初六日致上海通商大臣李鸿章函，《海防挡》，丙，机器局（一），第3页。

然有封建社会上上下下的各种阻力，但这项章程终于 1867 年公布了。不管效果如何，无疑显示清政府的轮船政策已然发生了松动的迹象。

2. 轮船与木船。

面对急剧扩张的外商强大的轮运势力，无论如何中国旧式木船不是对手。五口通商初期，轮船最早发展的华南沿海，中国船商即已"大半歇业"①。殆后轮船日兴，沙船业进一步衰落。19 世纪 60 年代初，沙船"尚存千艘"，10 年以后则"仅存四百"。进入 80 年代就只剩 200 艘了②。在天津，"居民撑驾海船为业者，十之六七。通商以来，轮船盛行，卫船无利可获，亏折消耗，失业孔多，综计其数，不及从前十分之三，而向之撑驾为业者，大半无业可就"③。1866 年时，宁波的一条原值 1.2 万—1.5 万两的木船仅能卖到 800 两④。还有一种大号沿海木船的售价只及原来成本的 1/10 甚至 1/12⑤。在长江航线上，下行抵达上海的木船，"不顾价值就地出售者比比皆是"⑥。这种木船衰败凋零的景象是前所未有的，因之特别引人注目。

木船业的衰落不完全由于外商轮船的使用。封建社会的"货物畅销无路"及"饷项日重"也是重要原因之一。每一号沙船出洋，非先捐数百两或千两以上不可，以致沙船"停搁不行"⑦。是

---

① 道光二十三年闰七月二十三日，刘韵珂片，《鸦片战争》，第 4 卷，第 492 页。

② 《李文忠公全书》，朋僚函稿，第 12 卷；《字林沪报》，光绪十三年五月初三。

③ 《沪报》，1886 年 4 月 10 日。

④ 《北华捷报》，1866 年 8 月 18 日，第 131 页。

⑤ 芮玛丽:《同治中兴，1862—1874》(M. C. Wright, The Last Stand of China's Conservatism, The Tung—Chih Restoration, 1862—1874)，第 176 页。

⑥ 班思德：前引书，第 88 页。

⑦ 同治六年曾国藩致总署，吕实强：《中国早期的轮船经营》，1962 年，第 131 页。

不是中国木船业已经一败涂地了呢？也不是。这里应该看到中国封建社会木船业的顽强性。

长期以来，轮船不但未能完全取代木船，甚至"外洋帆船虽见式微，但中国帆船反得与轮舶争衡，而见隆盛"[①]。有的时候轮船简直竞争不过木船。据 1873 年 1—9 月的统计，省港间轮船运载棉花达 2 万包，而在 10—12 月只运 1800 包。及至 1874 年第一季度竟降至 25 包。西江开放的 1897 年轮船运载的出口货物从总数的 80%—90% 下降到不足 10%。剩下的惟一的生意就是运送生丝和其他贵重物品或易腐烂的鲜货了[②]。70 年代里有过一年在轮船云集的牛庄，进出的木船竟达 5000 艘之多，共计 40 万吨[③]。至于中国内地的木船业，基本上没有受到轮船的冲击。

从生产力角度讲，落后的木船终究要为先进的轮船所取代，这是长期的、不以人们意志为转移的必然趋势。为适应新形势以图生存，木船业也曾作过若干船体结构的改革，提高运输效率。光绪初年，广东南海地方的帆船，即多改用"人力车渡"[④]。广州也曾出现过船尾车轮推动的木船。这是一种脚踏轴或中国式链唧筒操作的木船。据说在节约时间上及经营费用上都优于普通木船[⑤]。在广西还有一种"车扒"，"所有职工较民船为多，速率亦较民船为强"，而且还有新式"公司"的组织[⑥]。在宁波，同治末年就有人自造"轮驳船"，既能行速，又无需水火之力。在设计者的

---

① 班思德：前引书，第 213 页。

② 萨坚特：《英中商业与外交》（A. J. Sargent, Anglo—Chinese Commerce and Diplomacy），第 288—289 页。

③ 班思德：前引书，第 214 页。

④ 《续修南海县志》，第 6 卷，第 46 页。

⑤ 《海关十年报告》，1882—1891 年，拱北口，第 598 页。

⑥ 《邕宁县志》，交通二，第 23 页。

考虑中，"因轮船机器太重，煤价太高，船上载煤占用载货地方甚大，思欲裁去煤火，专用风吹，凭风力行轮，庶乎从省"，但这种设计未能尽善尽美，"究未试行也"[1]。今天看来，这些都是难能的、然而又是幼稚的设想。类似的"技术改革"，只不过是封建社会落后生产力的"自我完善"。中国近代航运史上的这支插曲，很快就在先进的轮船浪潮中淹没了。

显然，在中国近代社会里，木船无法阻挡轮船的兴起，轮船也不能彻底消灭、取代大量的木船。在水运总量中，木船一直占有不可低估的份额。然则木船何以能常在不灭呢？这主要是因为在封建社会里木船还有其赖以生存的土壤，适应封建经济落后的特点，木船还"有其特殊便利之处"。诸如木船载运汕头土糖，关税之低约当轮船之半，足以补偿轮船低运价而有余[2]。由于常关税率一般低于海关税率，轮船有时竟因此竞争不过木船[3]。

木船除"特殊便利之外"，还有它办理货运的"手续比较松懈，且可稍事通融"[4]。例如牛庄"有不少中国人是反对轮船的。他们宁愿选择可以无限期停泊（待装）的帆船，而不喜欢那些刚进港就要启航的轮船"[5]。因为在中国古老的商业经营习惯中，时间往往不是最重要的因素。在经营方式上封建主义与资本主义之间存在着难以解决的矛盾。

重要的是，木船业还有其不容忽视的经济实力和与之相配的社会地位。各地木船大都保持有势力的行会组织，足以左右地区

---

① 《上海新报》，1870 年 6 月 23 日。

② 《英国领事报告》，1882 年，汕头，第 112—113 页。

③ 例如珠江。英国国会档：《中国》，第 1 卷，第 352 号，附件 1，1900 年，第 323 页。

④ 班思德：前引书，第 213 页。

⑤ 《海关贸易报告》，1881 年，牛庄，第 1 页。

性运输。例如汉口宜昌间就有一个木船行会的"垄断集团"。当木船无力与轮船竞争时，这个集团就用"惩罚来威胁"向轮船托运的华商：一当枯水季节轮船不能航行时就对这些华商"拒运"。据说 1878—1879 年间一度开辟汉宜线的招商局轮船就是由于缺乏华商货源而被迫撤回的[①]。另一方面，作为一支运输力量，仍在承担大量盐运乃至漕运等运输任务的木船业，拥有千百万藉以维持生计的船民，又是关系到整个社会安定的一个因素。在下面还将谈到正是这个因素经常被清政府用作限制轮船发展的一个依据。

似乎可以说，轮船引进中国以后，它与木船之间产生的日益尖锐的种种矛盾实质上反映的是封建主义与资本主义的矛盾。轮船的优越性能本来是木船无法比拟的，然而木船是存在于坚强的封建关系之上的，同时又有其势力可观的社会基础。木船的顽强性不是轮船一下子就能摧毁得了的，因而在中国封建社会里轮船与木船得以长期并存。

三

在新式轮船运输兴起的同时，外国商人还进行了铁路与电话的示范，机器生产也在某些行业中出现。这些都表明到第二次鸦片战争以后中国又被迫进一步开放了。轮船、铁路、电线、机器以及西方科技知识等等体现了西方文明的巨大物质力量，其影响所及绝不限于某些封建社会变异现象的发生。一个时期内外来势力的强劲冲击力，使大清帝国朝野上下都曾感受到剧烈的震动。从这时起，中国古老的封建社会无论在经济上、政治上乃至文化上都出现了前所未有的变化。

---

① 《英国领事报告》，1878—1880 年，宜昌，第 39—40 页。

1. 封建社会对轮船的反应。

新式轮船的引进、江海航线上轮船的广泛利用引起中国社会各阶层的注视。以轮船为核心，包括"夷务"、"西学"在内的社会变革方向问题，使封建社会内部出现迥然不同的态度与主张，进而导致统治阶级上层也出现了洋务与顽固两派的分野。

洋务派创办轮船的进程是有着较明显轨迹可寻的。还在 1861年曾国藩即已看到"不过一、二年，火轮船必为中外官民通行之物"①。第二年，他进而论述："轮船之速、洋炮之利，在英法则夸其所独有，在中华则震于所罕见。若能陆续购买，据为己物，在中华则见惯而不惊，在英法则渐失其所恃"②。左宗棠的主张是："若纵横海上，彼有轮船，我尚无之，形无与格，势无与禁，奖若之何？此微臣所鳃鳃过计，拟习造轮船，兼习驾驶，怀之三年乃有此请也。"③李鸿章同样看到轮船的先进性能与置备轮船的必要性。1864 年他即提出"潜探底蕴"的计划，即通过中国水手到由洋人驾驶华商置买的洋式船只上"微窥用炭用水之秘"。据说这是他"蓄数年而未发"的主意④。到 1863 年江苏督抚丁日昌的主张尤为明确："东卫等船，日就衰微，势难振之使起，为将来长久计，舍设立轮船公司一层，此外别无办法。"⑤前述的《华商置买洋式船只章程》就是这批洋务派官僚主持制订的。江南制造局、福州船政局与轮船招商局也是他们经手创办的。

洋务派对轮船的酝酿整整经历 10 年。由自强到求富、由军火工业到民用企业、由制造局到招商局也耗费 6 年时光。1873 年中

---

①　《海防档》，甲，购买船炮（三），第 20 页。

②　江世荣编：《曾国藩未刊信稿》，第 123 页。

③　《洋务运动》，（一），第 16—19 页。

④　《海防档》，丙，机器局（一），第 6 页。

⑤　丁日昌：《抚吴公牍》，第 33 卷，第 15 页。

国第一家近代轮运企业轮船招商局的创办较之第一家外商轮运企业（省港小轮公司）的出现相差 25 年之久，较之前述英商罗巴茨企图在广州装配轮船事件，整整落后半个世纪。从宏观上着眼，洋务派创办轮船，不论其动机如何，显然是符合时代潮流的。其创办轮船的进程之所以如此延宕，主要是来自各方面的阻力。

对发展轮船的阻力来自社会的不同层次。包括木船船夫在内的社会阶层，长期在封建思想的禁锢之中，落后意识与反侵略情绪结合在一起，有时达到狂热的程度，激烈迸发的思想感情往往难于辨认资本主义侵略与资本主义新生事物的区别。"一闻修造铁路电讯，痛心疾首，群相阻难，至有以见洋人机器为公愤者"。见有华人乘坐轮船驶入内地，竟至"官绅起而大哗，数年不息"①。直到 19 世纪末期，这类内地反对轮船的事件也未曾绝迹。

但是，发展轮船的最大阻力还是各阶层掌握实权的顽固派。顽固派之所以顽固，一方面是封建统治者传统的"虚骄"，使以愚昧无知为特点的顽固派终于难以理解新式运输工具在社会发展的意义。另一方面又忧于轮船给封建政治、经济结构可能带来的冲击，惟恐以轮船海路运漕触动利用漕运以自肥的各级官员的既得利益，因而既得利益者们竭力维护沙船、排斥轮船。1865—1866年间当有人提出"官买洋船"的动议时，竟至"中外哗然"。因此，顽固派不仅对洋务派在政治上进行猛烈的攻击，还制造"见有讲求西学者，则斥之曰名教罪人，士林败类"的社会舆论②。

不只是轮船，铁路也是如此。80 年代初期作为重要项目的筑路问题也提上了日程。列强争相染指，洋务派亦拟举办，从而掀起一场大论战。光绪六年刘铭传奏折言事："自强之道，练兵造

---

① 郭嵩焘：《养知书屋文集》，第 11 卷，第 3 页。

② 郑观应：《盛世危言》，西学。

器，固宜次第举行，然其机括则在于急修铁路"，并同时提出借款筑路的主张①，他的这一主张立刻遭致内阁大学士张家骧的讥讽，说刘是"张皇喜事"。随后刘锡鸿更进而指责："若中国则虽造铁路，不过周于两京、十七省为止，以彼一省之货，易此一省之财。""毫末殊未有增，是安可以为利"②。在他看来，疆域大小、土地肥瘠等自然条件的差异乃是宜否修筑的标准。"若英吉利蕞尔小国，地狭而不腴"，"利在通商"，则宜于筑路；若中国疆域辽阔，"利在劝农"，则不宜筑路。这种迂腐的顽固派观点在轮船的引进上也有类似的反应。他说："夫洋人以巨资制船者，缘其国物殖无多，惟置船贩运，易图利斤，若中国……自有本土田宅店肆，可以衣租食税，履坦途以为安，必不肯捨孤位以临不测"③。这就是说，中国与外国不同，与铁路一样，轮船在中国同样没有必要。

一位学者在研究日本明治维新时得到一个"启示"："排外者必保守"。由张、刘等顽固派身上，人们似也不难看出"保守派必愚昧"。

然而，就历史发展的潮流讲，顽固派并不单是愚昧无知的问题。他们未必没有感受到轮船、铁路、新式机器等的冲击力，感受到它们对封建社会的经济结构及传统文化的严重威胁，因而在恐惧之中他们产生相当强烈的仇恨情绪。曾任江苏巡抚的赵舒翘，"此人酷憎洋人，竟至不肯驾搭轮船，以其出自西人也"④。直到1900年还有"查阅长江水陆军务大臣"李秉衡，因"素性不喜西法，故并不乘坐轮船，由京至鄂，绕道汴城，悉皆遵陆而行"。具

① 《刘壮肃公奏议》，第2卷，第1—3页。

② 《刘光录遗稿》，第1卷，第6—7页。

③ 同上书，第2卷，第16页。

④ 《戊戌变法》，Ⅲ，第466页。

有讽刺意味的是，当他到汉口渡江之时，仍不得不利用"小轮拖带而过"①。从赵舒翘、李秉衡等人的身上，人们不难看到封建守旧势力顽强的反动性。

封建守旧势力虽欲延缓历史发展，终归阻挡不住历史潮流的前进。作为先进运输工具的轮船在客运方面表现得相当突出。首先在通商口岸取得突破。1866 年海关报告记载说，乘坐轮船"吓得要死"的情况已有所改变，"官员乃至学者也已经常搭乘沿海一带的轮船"。到北京会试的"士子"、往返各口的"满大人"，甚至是"非火轮船不坐"②，乘坐轮船的商人当然更多，客运日渐成为轮船公司的重要业务。1871 年旗昌在上海宁波航线上的客运收入竟占其客运总收入的 43%③。在沿海远程航线上，轮运业务扩大的势头就更加明显了。1881 年的统计，上海北行线的轮船乘客已达 18729 人次，而乘坐"行风船"（即木船）者仅有 48 人④。到 19 世纪末期，乘坐轮船者就更加普遍了，1897 年沪苏杭之间已超过 20 万人次⑤。汉口沙市宜昌间亦在 1.3 万人次以上⑥。在梧州，1897—1898 年之间就由 2.3 万人次增至 6 万人次⑦。无疑轮船引进以后几十年间的这种发展变化对中国轮运业的发生是一个促进。

2. 民族资本小轮业早期发展的坎坷历程。

---

① 《中外日报》，光绪二十六年三月初六（1900 年 4 月 5 日）。

② 《海关贸易报告》，1866 年，上海，第 11—12 页；BCR，1865 年，上海，第 140—141 页。

③ 刘广京：前引书，第 89 页。

④ 《沪报》，光绪八年五月二十五日（1882 年 7 月 10 日）。

⑤ 《英国蓝皮书》，中国，第 21 号，上海、苏州、杭州《领事报告》，1898—1899 年，第 336 页。

⑥ 同上书，第 18 页。

⑦ 《英国蓝皮书》，1897 年，梧州，第 346—347 页；1898 年，第 526 页。

　　总起来看，在特定历史条件下，中国近代航业资本的流向大致有两条途径：或是以各种"诡寄经营"方式在不同程度上纳入外国资本势力之中，从而改变或冲淡其民族资本的特色；或是自购轮船、独立经营，保有民族资本性质。前者固然为数不少，而申请创办轮船的华商亦不绝如缕，越来越多。然而直到甲午战争，经过半个多世纪的发展，站得住脚的民族资本轮运企业仍然是凤毛麟角，屈指可数。原因究竟何在？

　　帝国主义当然是一个原因。在外轮垄断的江海主要航线上，民族资本小轮业无力竞争，很少有生存的空间。1874 年华商郭松、汉阳东主的小轮公司曾以一条小轮与垄断珠江的省港澳轮船公司竞争，不久即被后者以高价收买，退出航线。这是资力雄厚的外轮公司鲸吞华资小轮的一个例证。[①] 但终究还有一些华商轮船依侍某些条件时隐时现地不断行驶的记录。1855 年在外商小轮集中的广州河面上曾经出现过三艘华商公司投资的轮船[②]。稍后，大英轮公司的买办郭甘章拥有轮船不下 13 艘在华南沿海活动[③]。其中至少有一艘曾与省港澳公司展开过竞争[④]。据说他的轮运事业"以事故纷纭，不旋踵而败"[⑤]。由他的情况推度，"事故纷纭"者，主要可能是封建势力的干扰。这类事例是不胜枚举的。

　　曾经有一位科举中的"士绅"张禄升（音译）看到社会潮流的变化弃功名而从商，购置轮船在沿海活动，开始一个全新的事业。然不久便出现了可悲的结局。当他随船行抵"从未见过轮船"的胶州时竟被地方当局逮捕。虽未投入监牢，却遭皇帝谕旨摘去

① 《海关贸易报告》，1874 年，广州，第 176 页；《申报》，光绪元年正月十五日。

② 格里芬：前引书，第 140 页。

③ 安地考特：《香港史》，第 195 页。

④ 《北华捷报》，1875 年 9 月 4 日，第 23 页。

⑤ 《汇报》，同治十三年九月初七日（1874 年 10 月 16 日）。

顶戴花翎。原因是"他开着轮船闯入宁静的海港，使当地居民受到惊吓"①。

这个事例算得上是一个典型了。事件情节也非常符合历史实际。在一个落后的封闭状态的社会里，一旦出现轮船，人民有惊奇感，本不足怪。直到1893年在沪杭间的一个集镇上停留一艘拖轮，当地人民尚且视之为"蒸汽怪物"聚众围观②。偏远内地当更可想见，社会闭塞愚昧的严重性已相当充分地暴露出来。在这种情况下，张禄升的行动显示出他对发展中国轮船具有难能可贵的时代感、紧迫感。但是，张禄升的行动却与封建社会发生难以调和的矛盾：轮船与海港宁静的矛盾；最后甚至惊动"天子"下诏取缔。

轮船的出现与推广，是生产力进步的象征，不管怎样，是封建统治者禁绝不了的。对外轮固然无力禁绝，对华商轮船亦无法彻底禁绝，限制与打击遂成为封建政府轮船政策的基本内容。就在张禄升事件以后大约20年，即1886年，有一位浙江候补知县黄日辛，置轮行驶于外轮早已畅行无阻的沪苏线，"商民均称其便捷"。而江苏巡抚崧骏竟派亲兵水师炮船拦截，理由是"并未奉准宪示"③。在这条航线上不久又有吴子和、宋珊宝等人经过"督宪"批准经营小轮运输，崧骏又令吴县地方当局"立将该轮封闭"，管驾之人被拘留候讯，连搭客等人"俱舍其行李，只身上岸"，理由是遽尔驶入内河，"殊属冒昧"④。

至于内地小轮公司的创办则尤其艰难。以湖南小轮公司为例。

---

① 丁韪良：《花甲记忆》（W. A. P. Martin, A Cycle of Cathay），第204—207页。

② 《北华捷报》，1893年11月10日，第743—744页。

③ 《字林沪报》，光绪十二年二月初八（1886年1月1日）。

④ 《字林西报》，光绪十二年十二月初十（1887年1月3日）。

80年代初，从它开始创办起就遭到各方面封建势力的节节阻难。"凡三次呈请，涂公一阻之，卞公再阻之"①，继而李黼堂更"肆意阻挠，上书中丞，其言绝悖"。② 这里的"涂公"即原任湘抚、光绪八年官迁湖督的涂宗瀛。"卞公"即原任湘抚、光绪九年暂署湖督的卞宝第。李黼堂即咸丰年间曾任赣布署抚的李桓。一家小轮公司自然难以承受这些有权势的督抚的一再阻难。此时此刻的招商局反而较为开明，表示"湖南行驶小轮，自是当务之急"。因为这个时候湖南内河尚未见及外轮势力的入侵。虽然，"奈阻之者势不相下，急以相求，不如徐以待悟"③，湖南小轮公司就这样长期未得成议。

当局限制小轮的政策主要依据是：一、顾虑外商轮船援例入侵内河；二、防止小轮走私；三、轮船有碍民船生计。前面说过，外轮势力扩张的基础是特权，而不是"援例"。如果说走私，轮船与木船无异。可见当局强调的主要是木船船夫失业问题。因而在各地限制轮船的措施中普遍规定轮船"只准搭客、不准载货"，以维护木船货源。于是又导致一种奇特的、然而是颇为广泛的现象，即轮船拖带木船。这是由禁止轮船运货的政策导致的畸形现象，对轮运业的发展仍然是严重的限制。

四

根据上面分析，我们认为既应看到外商引进轮船的侵略性质，

① 《洋务运动》，第1卷，第316—317页。
② 光绪十四年腊月初三日，□岩涛致马建忠，《航运史资料》，第1辑，第1423页。
③ 同上书，第1427页。

又应该看到轮船的引进对中国封建经济、政治乃至思想、文化所带来的深远影响和对中国近代航运业发生的促进作用，否则就不能深刻理解列宁所说的社会历史进程中资本主义的"使命"。但是，由于中国早期轮船发展过程的复杂性，这个"使命"又往往不是一眼就能望穿的。

轮船是被侵略者强行引进的。因而在中国并不是如同西方资本主义国家那样轮船、机器是适应产业革命过程的需要而产生、发展的。对中国封建经济来说，轮船最初带有明显的嫁接性质。因此，从清中央到地方，从经济领域的活动到人们思想意识的反应，几乎到处都能体现封建社会对轮船的"异体排它性"。不管是轮船还是铁路，也不管这些新式运输工具的优越性能已经在多大的范围内得到体现，仍难免受到来自封建社会各方的阻力与干扰。19世纪后期，中国近代航运业的发生与发展，是具备一定条件的。由其演变的艰难历程看，封建主义的反动性丝毫不亚于帝国主义的侵略性。这是中国近代经济史有待深入研究的重要课题。

（本文系根据发表于《近代史研究》

1988年第2期的文稿修订而成）

19世纪中国近代航运业发展史的几个问题

在西方殖民主义海外扩张史中,轮船曾经起过重要作用。轮船出现以后,很快就被殖民者用作掠夺手段。殖民主义的魔爪伸向哪里,哪里就会有轮船的踪迹。在中国,作为新式运输工具,轮船最先是由资本主义侵略者强行引进的,因而通过外国在华轮运势力获得的扩张,不仅可以体现早期外来侵略者经济侵华的某些基本特点,而且还可看到它对中国封建社会的强烈冲击。中国最早的一家轮船公司——招商局,正是在这个历史前景下由洋派官僚创办的。由招商局创办的前前后后,大致可以看出在错综复杂的阶级矛盾中,中国封建社会末期的演变进程。应该说,招商局的创办乃是中国社会经济发展变化的产物。自鸦片战争以迄甲午战争的半个世纪里,在中国广阔水域中,以公司形式出现的中国民族资本小轮业,仍是寥若晨星,屈指可数。中国民族资本轮运业却长期没有得到发展,其症结安在?

本文即试图对19世纪中国近代航运业发展的这几个问题作一概括性的、初步的分析。错误之处,惟望读者指正。

一

19 世纪外国在华轮运势力的扩张，大致可以分为两个阶段：第一阶段，自第一次鸦片战争至 60 年代，侵略者通过暴力掠夺方式严重地破坏了中国领水主权，外商轮运势力迅速发展，并且取得垄断地位；第二阶段，70 年代以迄中日甲午战争，外商在华轮运势力向内河航线纵深发展，国际轮业垄断资本同时打入中国领水，从而使中国日益变成国际轮业资本竞争的场所。

外国在华轮运势力是在破坏中国领水主权的基础上扩张的。首先是航权。通过第一次鸦片战争，清政府被迫与西方列强签订一系列不平等条约，侵略者从中攫取了"五口通商"、"自由贸易"、"协定关税"等各项特权。值得注意的是，在这些特权中，并未有关于"航权"的专款规定，只是在商品贸易、减免税率等范围内间接涉及到航权问题。例如 1844 年 7 月签订的《中美五口贸易章程》中曾订有："其五港口之（美商）船只，装载货物、互相往来"，已在某一口岸完纳船钞的美国商船，"因货未全销，复载往别口转销者，即可不再缴纳船钞"等等。在这里，既不曾涉及外船揽载土货问题，更无外船可以驶赴非约开口岸的承诺。相反，前述条约的第三款尚有规定："五港口外，不得有一船驶入别港，擅自游弋，又不得与沿海奸民私相交易"[1]。《中法黄埔条约》中也曾有类似规定。[2]

政治上丧失独立地位的清政府凭藉约款条文是不可能限制外商活动的。我们知道，碍于中国自然经济结构的顽强抵抗力，自

---

[1]　王铁崖：《中外旧约章汇编》，第 51 页。

[2]　同上书，第 58 页。

由资本主义的商品一时难于大量打入中国市场，外来侵略者无法通过商品贸易充分实现不等价交换。在这个历史阶段里，侵略者采取的侵略方式主要是暴力掠夺。商品走私、偷运毒品、掠卖华工、海盗"护航"等烧杀抢掠、明火执仗的罪恶活动迅速在侵略者所到之处蔓延开来。这些无一不靠船只进行的种种暴力掠夺活动，遂成为外船势力赖以扩张的重要手段。

就拿走私逃税来说，约款中也曾订有"秉公议定"的"协定关税率"，即除一部分品目订为从价 10％左右的税率外，余均从价 5％以下。这种税率无疑是有利外商的。其有利的程度，"竟比（外国）商人们本身所敢于提出的还要更加有利一些"。① 因为偷漏走私往往可以化有税为无税，比有利可图的"协定关税率"还要有利，因此外国商人仍然猖狂走私、偷漏成风。出于暴利的诱惑，几乎每一个英美在华洋行商人都"充分地利用了他们的资力"经营毒品走私生意。②

尤其严重的是，鸦片贩子完全置约款于不顾，"任意毫不拘束地在他们所愿去的地方，用他们所愿用的方法去进行贸易"。③ 兜售鸦片的船只，完全没有已开、未开口岸的界限。"偏僻的港汊"都是他们出没的场所。④ "整个中国的海岸"，包括许多未经测量的沿海城镇与渔村的水域，都能见到他们的踪迹。⑤ 至于以"保护中国木船为己任"的海盗"护航"船只，就更加没有口岸的界限了。凡华船所至之处，"护航"船只均可湾泊停靠。不仅如此，海盗商

---

① 莱特：《中国关税沿革史》，中译本（以下简称《沿革史》），第 10 页。

② 马士：《中华帝国对外关系史》（以下简称《关系史》），第 1 卷，第 612 页。

③ 《沿革史》，第 86—89、95 页。

④ Bassil Lubbock, The China Clippers, pp. 3—5.

⑤ Ibid., pp. 13—14.

人的势力甚至由海上伸进沿海城市。例如台湾的打狗（今高雄）。远在开埠以前，美商拉毕奈（Robinet）和奈伊（Nye）就曾以保护这个口岸不受海盗袭击及每船允交吨税 100 元为条件换取了该口的樟脑贸易垄断权和设行的特权。[①] "护航"船只如此，掳掠华工、贩卖人口的外商船只亦复如此。例如"汕厦及闽粤二省不通商口岸，往往有夹板船私自前往，贩卖人口"。[②] 就这样，约款所不曾让予的中国沿海航行权在侵略者的暴力掠夺中丧失殆尽。本无权在中国领水自由航行的外商船只却享有了最大限度的航行自由。

对外商船运业务来说单凭航权是不够的。除航权外，还需有"土货贩运权"。只有在取得航权的同时，又取得"土货贩运权"，外商船只才具备扩张运输业务的条件。这是在 1863 年正式订入《中丹条约》以前其他不平等条约中不曾规定的另一项特权。它与沿海航权一样，作为独立国家，都是不容侵犯的主权。因之侵略者要攫取这项特权，同样要以暴力掠夺为手段。

俨然以战胜者自居的外国商人强行破坏甫经签订的本不平等的条约约款，公然非法从事土货贩运业务。谁都知道，前面提到的"因货未全销"外船得在完纳船钞以后"载往别口转销"的条款指的是在已开五口之间转销未销的进口洋货，对外商来说这已经是明显的特权让予。但是，转运洋货既然是"条约所明许"，依恃强权的外商趁机转运土货也就"势难禁阻"，欲阻不能了。[③]

———————

① 丹涅特：《美国人在东亚》，第 246 页；E. Griffin, Clippers and Consuls, 1840—1860, p. 285。

② 李鸿章：《李文忠公全书》（以下简称《李鸿章全书》），奏稿，第 25 卷，第 36 页。

③ 班思德：《最近百年中国对外贸易史》，中英合璧本，第 77 页。

一位资产阶级历史学家就此写道：这项条款"为外船经营沿岸贸易打开半扇门"。[①] 其实何止"半扇门"！据说早在 1843 年至少在厦门地区即已发现外船载运土货的事实。虽说这只不过是"顺便利用一下这种沿岸贸易的权益"，并且把它当作"一种附带利益"，一时还说不上是土货的贩运经营，但毕竟开了先例。[②] 以后在走私偷税罪行中，外船非法贩运土货的活动越来越多，遂致一发不可收拾。

此外，海盗"护航"又为外商开展土货贩运业务创造了条件。不堪海盗袭扰的中国船商不得不接受海盗"护航"，尽管如此，依然无法避免这些"护航者"的敲诈勒索。走投无路的华商索兴高价雇外船包运。外商船只遂得乘机兜揽华商货载。从此华商沿岸贸易便迅速落入外商船只的控制之中。[③] 例如以海盗"护航"而闻名的葡萄牙快艇就常为进退维谷的华商所雇用，于厦门、台湾之间从事鸦片、洋货及大米的往返贩运业务。[④]

在非法的土货贩运活动中，唯利是图的外商很快就发现"船运比商品买卖更有利润"。[⑤] 原来只是作为一项"附带利益"的土货贩运日益变成外商船只的正常业务。进入 19 世纪 50 年代，活动在中国沿海的英籍船只，"绝大部分"都在非约开口岸地方经营

---

① 丹涅特：《美国人在东亚》，第 142—143 页。

② 《沿革史》，第 185—186 页。

③ Allen：Western Enterprise in Far Eastern Economic Development，China and Japan，1954，p. 127. British Consular Report，1869，Tientsin p. 14（以下简称 Commercial Report）.《沿革史》，第 41 页。

④ 《沿革史》，第 188 页。

⑤ Griffin，Ibid，p. 307.

土货贩运。① 1856 年上海外商船只半年的统计数字表明，在总数
141 只的英籍船只中，进口上海者有 1/3 都在干着"沿岸贸易"
的勾当，在 58 只美籍船只中，其比例亦不相上下。② 到 50 年代末
期，外商船只已由华南的大米、土糖、华北的豆石等一般土货的
贩运进而染指于官方垄断的盐运与漕粮。外船活动的范围，也已
由沿海扩展到松花江、黑龙江两江、闽江与长江。在广阔的中国
水域里，外商船只就这样达到无远弗届的程度。

　　当然，与侵略者船运势力直接有关的特权除了航权与土货贩
运权，还有港务行政权与引水权。外国船商为排挤中国船商，控
制华商货运，也不单是凭藉政治特权，还利用保险业务作为诱引
华商货运、打击中国船商的重要手段。本文限于篇幅，这里就不
一一叙述了。

　　迅速扩张中的外商在华船运势力，最初主要是靠风帆的二桅、
三桅、夹板、"快船"之类的木船。一般说来，机器动力的轮船由
于续航力差，容积小，特别在远程航线上难于进行有利的经营。
据说当时只有资力雄厚的大洋行才能负担得起较高的轮船费用。③
1845 年从纽约开抵中国的美国轮船"伊迪丝号"，是"机帆并用"
的。④ 同年开至香港的英轮"玛丽伍德夫人号则舱位不多，货容量
不比大型驳船大"。⑤ 因此，轮船通常只是作为辅助运输工具使用。
在中国近海，首先在外商势力集中的香港、广州地区，轮船运输

　　① 英国蓝皮书《关于 1857—1858 年额尔金勋爵致中国及日本特使团的通讯》，
第 83—84 页。

　　② Griffin, Ibid, p. 265.

　　③ S. C. Lockwood, Auguitine, Heard & Co. ; American Merchants, in China on
the Eve of the Opening of the Yangtze, 1858—1862, pp. 103—104.

　　④ R. B. Forbes, Personal Reminiscences, Boston, 1882, pp. 210—211.

　　⑤ A. Michie, Englishman in China, vol, pp. 257—262.

却迅速地发展起来。资料证实，早在 1846 年就已有两艘轮船从事香港广州间的运输业务，而且"快速准时"。① 随后还出现一家经营定期班轮的"省港小轮公司"（Hongkong and and Canton Steam Packet & Co.）。这是外商在中国创办的第一家专业轮船公司。这家公司虽然资本只有 3 万两，轮船只有两只，1854 年即行清算停业，但却显示出外商在华轮运业的经营已经提上日程。② 自此开始，以香港为基地，外商轮船航线不断向华南沿海各地延伸。汕头、厦门等地不时发现外轮的踪迹。华商租雇外轮以拖带木船的现象也已相当普遍。

1850 年大英轮船公司曾经一度开辟香港上海间轮船定期航线。③ 这家公司除向中国"大量运送鸦片和现金"④ 外，同时也在中国沿海揽载土货。1853 年以后，单单大英轮船公司一家"就有不下五艘轮船从事于这种沿岸贸易"，而且"都像载运洋货一样地载运土货"。整个 50 年代，轮船的数目都"增加极快"。⑤ 第二次鸦片战争以前华南沿海的外轮势力显然已经奠定了基础。

外商轮运势力的迅速扩张及土货贩运业务的展开，使侵略者的"口味越吃越大"。他们急于把已经攫取到手的约款外特权通过条约而合法化，然后再据以扩张其船运势力。⑥ 侵略者这种图谋通过第二次鸦片战争大部分得以实现。很多外籍船只非法活动的中心都通过《天津条约》被辟为口岸，使原来的通商五口陡增至十

---

① B. P. Returns of the Trade of the Various Ports of China, down to the Latest Period, pp. 39—40.

② 一说 1848 年春正式开业；Eital, History of Hongkong, p. 276。

③ 《沿革史》，第 187 页。

④ Endicott, History of Hongkong, pp. 130—131.

⑤ 《沿革史》，第 187 页。

⑥ 同上书，第 324—325 页。

四口。此外还有自由到内地通商、传教、游历等特权也被列为正式条款。而长江航线的开放，大大鼓舞了伺机扩大侵略的外国商人。外商船运势力遂从沿海迅速扩及长江一线。

1861 年初，英美侵略者相继派出各自的武装船队深入汉口窥探。同时上海的洋行纷纷置备船只，利用太平天国革命战争的时机，哄抬运价，争先从事长江航线运输。旗昌轮船公司（Shanghai steam Navigation Co.）就是美国老牌殖民地洋行旗昌（Russell & Co.）以 100 万两资本于 1862 年在上海创办的。主要是美商旗昌、琼记，英商宝顺、怡和等有实力的洋行轮运势力之间的一场空前激烈的竞争于兹展开。长江航线继中国沿海航线之后复成为侵略者角逐的场所。

在这场竞争中，藉助于买办商人从资金及货载两方面支持的旗昌终于先后击败对手成为长江航线的霸主。1867 年曾经出现一家"专行长江航线、欲与旗昌抗衡"的公正轮船公司（Union Steam Navigation Co.）。虽然这家公司也有买办巨商的支持，但其资本仅有 17 万两，轮船也只有两只，因而到底未能影响旗昌在长江已有的垄断地位。[①]

与此同时，在华南水域于 1863 年及 1865 年先后创办的英商德忌利士（Lapraik Douglas）及省港澳轮船公司（Hongkong Canton and Macco S. S. Company）也分别在大洋行（主要是琼记、怡和）及买办商人支持下获得迅速发展，数年间就取得与旗昌在长江航线一样的垄断地位。在上海天津间北洋线上，则又是旗昌及英商北清轮船公司（North China S. N. Co.）的天下。

总之，19 世纪 40 至 60 年代外商在华船运势力是在暴力掠夺

---

① 参见拙文《从旗昌轮船公司的创办与发展看买办的作用》，《历史研究》1963 年第 2 期。

的基础上扩张起来的。外商在华船运业的发展过程，乃是中国领水主权逐步遭受破坏、华商货运日益落入外商控制的过程。资本主义商界有句"名言"："蒸汽创造商业"，[1] 在中国，轮船不仅"创造"了商业，扩大了贸易，而且还带动了外商在华的工业与金融业的发展。例如船舶修造业、保险业以及银行业，都与轮运业比肩地发展起来。

在此后的 30 年中，即从 60 年代到 90 年代，当外商在华轮运势力向内河水域深入扩张的时候，国际轮业垄断资本的魔爪也伸进中国领水，各国在华船运势力之间的相对地位，也同时发生了显著的变化。

这个历史阶段各个通商口岸往来外洋、往来国内的外商船舶吨位数字的增长是极为明显的。据统计，1868 年共计 630 余万吨，1892 年约达 2300 万吨。这期间增长几达 4 倍。[2] 由于 1877 年旗昌轮船公司的清算，吨位排在列强各国前列的美籍船吨同期由 200 余万吨跌至 6 万吨，这表明美船已所剩无几。德日籍船吨虽然增长迅速，但所占比重不大。值得注意的是，英籍船吨位的绝对数字由 1868 年的 330 余万吨增至 1892 年的 1900 余万吨，差不多增长 5 倍，而且在所有外国船吨中的比重，亦占了绝对优势。在 19 世纪最后的 30 年中，英船吨位一直占各国吨位总计的 80％以上。[3]

英国在华船运势力得以如此迅猛扩张绝非偶然。众所周知，1870—1871 年间，由于苏伊士运河的通航和海底电线的敷设，中西贸易方式发生了巨大变化，便利的交通吸引了更多的外商代理

---

① North China Daily News，1867.1.23，pp. 25—27.

② 严中平等编：《中国近代经济史统计资料选辑》，第 244 页。

③ 同上。

行号参与对华贸易的竞争。同时船运业的发展从两个方面起了推动的作用：一方面是商品贸易的扩大要求船运力量需有相应的增加；另一方面，在激烈的贸易竞争中，贸易风险的增加及贸易利润率的下降，使得一些老牌洋行不愿再冒商品贸易的风险，转而投资轮运业稳收优厚利润。英商怡和洋行就是从 70 年代初起，由鸦片、丝茶等商品贸易转向轮运业的经营，并曾先后投资创办华海、扬子与怡和三家轮船公司。另一家太古洋行（Butterfield & Swire）则于 1872 年创办太古轮船公司（China Steam Navigation Co.）。以怡和、太古为代表的英国在华轮运势力终于取代了美商旗昌长期垄断地位。

对整个在华洋行势力来说，轮运业不过是其垄断活动的一个方面。在研究 19 世纪 70 年代以后洋行从商品贸易转而投资于轮运业的同时，不能不看到与轮运业有着直接联系的保险、码头、仓栈、轮拖各业的巨额投资。如果进而联系到制糖、丝厂、冷冻、电灯、棉毛纺织等与轮运业没有直接联系的各项加工制造行业的大量投资的事实，作总体考察，显然可以看出各个大洋行都已在通商口岸分别形成各自的庞大资本集团。粗略统计，太古洋行的"关系企业"总不少于三四十家；怡和洋行的"关系企业"更达五六十家之多。[①] 由于各自有其雄厚的资本体系的支持，因而这些外轮公司在激烈竞争中总是立于不败之地。

此外，考察 19 世纪末期外国在华轮运势力的扩张还不能不联系到向帝国主义过渡的资本主义世界经济发展的趋势。我们知道，19 世纪 60 年代英国机器大工业的急剧发展中明显地出现了资本与生产的集中与垄断。而资本主义工业生产及产品输出的激烈竞

①　参阅拙书《中国近代航运史资料，1840—1895》，第 1 辑，上海人民出版社，待出版。

争又使英国工业垄断地位受到严重威胁，为了摆脱困境，国际垄断资本不得不积极开辟新的殖民地市场，扩大对殖民地掠夺。特别是 1874 年的经济危机以后，资本与生产集中的进程加速，扩大对殖民地市场的要求也就更加迫切。这在半殖民地的中国同样有反映。

还在 1867 年时外商就在"修约"问题上发出阵阵鼓噪，露骨地提出扩大内港内河行船、贸易特权的要求。中国所有重要内河，从东北的松黑两江直到华南的两江，几乎都已成为侵略者觊觎的目标。其中最重要的是自汉口上溯重庆的长江上游（川江）。1869 年英国侵略分子即已深入川江窥探，为川江行轮、通商、扩大华西广大内地市场作准备。《烟台条约》（1879 年）就是反映在这个时代资本主义势力深入侵略中国的产物。几年之后，英国流氓商人立德就着手置备轮船，开始入侵川江的活动，并终于取得试航川江的成功。[1]

同时，在世界市场和投资范围的争夺中，国际轮业垄断资本势力也开始向中国扩张。与资本主义大工业资本积累及生产集中过程同时出现的"航运业巨头"纷纷扩大中国水运航线，分别与怡和、太古、旗昌等老牌洋行建立起密切的业务联系。这就使中国内河口岸通过香港、上海两个航运中心与全球远洋航线联系在一起。[2] 1879 年首次出现一个英国国际航业垄断资本的"中国航线运价联盟"。这个通过竞争产生的"运价联盟"，其用意本来是为了垄断中国航线、消除竞争。然而由于后起的德、日大轮船公司先后打入中国领水，竞争反而日趋激烈。从而形成各国轮业资本分割中国航运权益的局面。总之，19 世纪末期，在中国半殖民

---

[1]　参见拙文《川江航权是怎样丧失的?》，《历史研究》1962 年第 5 期。

[2]　G. Allen, Ibid, p. 128.

地经济深化的进程中，国际轮业资本的作用是不容忽视的。

二

 下面让我们看看中国轮运业是怎样发展的，先谈轮船招商局。

 轮船招商局是洋务派官僚于 1872 年在上海创办的。这是我国最早的一家轮船公司，也是"洋务运动"中最重要的一家资本主义性质的民用企业。

 洋务运动初期，从军火工业到轮船招商局的创办，整整经历 10 年。这个时期正是外来经济侵华势力迅速扩张的时期。就以轮运业而论，如前所述，外商轮船已经遍布中国领水，并且垄断了中国航线。外轮势力的迅速扩张，引起原有封建经济结构一系列的深刻变化。人们可以看到：巨额买办商人资本为外轮公司所招徕，大量华商货运为外商轮船所揽载；随同各个通商口岸洋行势力及其船运力量的扩张，买办商人的贸易活动也有了相应的增长。19 世纪 60 年代初期，天津、芝罘（今山东烟台）与牛庄（辽宁营口）开埠以后，这些地方曾经出现多家来自香港、广州等地的华商商号。在牛庄，洋行不过 4 家，而这类华商商号就开设 10 家，[①] 天津竟不下 20 家之多。[②] 在侵略势力集中的上海，原来垄断外商贸易的少数买办富商，进入 60 年代以后，更为 150 家新起的华商商号所取代。其中有 3 家专门从事长江各地洋行贸易，还有 30 家主要从事北方各口的贸易活动。[③] 而且不限于通商口岸，一些远离口岸的内地商业中心如岳州、沙市及重庆等地也先后出

---

① North China Herald, 1866. 7. 7, p. 106.

② Commercial Report, 1866, Tientsin, p. 106.

③ Commercial Report, 1865, Shanghai, pp. 139—140.

现有"广东商人"代理英国洋行业务。[①]

买办商人贸易活动的增长，转而成为外商轮运势力进一步扩张的重要依靠。据统计，1862 年牛庄进口外船 86 只、总吨位 27747 吨，1865 年增至 274 只、总吨位 91118 吨。其中外商自己使用的仅 31 只，其余则均为"华商"所租雇。[②] 牛庄如此，其他各口大体类似。加之轮船运输所显示的速快、期准、安全、省费等优越性能，因而不仅华商之利用轮船者"咸趋之若鹜"，"潮流如斯、势难禁阻"；[③] 甚至封建社会内部各阶层对轮船的某些"偏见"在一部分人之间也开始消除。[④] 1866 年的资料记载说，几年前，由于一个官员"包租外轮"社会上尚且"吓得要死"，而如今发生"一个显著变化，官员、文人乘坐轮船已属常见之事"了。[⑤]

在这种情况下，居于垄断地位的外轮公司必能奇货可居，大赚其钱。以旗昌为例，1867—1872 年间利润总额不下 460 余万两，其利润率竟高达 64.8%—76.14%。[⑥]

与此形成鲜明对照的是，中国旧式木船运输业遭受到空前严重的摧残。千百只木船闲置，大批船民失业，而木船业的凋零衰败，又连带影响到某些相沿已久的传统商品的贩运。例如以贩运东北豆石为主要业务的沙船，由于轮船的倾挤，或则"弃业改图"，或则因无力整修而任船只朽损。[⑦] 沙船如此，辅佐沙船承运

---

①　Commercial Report，1864，Handow，p. 121.

②　Trade Report，1865，Newcheang，pp. 10—14.

③　班思德：《最近百年中国对外贸易史》，第 144—145 页。

④　Trade Report，1865，Appendix，p. 136.

⑤　Trade Report，1866，Shanghai，pp. 11—12.

⑥　Liu Kwang Ching，Anglo—American Steamship Rivalry in China，1862—1874，pp. 100、102、106、153.

⑦　左宗棠：《左文襄公全集》，奏稿，第 18 卷，第 1—5 页。

漕粮的东卫各船，也同时濒临"日就衰微、势难振之使起"的地步①，以致每年北运的大量漕粮单靠沙船承担已不可能。即使沙宁卫船并用，也"仅敷装载"。②从而构成了对京师漕粮供应的威胁。

这些变化引起包括清封建统治者在内的社会各阶层的注意。早在19世纪60年代初期洋务派官僚就已有人看出轮船在中国必然发展的趋势。1861年曾国藩议复恭亲王购买船炮的奏折中即曾提道："不过一、二年，火轮船必为中外官民通行之物"。③不久，这些地方当权派就开始各自的置轮活动。1859年曾国藩购买"威林密号"轮船一艘。④次年李鸿章也购买一艘"飞来福号"。⑤在此期间，曾、李通过杨坊、吴煦为反动军团"常胜军"先后购置轮船达17艘之多。⑥1866年的资料显示，江苏省当局及总督分别拥有5艘轮船，全部由外籍人员驾驶。⑦

这些轮船，无疑都是用来镇压太平天国革命的反动军事目的的。太平天国失败以前，华商置办轮船、经营商运的活动已经为清封建当局所注视。起初，由于"中外商民，聚集已久，交际颇深"，针对轮船"自相接受，不肯经官"、"骗捐取利"的现象及华商大量附股外轮公司的"诡寄行为"，⑧1864年总署行文各地督抚臣等要求查明华商雇买洋船是否报关立案，并商定《华商置买洋

① 丁日昌：《抚吴公牍》，第32卷，第10页；《洋务运动》，第6卷，第84页。

② 《海防档》，甲，购买船炮（三），第861—862页。

③ 同上书，第20页。

④ 《海防档》，购买船炮大事年表，同治元年三月。

⑤ 《上海新报》，同治二年十月七日。

⑥ 《吴煦档案中的太平天国史料选辑》，第132页。

⑦ Trade Report，1866，Shanghai，pp.13—19.

⑧ 同治三年九月初六日致上海通商大臣李鸿章函，《海防档》，丙，机器局（一），第3页。

船章程》以便稽查管理。李鸿章还企图利用这个时机派遣中国水手"就洋人微窥用炭用水之秘",以"潜探底蕴"。据说这是他"数年蓄而未发者"。^① 姑不论李鸿章的窥探轮船奥秘的想法是否现实,但从中流露出洋务派制造、利用轮船的意图由来已久。

李鸿章在建议上海设厂造轮的同时,对华商雇买洋船问题,不是单纯地管束与限制,而是在管理之中强调鼓舞与奖掖。在他推荐的丁日昌"密禀"中,明确提出"准中国商绅,收买轮船夹板,以裕财源,而资调遣"的主张。^② 这种主张很适应当时"势难禁阻"的华商日益普遍利用轮船"潮流"的。与另外一些只着眼于防范、稽查与控制的主张有着显著的不同。然而洋务派的这一主张并未贯彻。在太平天国革命失败以后,洋务派从"自强"到"求富",从军火工业转向民用企业的长期酝酿过程中,无论是对华商购置轮船、或是对洋务派自办轮船的意图反而表现得十分隐晦暧昧,顾虑重重。这主要因为顽固派与洋务派之间的矛盾斗争日趋激化、顽固派多方牵掣的缘故。

顽固派的声势之所以引起洋务派的重视与顾忌,首先是由于掌握清枢机重权的顽固派在政治上占有优势地位。1865 年那拉氏甚至一度罢黜洋务派首领恭亲王奕䜣。这场来自清廷的政治风波对洋务派实际上是一次重大挫折。当曾国藩从谕旨得知"首行军机大臣之上少议政王三字",即预感到奕䜣"若非生死大变,则必斥逐,不与闻枢密大政矣","此事关系重大,不胜悚惧。"^③ 在朝野压力下,奕䜣虽然不久就官复原职,但风波并不曾平息。李鸿

---

① 《海防档》,丙,机器局(一),第 6 页。

② 同上书,第 5 页。

③ 同治四年三月十八日寄源浦,《曾文正公家书》,第 10 卷,第 6 页。

章当时就看到两派之间"嫌衅日深，恐波澜未已"。[①] 在这种政治压力下，洋务派的洋务活动自然要有所收敛。

与此同时，洋务派在创办轮船的途程上，还要面对各种阻力。根深蒂固的封建社会守旧势力反对轮船的社会舆论与中国人民的反侵略的强烈情绪交织在一起，有时达到狂热的程度。激烈迸发的思想感情往往使人难辨资本主义侵略与资本主义新生事物的区别。"一闻修造铁路电讯，痛心疾首，群相阻难，至有以见洋人机器为公愤者"，见有华人乘坐轮船驶至内地，竟至"官绅起而大哗，数年不息"。[②]

顽固派与社会上的守旧势力尽管从上下两个方面对洋务派施加压力，但在难以解决的漕运问题上顽固派对地方上具体职掌漕运职责的洋务派力量却无法摒弃不用。

为了解决因木船运输急剧衰败对漕运构成的威胁，1866年初，江南关道应宝时首先提出一个由清政府出价收买沙船的计划，以维持漕运。按照这项计划，购价需款70余万两，岁修计划又需款26万两，但这个计划"岁费太巨，殊骇听闻"；同时又有人认为沙船业已凋敝过甚，不堪使用，"收买济运"实在毫无把握。因此，收买沙船主张随即作罢。[③] 此时英人税务司赫德也插手进来，提出"雇用洋船"办法。跟着应宝时又提出一项官买夹板济运之议。应宝时所以议买而不议雇者是为了避免雇用外船运漕在受兑交卸方面可能产生的"华洋纠葛"。但官买夹板济运，"其购价及修费，亦觉为数不赀"。[④] 李鸿章对此公开表示支持。他说，"因雇

---

① 《李鸿章全书》，朋僚函稿，第7卷，第15—16页。

② 郭嵩焘：《养知书屋文集》，第11卷，第3页。

③ 《海防档》，甲，购买船炮（三），第861—862页。

④ 同上。

用而计及买用，由商买而推及官买，此亦不得已之谋，实亦舍此莫由之路"。① 因为实际上若尽恃官买，官力亦有所不逮，故必须以商力佐官力之不足。然而，洋务派的这一动议，竟至"中外哗然"。对于外商及买办商人说来，不论官买商买，都将触及其既得利益，因而对此十分警觉。应宝时的"禀报"透露说："凡职道暗中布置，彼处纤细皆知，其为奸商蛊惑，不问可知"。② 官员中反对派的态度则尤其明显。带头反对的是职掌漕运的户部。在户部看来，应宝时"官买"之说，系出自"悬揣"，缺乏实际基础，"是以群议莫敢附和"。户部的不支持态度，使应宝时自然难于"坚持其说"。③ 在总署就此咨商户部后致李鸿章的函件中写道："其中有不可明言之隐，阁下高明，自可洞察"。④ 以户部为代表的顽固派势力与洋务派之间的明枪暗箭，于此可见。

随后李鸿章调赴徐州"剿捻"，曾国藩回任两江总督兼通商大臣。迫切的漕运困难，迄未能找到解决办法，但又不能"坐视漕运之无策"。⑤ 因此，户部的态度也不能不稍有松动，认为："除官买洋船济运外，每年能划分漕额数成招商承运"。这就表明户部与李鸿章关于"官买"之时，"必须以商力佐官力之不足"的主张明显地接近了。洋务派于是利用这一时机从两方面着手推行其置办轮船的政策。

---

① 议购雇夹板轮船试办海运，吕实强：《中国早期的轮船经营》，1962年版，第165—166页。

② 《海防档》，甲，购买船炮（三），第868—869页。

③ 同上书，第866页。

④ 吕实强：前引书，第170页。

⑤ 同治六年五月初七致两江总督，《海防档》，甲，购买船炮（三），第869页。

一方面明令内地商人可以购造轮船，这样"既可免隐射之弊，亦可辅转运之穷"。① 1866年李鸿章经手修订的《华商买洋商火轮夹板等项船只章程》被再次提出。经与总署商议，1867年秋终于公布。曾国藩的态度极为明确："以后凡有华商造买洋船，或租或雇，无论火轮夹板，装运出进江海各口，悉听自便"，而且"不绳以章程，不强令济运"，以示"官不禁阻之意"。②

另一方面，在制订商办轮船章程的同时，洋务派官僚开始了官办轮船的酝酿。1867年曾国藩经过与总署咨商，提出了"轮船招商"的主张，并且指出这个"轮船招商"并非商办，而是"官办"。③ 由李鸿章、应宝时的"由商买而推及官买"到曾国藩的"官办"，显示出洋务派在创办轮运的道路上又前进了一步。跟着江苏巡抚丁日昌于北京入觐时更面陈朝廷，"欲广招华商购船，兼运西皖漕粮"。④ 在他看来，"楚皖等省河运难复，恐均不能不酌改海运"，因此他"本有轮船分运（漕粮）之议"。⑤

洋务派的活动应该说是有成效的。《华商购造洋式船只章程》（六款）公布之后，容闳、许道身、吴南皋、赵立诚等先后提出置办轮船的申请。人们似乎可以期望在外轮已经垄断中国江海航线的条件下，中国民族资本轮运业即将发生的一线生机。洋务派自己创办轮运的意图也逐渐明朗起来。

然而，正当洋务派踌躇满志之时，来自顽固派的攻击又呈日益尖锐之势。他们公开指责洋务派是"求一技之末，而事夷人为

① 《海防档》，甲，购买船炮（三），第861—862页。
② 同上书，第870页。
③ 同上书，第792页。
④ 《李鸿章全集》，朋僚函稿，第12卷，第28—30页。
⑤ 《洋务运动》，第6卷，第81页。

师"。① 有人直接评议曾国藩"湘乡之讲习泰西技术，实为祸端"。② 一场喧嚣几年的漕粮河运海运之争再起风波。素以河运为漕务"常法"的户部仍在坚持"力筹河运，以补中原之元气，而济海运之穷"。③ 在这种沉重的政治压力下，使洋务派对商办轮船的态度发生了急剧的变化。曾国藩本人对官雇洋船运漕之事都顾虑重重："遽议创行，未免群议沸腾，不特无以服众人之心，并且无以钳众人之口"。④ 对商办轮船的态度来得尤其严峻。原来主张"官不禁阻"的曾国藩对华商办轮的申请转眼之间竟又一一批驳不准，使中国民族资本轮业发生的幼芽尚不曾出土就遭到扼杀。

就这个问题，南洋通商大臣何璟后来透露说：华商申请置办轮船事，"虽蒙允准而卒无成议者，非特资本不易集，与沙船旧商之不肯相让也"。⑤ 事实是，所谓"资本之不易集"并非无资可筹，而是申请置轮的华商顾虑资本没有保障。洋务派也深知华商集资置轮，"必许以分运漕粮"，否则就难以在外商竞争中作有利的经营。何以又以漕运作为批驳不准的理由？关键在于"沙船旧商之不肯相让"。不过日趋衰败的沙船业本身未必就拥有左右洋务派的力量，而是在沙船业背后拥有强大的封建保守势力的支持。

我们知道，与沙船业的盛衰息息相关的是相沿已久的封建漕运制度。在漕运制度中，已经形成自清政府中央到地方大小漕运官员的利薮，弊窦丛生，黑幕重重。"浮收"、"漕项之浮收"以及"漕河工费"、"漕督粮道以下员弁兵丁兵私费用"等等，⑥ 名目繁

---

① 同治朝《筹办夷务始末》，第 47 卷，第 24—25 页。

② 李慈铭：《越缦堂日记》，同治六年七月初三日。

③ 吕实强：前引书，第 166—167 页。

④ 同上书，第 171—172 页。

⑤ 《海防档》，丙，机器局（一），第 95 页。

⑥ 冯桂芬：《校邠庐抗议》，折南漕议。

多，不一而足。因此，一旦推行轮船运漕，河运改为海运，触动
原有漕运制度，必然会引发大批凭借漕运以营私舞弊者的强烈反
对。

华商申请置轮活动从此销声匿迹了。曾国藩等的"官办"主
张也暂时趋于沉寂。积极倡导轮船运漕之议的丁日昌也不得不表
示"事关重大，必须详慎妥筹"的态度。[1]

顽固派的政治压力可以使洋务派创办轮运的进程延缓推迟，
但却无法扭转中国势必出现新式轮运业的历史潮流。1868 年丁日
昌明白表示："东卫等船，日就衰微，势难振之使起，为将来长久
之计，舍设立轮船公司一层，此外别无办法"。而且饬令下属：
"妥筹确议，详复核办"。[2] 应该说，从这个时候起，洋务派就已从
"官办"的倡议进而具体酝酿轮船招商局的创办了。

在酝酿过程中，1870 年李鸿章升迁直隶总督，谕旨裁撤三口
通商大臣，"洋务归总督经管。"自此"整顿海防"也便成为直督
的施政中心。[3] 从海防角度着眼，"非有轮船，不能逐渐布置"，
"无事时可运官粮客货，有事时装载援兵军火"。[4] 购置、经营轮
船，正可藉以培养海员，以建立舰队、筹办海防。[5]

洋务派创办轮船更有一层重要的目的是"求富"。旗昌等外轮
公司连年盈得丰厚利润的事实，不仅引得洋务派官僚的注视，[6] 而
且已经有人开始利用轮船开始牟利的活动。例如 1870—1871 年间

---

① 《洋务运动》，第 6 卷，第 81 页。

② 丁日昌：《抚吴公牍》，第 32 卷，第 10 页；见《洋务运动》，第 6 卷，第 84—
85 页。

③ 《洋务运动》，第 1 卷，第 23—24 页。

④ 光绪元年二月二十七日，直督李鸿章奏，《洋务运动》，第 6 卷，第 8 页。

⑤ Maclellion, Story of Shanghai, p. 74.

⑥ North China Daily News, 1872. 12. 10.

江苏巡抚（按：指丁日昌）就曾购买一艘"平安号"（Pingon）轮船在上海汕头航线上航行以赚取利润。[1] 不过洋务派"求富"之说与"海防"是密切关联的。因为筹备兵船需要充足的饷源，而筹措饷源，则"必须商船日盛"。有人甚至把创办轮船公司事提到"自强嚆矢"的高度。[2] 李鸿章也曾表示："欲自强必先裕饷，欲浚饷源，莫如振兴商务"，"微臣创办招商局之初意，本是如此。"[3] 这就表明洋务派创办招商局不单是为了解决漕运问题，还想利用来自轮船的利润以支付庞大的经费开支。经过几年的酝酿，大致自 1872 年 5 月起，招商局的具体筹组活动就开始了。

值得注意的是，从招商局的筹组开始，洋务派一改过去的策略，转而对华商采取露骨的限制政策。如果说洋务派对商办轮船的申请由"官不禁阻"遽然转为"批驳不准"是迫于顽固派的压力，那么后来对华商的限制就是出于对招商局的维护。当着手筹组招商局之际，李鸿章便同时奏请"沿海沿江各省尤不准另行购雇西洋轮船；若有所需，令其自向闽沪两厂商拨订制"。[4] 实际上当时官局并无商船可领，商拨订制也非克日可期之事。不管其目的是否在于维护闽沪两厂，但不准华商"另行购雇"，就只能堵塞华商创办轮运的道路。洋务派限制华商的政策，必然会导致原有的官商矛盾的激化。这在招商局的筹办过程中表现得一清二楚。

然而事实证明，洋务派创办轮运没有华商的支持，不仅难于筹集足够的资本，更难揽载足够的货运。为了缓和与华商的矛盾，1872 年 7 月朱其昂拟定的招商局章程中曾明确规定"大意在于官

---

① American Neptune，1957.7，p. 215.

② 《洋务运动》，第 6 卷，第 81—82 页。

③ 《李鸿章全书》，奏稿，第 39 卷，第 32 页。

④ 同治十一年五月十五日，筹议制造轮船未可裁撤折，《李鸿章全书》，奏稿，第 19 卷，第 48 页。

商合办，以广招徕，期于此事之必成，而示众商以可信"的条文。① 跟着，不到两个月，朱其昂又强调："所有盈亏，全归商人，与官无涉"。② 由"不准另行购雇"到"官商合办"，复由"官商合办"到"所有盈亏，全归商人，与官无涉"这一明显的变化反映了洋务派在筹组招商局的过程中遇到集股的困难而不得不向商人作出的让步。

这种形式上的让步，事实上仍难很快达到"示众商以可信"的目的。相反来自沙船商人、买办商人的反对却有加无已。例如，原来支持朱其昂的买办商人李振玉，以"众论不洽，中途辞退"。③ 财势煊赫一时的胡光墉也由于"畏洋商嫉忌"，不敢入局。④ 依附洋行的买办，甚至"多方忌沮"。⑤ 不用说，买办的"忌沮"、反对是离不开洋行老板背后的怂恿与支持的。⑥ 至于沙船商人的反对，自是更加激烈。当有人"偏劝"沙船商入股招商局之时，居然"群起诧异，互相阻挠"，"竟至势同水火"。⑦ 由沙船世家出身的朱其昂肩任筹组招商局，也未能缓和招商局与沙船商之间的矛盾。在股金难筹的情况下，到招商局预定开业前的一个月，李鸿章又不得不排除地方反对势力的阻隔，订定一项"漕运"的"成议"，公开表明招商局的轮船要"分运来年江浙漕粮"，⑧ 以此诱引华商的支持。

---

①　《海防档》，甲，购买船炮（三），第 910 页。

②　《李鸿章全书》，奏稿，第 20 卷，第 32 页。

③　《李鸿章全书》，朋僚函稿，第 12 卷，第 36 页。

④　同上书，奏稿，第 20 卷，第 32 页；朋僚函稿，第 12 卷，第 33 页。

⑤　同上书，朋僚函稿，第 13 卷，第 13 页。

⑥　《汇报》，同治十三年八月初四日；North China Daily News, 1874.2.26。

⑦　《字林沪报》，光绪九年十月十一日（1883 年 11 月 10 日）。

⑧　《李鸿章全书》，奏稿，第 20 卷，第 32 页；朋僚函稿，第 12 卷，第 33 页。

同治十一年十二月（1873 年初），上海挂出了"轮船招商公局"的招牌，长期酝酿的招商局就这样开业了。旗昌、太古即"合力倾轧"，将运输的"各项水脚减半，甚且减少三分之二"，企图一举挤垮招商局。[①] 侵略势力的压力，使华商更加畏葸不前。深感"角逐取利，确乎不易"的李鸿章，唯恐"资金过少，恐致决裂"，[②] 于是通过应宝时为引线，拉粤籍上海知县叶廷眷入局，以招徕粤商。同时改弦更张，不再坚持"由官设局招徕"的体制，转而采取"要须随时设法变通，以求经久"的灵活态度。[③] 不过半年，李鸿章便札委广东籍买办巨商唐廷枢、徐润入局。招商局自此摘下了"公局"的招牌而改为"总局"，以顺商情；由"官商合办"复改为"商办"，把"总办"改为"商总"，"商董"，[④] 以提高商人在招商局中的地位。

唐、徐入局后，带进一批买办商人，他们分主不同职责，投入大笔资金，并重订招商局章程，表示效法西方企业。经过这番变动，当事者确乎显示出，欲按照资本主义经营方式经营招商局的征象。

当然，洋务派之节节放宽对商人的限制，再三对商人许诺，目的只是招徕商人资本，并不意味着放松对招商局的控制。名义上定为"商办"，但同时要接受"官督"。所谓"官督"，即"由官总其大纲，察其利病"。就是说，招商局的经营方针、用人大政悉由官方掌握，就连"生意盈亏，在商不在官"之说，也是"专指生意盈亏而言，非谓局务即不归官也"。[⑤]

---

① 《洋务运动》，第 6 卷，第 13 页。

② 《李鸿章全书》，朋僚函稿，第 13 卷，第 13 页。

③ 同上。

④ 《交通史航政编》，第 1 卷，第 142—145 页。

⑤ 《李鸿章全书》，奏稿，第 40 卷，第 22 页。

即使如此，也并未能缓和顽固派与洋务派之间的矛盾。围绕着漕粮河运海运的争论重又展开。不过招商局在唐、徐的操持下，无论是资金的筹集及运输业务的开展都已奠定了初步基础。有利可图的漕粮运输也已成为招商局业务的重要支柱。朝野舆论虽烈，其对招商局的影响显然相对减弱。

总起来说，洋务派由创办轮运的酝酿到招商局的筹组与创办过程，是长期而曲折的。其中充满国内顽固派的攻击、阻挠及外国侵略势力的竞争与倾挤。迫于顽固派的政治压力，洋务派不仅被迫改变了原来对商办轮船"官不禁阻"的政策，而且也拖延了招商局创办的时间。

我们固然不能因为招商局创办后遭到侵略势力的倾挤而忽视洋务派官僚日益显露的买办化特点。在业务经营上，招商局与外轮公司之间既有矛盾竞争的一面，也有勾结妥协的一面。买办出身的唐廷枢、徐润等人入局以后，仍然与外轮公司保持千丝万缕的联系。在当前的学术讨论中，有人主张把洋务企业的创办与洋务派头目的投资路线区别开来，把招商局的创办与招商局的发展区别开来，未尝没有道理。

在中国近代轮运企业的酝酿、发生过程中所表现的顽固派与洋务派的矛盾斗争，在一定程度上是封建主义与资本主义矛盾的反映。顽固派反对的实质上不是洋务派，而是洋务派对轮船的引进与利用。因此，在中国近代轮运企业的发生问题上，不能简单地把顽固派与洋务派等同起来。顽固派与洋务派都是封建主义反动派这种笼统的说法，既不符合历史实际，也无益于问题的深入讨论。

在这里，我们也不能因为在招商局创办以前洋务派采取了发展轮船的政策而忽视其固有的封建反动性。招商局创办以后，一般商人创办轮运企业固然为洋务派所不容，就连洋务派自己创办

的具有资本主义性质的招商局也并不曾沿着资本主义的方向得到
顺利的发展。

一方面洋务派凭藉封建统治特权对招商局百般支持庇护，即
所谓"官为维持"，从而使招商局可以享受到垫借官款、减免税
款，以及官物、赈粮、盐斤运输特许等一般企业难以企望的优渥
待遇。尤其是漕运，招商局除有高额运价收入外，还曾一度获取
包运乃至包购的特权。由于官方特权的"维持"，招商局的业务明
显地走上了畸形发展的道路。历年官商借款总额经常超过股本。
股息利息两项竟占净利 60％以上。按照资本主义的生产经营方
式，这一企业似应无法生存，然而尽管如此，招商局仍然变成为
拥有保险、码头、栈房、铁厂的一家庞大资本体系的企业，并且
直接间接投资于开平、荆门、广济、池州等煤矿以及电报局、织
布局、台湾贸易公司等民用企业，俨然成为洋务派民用企业的核
心。进入 19 世纪 80 年代，唐、徐先后离局，盛宣怀取而代之。
洋务派官僚的派系控制更加严格，通过招商局所反映的官方垄断
政策也更加明显。

另一方面，以封建特权作为业务经营基础的招商局，必然要
走上腐败的道路。"官督"与"商办"之间包含着封建主义与资本
主义无法调和的潜在矛盾。招商局创办伊始，就存在着日益严重
的滥用私人、营私舞弊、贪赃分肥、派系斗争等封建弊端。上下
左右的大小封建官吏年复一年地对招商局从内部虫蚁聚食。给予
招商局以特权"维持"的封建政权，必然要从招商局身上取得加
倍补偿，以抽取官利、提供报效、免费运输等方式，从外部对招
商局进行盘剥。十分明显，洋务派既是招商局的创办者，又是招
商局的摧残者。

三

自外商船只入侵中国领水以来，中国木船业就陷入困境，不时遭受海盗袭击、失去安全保障，货源遭受掠夺、失去业务基础。迫技术上显示优越性能的外商轮船取得垄断地位以后，中国旧式木船业遂面临致命的威胁。广大船民在开展罢工、拒运等各种形式的反侵略斗争之余，也曾竭力对木船作技术上的改进。在苏杭、两广内地试行的车渡与木轮，终难与轮运势力相抗衡。19 世纪 60 年代中国木船业已呈现一派衰败的悲惨景象。

当然，轮运势力的扩张造成中国木船业的凋零衰败，并不能使中国木船绝迹。在不同地区，不同船种仍能长期地利用运价、税率等对自己有利的条件作为轮船的补充运输工具而得以存身。藉助于船业公所的力量，木船业亦能保持某些特定的业务领域，长期得以维持不敝状态。这也反映中国封建经济顽强的特点。

不过就总的趋势讲，旧式木船业已无可挽回地衰败下去，同时中国民族轮运业并没有相应地发展起来。直到甲午战争以前，除招商局以外，只有寥寥可数几家小轮公司先后在几个沿海口岸出现。较之外商在华创办的外轮公司，落后竟达三四十年之久。这是半殖民地半封建社会发展过程中的一个十分引人注目的现象。

诚然，外商在华轮运业的发展也给中国民族资本轮运业的出现创造了某些客观条件与可能。应该说木船业的衰败本身就是条件之一。在外轮势力集中的通商口岸所涌现的一批技术力量，则是中国民族资本轮业发展的另一个重要条件。据 1861 年的记载，广东上海等处就已 "多有能驾驶之法" 的。[①] "宁波、漳泉、香山、

---

① 夏燮：《中西纪事》，外夷助巢篇。

新会一带，能驾驶轮船之人甚多。"① 而且其中尚有 "特出之才，如宁波贝锦泉，未尝读彼中书籍，习彼中技艺，自能作船主，西人亦推许之"。②

然而，侵略者的目的，决不是要把封建的中国变成资本主义的中国。面临外轮的垄断势力，中国民族资本轮运业本已难有发展的余地。而封建社会的顽固保守势力对轮船的偏见及其对华商置办轮船所推行的限制政策，使早期投资于轮业的民族资本，只能假借洋商名义采取 "诡寄经营" 方式。进入 60 年代华商资本以附股形式投入外轮公司的事例就已相当普遍了。

轮船运输在中国领水快速推广开来，出于防止 "骗捐取利"、"私买驾驶" 等弊端，清政府开始酝酿放宽政策，"准中国富绅收买轮船夹板，以裕财源，而资调遣"。③ 如前所述，几经周折，1867 年清政府终于颁布了《华商买造夹板等项船只拟议章程》（通称《华商置办洋式船只章程》），允准华商在《章程》规定范围内可以置办洋式船只。政策上的开放，对一些华商产生鼓舞作用。跟着就有一批与洋务派有着各种关系的下层官僚与买办商人先后四次提出创办轮运的申请。其中有的径自提出 "承运海漕" 或 "试行漕运"。但是，前面也曾提到，在顽固派的政治压力下，没有一项申请获致批准的。

及至招商局创办之后，不顾洋务派官僚的阻挠及外轮势力竞争的威胁，曾有多位华商创办轮运的举动。例如 1873—1874 年间出现过一家 "试行" 于广州佛山间的轮渡公司④，及另一家名称不

---

① 《洋务运动》，第 1 卷，第 31 页。

② 同上书，第 112 页。

③ 《海防档》，丙，机器局（一），第 3—5 页。

④ Eitel，History of Hongkong，p. 520.

详，据说企图与外商省港澳轮船公司一比高低的华商轮船公司，[①]这两家公司看来规模不大，而且，很可能在初创阶段即以失败告终。1875 年又曾有华商以"黄埔城号"轮船开往广州香港间，也企图与省港澳轮船公司角逐。[②] 1877 年旗昌将船产售予招商局之际，公司内一批买办不愿随船归附招商局，遂自己醵资创办一家"宁波轮船公司"，但公司仅存一年多时间，即歇业。[③] 就在这一年，还有人纠众 10 万股，集资 1000 万两，不限华商洋商，"欲组设一公司"开行南洋航线。[④] 另一家"中外各国轮船通商公司"已经拟定章程准备开办，但同样都不曾成功。[⑤] 据已有资料，在这批华商创办轮运活动中，只有一家上海的宝丰公司曾以一艘"苏州号"轮船"装运客货、往来各口"。但其货客船租则是按照招商局定价收取，"不敢减租相竞"。[⑥] 由此可见，在外轮公司及招商局轮船集中的沿海地区，整个 70 年代民族资本轮业都不曾得到发展。

进入 80 年代，华商创办轮船的申请竟至层出不穷，越来越多。申请的范围显然已由口岸伸向岳州、沙市这样的腹地内港等内河水域。面对这种趋势，清政府当局先则于 1882 年明确表明除招商局外"不准独树一帜"的垄断政策，后又于 1884 年颁布《华商购造轮船章程》。作为 1867 年《华商置办洋式船只章程》的续章，17 年以后颁布的这项章程，其主旨却是限制华商购轮"不准擅入内河"，"只准行驶通商口岸"。在口岸地方，也有另外的限制规定。例如，上海就由海关设立专章，严格限制小轮业务："不准

---

① Trade Report，1874，Canton，p. 176.

② North China Herald，1875，5. 22，p. 496.

③ North China Herald，1878，3. 21；American Neptune，1957. 7，p. 228.

④ 《申报》，光绪三年七月十二日。

⑤ 《新报》，光绪三年十月二十六日。

⑥ 《新报》，1877 年 6 月 20 日。

装客搭货，只准至苏州杭州等处为止，并不准驶入长江及江北各内地"。①

不顾清政府的限制政策，各地商人、官绅创办轮运的申请依然接连不断。有的地区官方限制政策十分严格，对"以通行小火轮禀请者，皆不准行"。也有的地区，申请者间或侥幸获得省区"大宪"的批准得以在"章程"规定的范围内行驶轮船，但到了功已垂成的程度，终又被地方封建势力把持阻挠而罢。

在这里，有必要提一提招商局的垄断作用。受到封建政权支持的招商局，作为民族资本轮运业的对立物，越来越表现得飞扬跋扈。有的小轮创办活动就是招商局直接出面而被迫终止的。受招商局及各种封建势力桎梏而不得发展的新式小轮公司无需一一列举。我们只以湖南小轮公司作为典型，就不难看出问题所在。

湖南小轮公司大概发起于 1883—1884 年间，拟议中只计划开行汉口、长沙及湖南内河航线。在筹办过程中，它就不断遭到各方面的阻难。这家小轮公司"凡三次呈请，涂公一阻之，卞公再阻之"，②继而李觐堂更"肆意阻挠，上书中丞，其言绝悖"。③在封建社会里，一家小轮公司自然难以经受这些督抚的一再阻难，连招商局都表示"湖南行驶小轮，自是当务之急，奈阻之者势不相下，急以相求，不如徐以待悟"。④1888 年小轮公司具体拟定章程 15 条，其中明确提到"内湖轮船原应由招商局办理"。这本已显示了小轮公司对招商局垄断地位的顾忌。为了不与招商局的经营发生冲突，不得不把营业范围定为"只搭人客，不载货物"。即

---

①　刘坤一：《刘坤一遗集》，第 2 卷，第 682—683 页。

②　《洋务运动》，第 1 卷，第 316—317 页。

③　招商局档案复印件，中国社会科学院经济研究所经济史组藏。

④　同上。

使这样，仍不能摆脱招商局的干预。当秋冬之际，内湖水涸，不能开轮，就必须获取招商局的允准，始能"载运至各通商口岸，弥补工食"。于是招商局便趁机计议"或由黎绅（创办人）出名，职局（指招商局）附入股分，或查照莱州等处浅水轮船章程，径由职局兼管"。不论是附股还是兼管，只要小轮公司开业，就势必落入招商局的股掌之中。以致这家小轮公司长期停留在筹办阶段而不得开业。

通过湖南小轮公司的筹办过程，人们可以看到在顽固保守势力的摧残下，外轮势力尚未侵及的内港内河，中国民族资本轮业仍然难于得到发展。相反，1890 年前后倒是在外轮势力垄断的沿海口岸反而出现几家稍具规模的轮船公司。其中香港的华商轮船公司（The Chinese S. N. Co. Ltd），资本达 30 万元。[1] 另一家航行于广东沿海航线，"专载搭客"的汕潮揭轮船公司，资本亦达 5 万元。[2] 经营沿海轮运的鸿安公司（Greaves & Co.）的资本计达 20 万两。[3] 然而这些能立定脚跟的轮船公司不是悬挂洋旗（如汕潮揭），就是吸收一部分外商资本。其主要创办人几乎没有例外都是依附于洋行的买办。

总之，中国民族资本轮业之所以如此难产，是外来侵略势力的竞赛与倾挤，尤其是国内封建保守势力的限制与刁难的结果。先进的资产阶级代表人物，或是针对时弊批判洋务派官僚的限制政策时，曾经尖锐地指出："小轮一事，现难邀准，然终有准行之日，不过风气未开耳"；[4] 或是痛诋招商局垄断之非："遍稽通商条

---

① North China Herald, 1890.10.3, p. 392.

② 《海关报告》，卷下，1891 年，第 93 页。

③ 《申报》，光绪十六年三月十四日（1890 年 5 月 2 日）。Yen－Ping Hao, The Compradore in Nineteenth Century China. 1970 pp. 123—124.

④ 郑观应：《盛世危言后编》，第 10 卷，船务，第 15 页。

约，并无不准中国商民造船之例，其所以不准私造者，特恐分招商局之利权"；[①] 或是满怀激情地直接提出速办轮船的主张："夫火轮、舟车、电报三事，天为之也"，"顺天者存、逆天者亡，先天者兴，后天者废"。[②] "铁路、轮船之不兴，是犹人之无足而不能自立"。[③] 诸如此类的社会舆论，虽然未能改变清政府的有关政策，但它发出了时代潮流的声音，肯定有其历史的作用。

（《南开经济研究所年刊》，1981—1982 年）

---

① 招商局档案复印件，中国社会科学院经济研究所经济史组藏。

② 陈炽：《续富国策》，第 4 卷，第 14 页。

③ 何启、胡礼垣：《新政议论》，第 28 页。

轮船招商局创办前后

一

招商局是在西方侵略势力全面扩张，中国封建社会经历空前剧烈震荡的年代创办的。第二次鸦片战争后，侵略者胁迫清政府增开口岸，长江通航贸易，并攫夺内地通商及土货贩运等特权。像第一次鸦片战争后一样，又使英国国内很多人"冲昏头脑"，"资本狂热地涌入中国，转瞬间从事对华贸易的洋行增加了3倍"。[1] 例如上海原来只有洋行11家，1865年已达88家。[2] 外国对华商品贸易也同时扩大起来。欣喜若狂的外商"争相输入大宗货物，待价而沽"。[3] 例如芝罘（今山东烟台），开埠不到3年，年度贸易值即达5804142两。[4] 据统计，英国输入中国工业品总值，1857年2409982镑，1859年增至4463140镑，两年间几增一倍。[5]

---

[1] British Consular Report, 1867, Shanghai, pp. 117—118.

[2] Trade Report, 1865, Shanghai, p. 133.

[3] 班思德：《最近百年中国对外贸易史》，民国二十年，第81页。

[4] Brisish Consular Report, 1864, Chefoo, p. 125.

[5] 姚贤镐：《中国对外贸易史资料》，第1册，第637—638页。

但贸易增长的势头并没有保持下去。也像第一次鸦片战争后侵略者对中国市场销售过高估计一样，这时洋货进口远远超过中国的实际需要，积压滞销。拿棉布来说，1859—1861 年进口贸易还"大见兴奋"，1862 年就"每况愈下"了。[①]

但是，商品贸易的停滞不前，并未使追求暴利的洋行商人因此有所收敛，他们反而千方百计地排除商品流通阻力，扩大内地市场，大力向中国引进铁路、轮船、电线，进口机器、开设工厂。据已有资料，自 1859 年起继之于 1862 年、1865 年，连续由上海大洋行出头，组织"苏州上海火车局"，创办公司，向清政府提出筑路要求。在英国国内酝酿从缅甸进入华西省份的"通商计划"时，为修筑由仰光通往扬子江流域的铁路，在中国拥有经济权益的英国商人向英政府递交的"建议书"竟达数百份之多。[②] 侵略者打开中国市场的急迫性于此可见。

为扩大对华贸易而在加工制造业方面的投资活动也在各个口岸展开。1861 年英商美哲创办"怡和纺丝局"及随后美商创办"旗昌丝厂"、"古利芝洋行丝厂"。汉口则在 1863 年、1866 年先后出现俄商顺丰、新泰两家砖茶厂。[③] 1865 年、1868 年英商斯凯格、轧拉佛洋行分别集资招股在上海筹创机器织布厂、火轮机织本布公司[④]，筹创就地加工大豆的牛庄豆饼厂等等。

侵略者在筑路、投资设厂方面虽然频频向清政府施加压力，由于在各地引起人民的骚动反抗，终归进展不大，但其轮运势力的扩张却取得明显的突破。《天津条约》签订不久，上海洋行

---

① 班思德：《最近百年中国对外贸易史》，民国二十年，第 64、118 页。

② 伯尔考维茨：《中国通与英国外交部》，第 431 页。

③ 孙毓棠：《中国近代工业史资料》，第 1 辑，上册，第 234—237 页。

④ North China Daihy News，1879.3.20，《申报》1879 年 3 月 21 日。

商人便纷纷置备轮船闯入长江。1862 年旗昌洋行首先以 100 万两巨资创办一家"旗昌轮船公司"。英商宝顺、怡和及美商琼记、旗昌之间很快便在长江航线上展开激烈的轮运竞争。由于利润丰厚，1867 年在这条航线上又增加一家英商公正轮船公司。在华南地区，1863 年及 1865 年英商行先后创办的德忌利士及省港澳轮公司一开始就占有垄断地位。在华北沿海航线则是旗昌与英商北清轮船公司的天下。总计不过 10 年光景，除兼营轮业的洋行外，新创专业轮船公司就达 6 家之多，开创资本达 300 万两。[①] 外轮势力的空前扩张，不仅控制了江海航线的商品贩运贸易，而且同时带动了外商船舶修造业、码头仓库业及保险业的同步发展。在招商局创办以前，一个以轮船运输为中心的完整体系业已形成。

外来侵略势力的强行经济扩张对中国封建社会的冲击，远不限于经济领域。封建性的经济结构、传统的意识形态乃至固有的风俗习惯，莫不受到震荡而发生程度不同的变易。这里不妨从轮船说起。

载货量大、快速稳妥、"绝少风涛之险"的轮船在与中国旧式木船竞争中自然占有上风。特别是外商又充分利用保险、引水等特权作为排挤木船，招徕华商货源的手段，诱引华商货主。几年之间利用新式轮运承运的华商便已对外商"趋之若鹜"，而且成为"势难禁阻"的"潮流"。[②] 社会上对轮船的观念与意义同时发生变化。1866 年资料记载说，几年前一个清政府官员"包租外轮"，人们"吓得要死"，如今"官员、文人乘坐轮船，已属常见之事"。到北京会试的"士子"及往返各口的"满大人"，甚至是"非轮船

---

① 此外还有中国与南洋群岛间，中国与欧美间的专业轮船公司及各口岸内港的拖驳、小轮公司等。

② 班思德：《最近百年中国对外贸易史》，民国二十年，第 144—145 页。

不坐".[①] 乘坐轮船的商人当然更多。在这种情势下，木船业遂呈现一派凋零衰败景象。有的地方的木船，"不顾价值就地出售者比比皆是".[②] 船夫大量失业，影响了社会安定。

然而影响封建社会秩序的现象远不止此，滥用侵略者特权从事各种非法活动正在迅速从口岸向周边以及内地蔓延。有的是由外商出名代为报关纳税，即"华商避捐，因托洋行；洋行图利，愿为代报"，其中自然难免有中外合伙贸易的船只，在内地任便行船贸易。承运华商货物的外商船只又往往将华商货物"认为己货，包揽代报完税".[③] 至于附股于外轮公司、或是托名外商、以高价购买外商旗号，冒名洋商船只的事实就更多了。

华洋混杂不分，固然为封建社会教化、固有的伦理观念所不容；凭藉特权抗税偷漏，更是直接影响政府财政收入。清政府对于勾串洋人在内地猖狂活动的华商，最初曾经采取"不动声色、一经拿获，重则立毙杖下，轻则痛打重枷，不用公要牍，不用审供，不提及洋人一字，专用蛮干"的极其严厉的打击手段[④]。由于侵略者气焰嚣张，封建政权处于风雨飘摇的状态，这种手段几乎毫无成效，"防范愈严，比附于洋商者也就愈多"，"利之所趋，虚文有所不能制也。"[⑤] 一个"不藉外夷以通有无"的"天朝大国"，一下子落得"内地奸商人人皆可称为洋行雇伙，内地货物种种皆可指为洋商采办"[⑥] 的境地。诸如此类愈出愈奇的"诡寄经营"活动，严重动摇了封建统治的根本。

---

① Trad Report 1866, Shanghai, pp. 11—12.

② 班思德：《最近百年中国对外贸易史》，民国二十年，第88页。

③ 《海防档》甲，购买船炮（三），第809页。

④ 《曾国藩未刊信稿》，第49—50页。

⑤ 《洋务运动》，第1卷，第138页。

⑥ 夏燮：《中西纪事》，第17卷，第17页。

　　封建统治者面对这个"数千年未有之变局"："轮船电报之速，瞬息千里。军器机事之精，功力百倍。炮弹所到，无坚不摧。大陆关隘，不足限制。"面对新式生产力的威力及侵略势力扩张的威胁，"蛮夷之邦"已成为中国"数千年来未有之强敌"，且太平天国战争尚未结束，但"目前之患在内寇，长久之患在西人"似已成为封建统治者的共识，并由此提出"自强"，"否则后患不可思议也"。"外国猖獗至此，不亟亟焉求富强，中国将何以自立耶"。简单地说，这就是洋务运动的起点，轮船招商局创办的时代背景。

二

　　洋务派的对立面顽固派，这一部分人认为"制器造船，西人最精，自可参用西法"，但"开矿厂等事却不可行"。他们仍然从"立国之道尚礼仪不尚权谋；根本之图，在人心不在技艺"的传统观念出发，攻击洋务派"日思变法，失我故步"。二者的基本矛盾显然是要不要遵守"祖制成法"。在洋务派看来，"办洋务、制洋兵、若不变法，而徒骛空文，绝无实际"。[①]开放、洋务、变法是不可分割的。不破祖宗之成法，就谈不上"求富"与"自强"。洋务派虽然也是出于维护封建统治的目的，但还算是顺应时代潮流。李鸿章说："今日情势不同，岂可狃于祖宗之成法"。[②]曾国藩、李鸿章都曾预见到机器、轮船在中国发展的前景，因而仿造轮船，引进机器与制器之器，招揽培训制器之人。

　　从维护封建正统出发，坚持以纲纪求自强的顽固派要求洋务派创办的机器局"除制造军用所需外，其余应一概禁止，不得仿

---

①　《洋务运动》，第1卷，第119、135、52页。

②　《李文忠公全书》，朋僚函稿，第5卷，复陈筱舫侍郎。

制各项日用器具、是亦无形中所以固本之一端"。① 甚至有人攻击洋务派学习西方是"师法夷人",是可耻的。奕䜣则针锋相对,驳以"天下之耻,莫耻于不若人"。"若夫日本蕞尔国耳,尚知发愤为难,独中国狃于因循积习,不思振作,耻孰甚焉! 今不以不如人为耻,而独以学其人为耻,将它于不如而终不学,遂可盾耻乎"。②

从道理上讲,顽固派昧于时势,在争论中必然处于下风。然而在皇权至上的封建社会中,顽固派动辄以"尊祖宗成法"、"保社稷安危"为藉口,钳制政治上的对手,从而取得政治上的优势。政治的压力使洋务派常常处于削职、罢官、治罪的威胁之中。李鸿章以自己的经历不无感慨地说:"任事者甫将集事,言者认为得间,则群起而议亡,往往半途中梗,势必至于一事不办而已"。③

· 但是,顽固派设置障碍,只能延缓中国近代化的进程,终归阻挡不住时代潮流的前进。轮船招商局的创办就是一个例证。

起初,由于"中外商民聚集已久,交际颇深",针对轮船"自相授受、不肯经官"及华商大量附股外轮公司的"诡计经营"行径、"骗捐取利"的现象,1864 年总署行文各地督抚将军,请查明华人雇买洋船是否报官立案,并"妥定华商置买洋船章程,以便稽查管理"。一种意见是强调管束、限制,李鸿章则着重鼓舞与奖励。在他推荐丁日昌"密禀"的函件中,明确提出准"中国绅商收买轮船夹板,以裕财源而资调遣"的主张。④ 在华商置轮问题上,一开始就存在开放与禁锢两种不同的态度。

---

① 《洋务运动》,第 1 卷,第 94 页。

② 同治朝《筹办夷务始末》,第 46—48 卷。

③ 任桓俊之,转见孔令仁:《中国近代史与洋务运动》,第 652 页。

④ 《海防档》,丙,机器局(一),第 5 页。

这个时候，衰败的木船业已无力承运漕粮，从而引起清政府的重视而筹谋对策。1866 年初江南关道应宝时提出收买沙船计划，税务司赫德提出雇用洋船办法，跟着应宝时又提出官买夹板济运的建议。李鸿章说："因雇用而计及买用，由商买而推及官买，此亦不得已之谋，实亦舍此莫由之路"，表示出对"官买"的支持。当然"若尽恃官买，官办亦有所不逮，故必须以商力佐官力之不足"。这样，他便提出了"官商并行之说"。① 然而，"官买洋船"的动议，竟至"中外哗然"。对于外商及买办商人来说，无论官买商买，都将关系到其切身利益，因而他们密切注视洋务派的动向。值得注意的是职掌漕运的户部却认为"官买"之说系出自"悬揣"，"是以群议莫敢附和"。由于户部的不支持，应宝时终于难以"坚持其说"②，后来总理衙门向李鸿章透露说："其中有不可明言之隐，阁下高明，自可洞察"③。但是，由于漕运日益困难，户部也不得不同意除官买洋船济运外，还主张每年划分漕额数成"招商承运"，这与李鸿章关于"官买"之时"必须以商力佐官力之不足"的主张已相当接近，矛盾明显缓解，使洋务派的轮船开放政策又趋于明朗。

清政府一方面明令内地商人可以购造轮船，开商人经营轮船之禁。"既可免隐射之弊，亦可辅转运之穷"。1866 年李鸿章经手修订的《华商买用洋商火轮夹板等项船只章程》，终于在 1867 年秋公布。曾国藩的态度又极为明确："以后凡有华商造买洋船，或租或雇，无论火轮夹板，装运出进江海各口，悉听自便"。而且

---

①　《海防档》，甲，购买船炮（三），第 861—862 页。

②　同上书，第 866 页。

③　吕实强：《中国早期的轮船经营》，第 170 页。

"不绳以章程，不强令济运"，以示"官不禁阻"之意。①

另一方面，在制订商办轮船章程的同时，洋务派也开始了官办轮船的酝酿。1867 年曾国藩提出"轮船招商"的主张。这个"轮船招商"并非"商办"，而是"官办"。② 后来丁日昌藉入觐之机更面陈朝廷，"欲广招华商购船，兼运西皖漕粮"，③ 在他看来，"楚皖等省河运难复，恐均不能不酌改海运"，因而他"本有轮船分运（漕粮）之议"。④

洋务派这项轮船开放政策刚一出台，即在社会上引起反应。就在《华商购造洋式船只章程》（六款）公布之后，容闳、许道身、吴南皋、赵立诚等先后提出置办轮船的申请。人们似乎可以期望在外轮已经垄断的江海航线上，中国民族资本轮业即将获得一线生机。然而此时来自顽固势力的攻击却日趋尖锐。先是蔡寿祺奏劾奕訢"骄盈揽权"，进而奕訢被罢黜并削去"议政王"头衔。奕訢虽不久复职，但谤议不绝。李鸿章已然看到政治上的"嫌衅日深，恐波澜未已"⑤，漕粮河运海运之争再起。户部又在坚持"力筹河运，以补中原之元气，而济海运之穷。"⑥

来自各方面的政治压力，迫使洋务派对轮船的态度发生变化，原来对商办轮船主张"官不禁阻"的曾国藩转而对商办轮船的申请竟又一一批驳不准。南洋通商大臣何璟后来透露说：华商申请置轮事"虽蒙允准而卒无成议者，非特资本不易集，与沙船旧商

---

① 《海防档》，甲，购买船炮（三），第 861—862、870 页。
② 同上书，第 927 页。
③ 《李文忠公全书》，朋僚函稿，第 12 卷，第 28—30 页。
④ 《洋务运动》，第 6 卷，第 81 页。
⑤ 《李文忠公全书》，朋僚函稿，第 7 卷，第 15—16 页。
⑥ 吕实强：《中国早期的轮船经营》，第 166—167 页。

之不肯相让也"。① 问题在于华商投资的风险。洋务派深知"必许以分运漕粮",否则难以在外商竞争中有利可图。若许以分运漕粮,推行轮船海运,触动封建漕运制度,必然引发包括沙船旧商在内的大批借漕运以营私舞弊者的反对。

被顽固派诬为"丁鬼奴"的丁日昌,1868 年又复提出"东卫等船日就衰微,势难振之使起。为将来长久计,舍设立轮船公司一层,此外别无办法",而且饬令下属"妥筹确议,详复核办"。② 应该说,从这个时候起,洋务派就已从"官办"的倡议进而具体酝酿轮船招商局的创办了。

1870 年李鸿章升迁直隶总督,"整顿海防"成为直督的施政中心。③ 因而招商局的创办也必然赋予自强、求富的意义。从筹组始,李鸿章便奏请"沿海沿江各省尤不准另行购雇西洋轮船","庶政令一而度支可节省"。④ 这是明显地维护船厂与招商局的利益以贯彻洋务政策。1872 年 5 月开始筹组,7 月,札委沙船商朱其昂拟定"'招商局章程'。年底,李鸿章排除地方反对势力的阻挠,订定一项"漕运成议",由招商局"分运来年江浙漕粮"。⑤ 1873 年 1 月"轮船招商局"在上海开业。

三

招商局开业以前,"旗昌、太古、怡和三行,皆已议和行事"。三家议和,实即三家垄断。例如长江航线旗、太两行相议同揽

---

① 《海防档》,丙,机关局(一),第 95 页。

② 丁日昌:《抚吴公牍》,第 32 卷,第 10 页。

③ 《洋务运动》,第 1 卷,第 23—24 页。

④ 《李文忠公全书》,奏稿,第 19 卷,第 48 页。

⑤ 《李文忠公全书》,朋僚函稿,第 12 卷,第 33 页。

"洋子江（即扬子江）载运之业，各行隔日放火船一只，其水脚两行一例索纳若干，且不许别公司同行"。旗昌、怡和"于上海天津一路，亦和议水脚，不相为争赛。"①

招商局开业以后，外轮竞争的威胁就在华商中间引起强烈反应。有些华商"几疑中国之不能自立"②而徘徊观望。胡光墉之不肯入局，就是因为"畏洋商嫉忌"。③还有些买办商人"闻此事之成，殊为不悦，以招商之船既夥，则彼必不能获利"④，因而"多方忌沮"。初创的招商局很快就遇到"股份过少，恐至绝裂"的困难。⑤

与此同时，招商局还要承受外轮的竞争倾挤。尽管如此招商局只有"伊敦"、"永清"、"利远"、"福星"、"合众"及承领闽省船政衙门的"海镜"共计6艘小轮，总合不过3000吨⑥，旗昌、怡和、太古三家共27艘、41087吨，力量明显悬殊。但在外轮公司老板眼中，招商局的出现，还是给他们"添了不少麻烦"。于是"共同研究对付中国公司的办法"，开展降价竞争。旗昌、太古"合力倾轧"，"各项水脚减半，甚且减少三分之二"，企图一举搞垮招商局。

在这种情况下，深感"角逐取利、确乎不易"的李鸿章为打开局面，特别通过应宝时的引线，拉粤籍上海县知县叶廷眷入局，以招徕粤商。同时在招商局体制上改弦更张，不再坚持"由官设局招徕"，而是"要须随时设法变通，以求经久"。所以招商局开

---

①　《申报》，同治十年正月二十一日。

②　《李文忠公全书》，朋僚函稿，第13卷，第2页。

③　同上书，第12卷，第36—37页。

④　《汇报》，同治十三年八月初四。

⑤　《李文忠公全书》，朋僚函稿，第13卷，第13页。

⑥　《申报》，光绪三年三月初六。

业不过半年，即 1873 年 6 月，粤籍富商、精于轮业的怡和在职买办唐廷枢及原宝顺买办徐润携带巨额资本入局。招商局自此摘下了"公局"的招牌而改为"总局"以顺商情，由"官商合办"改为"商办"。同时把"总办"改为"商总"、"商董"，而唐、徐则着手整顿，重订章程，效法西方企业的经营。这是招商局创办以后的一次值得注意的变化。这次在体制上、人事上的变化与调整，反映洋务派开放政策又有所扩大。在货源上有"分运漕粮"的保证，在资金上有唐、徐的支持，在经营管理上有西方企业模式可循，即使有外轮势力的竞争，也不至于无所作为。

　　问题是，在外资势力倾挤的同时，招商局还要承受国内封建保守势力的各种压力，据有着"涉洋务已十余年、尝苦有倡无和"经验的李鸿章抱怨说："京朝大夫不顾念中外大局，讼言船政之非。"就连清中央政府的"总署"都"怵于成效之难，亦遂澳涩依违"。直到最高领导层对洋务派的诸般措施，也都"不甚以为然，……微露诿阻之辞"。[1]"非常之举，谤议易兴"（左宗棠语）。对招商局的创办，浮议当然不会很少。"文人学士，动以崇尚异端、光怪陆离见责。"[2]特别对招商局承运漕粮事，众议纷然，阻力更大。持续多年的河运海运之争再次日趋炽热起来。漕粮总督乔松年以"河运迂而安，海运便而险"为由，坚持"非复河运不可"。洋务派也不示弱，"力言河运决不能复"。[3]

　　争论的实质，显然不是安危与否的问题。当时的河运漕粮已属穷途末路。"运道之淤者难以尽疏；漕艘之废者难以再造；水手

---

①　《李文忠公全书》，朋僚函稿，第 13 卷，第 2 页。

②　同上书，第 17 卷，第 13—14 页。

③　乔松年奏，《清史稿》，第 484 页。

之散者，难以复聚"。[1] 据记载：同光年间每年由河路所运之南粮仅十余万石，尚须"守汛、守黄、节节阻滞"。[2] 而海运的运价远较河运为低，河运南漕运抵京仓，公私费用每石竟需银 18 两，商局海运漕粮每石只五钱五分。轮船海运既省且速，河运既费且迟，海运取代河运已是大势所趋，无法逆转。然而封建保守势力在商局漕运问题上仍在千方百计地阻挠反对。明明海运对"国与民两便，然议者犹欲规复河运"。[3] 沿海航线早已开放，"南北官商往来，率以海舶为通衢捷径，独至运粮则有戒心"。[4] 李鸿章在他对招商局员原禀（河运改海运）咨请总署转商农部之时，曾"惹出许多议论"。不仅是议论，而且对奉准每年拨付商局漕粮，"承办漕务人员，往往自便私图，不肯加拨"，使商局的漕运业务的开展，动辄掣肘。漕运业务不能顺利展开势必削弱与外轮的竞争力，不利华商资本的招股。

（《招商局与中国近代化》，

广东人民出版社 1994 年版）

---

① 秦湘业：《虹桥老屋遗稿》，第 1 卷，第 17—18 页。

② 《洋务运动》（一），第 237 页。

③ 同上书，第 379 页。

④ 《李文忠公全书》，奏稿，第 22 卷，第 17—18 页。

编 外 篇

评《近代来华外国人名辞典》^①

　　中国社会科学院近代史研究所编辑了这本辞典问世。这是一部对研究中国近现代史极为有益的工具书。久矣乎不见这类工具书出版了。翻阅起来，颇有赏心悦目之感。

　　第一次鸦片战争后，封建的中国被迫开放，西方人士蜂拥而至，以迄1949年，何止成千上万！他们中大多是商人、冒险家、教士、文化流氓与政客。他们依恃侵略者特权，盘踞于外交使馆、领事馆、海关、教会、文化等各个机构，同时在通商口岸创办各色工商企业，垄断中国经济命脉。

　　但是，就是这些令人眼花缭乱的在华外人中外文姓名，哪怕是长期从事近代史研究的人，也往往难于掌握。其原因大约不外以下三个问题：

　　其一，外文名字的音译漫无标准，一名多译的现象大量存在。

　　其二，外人汉名又不完全是出自音译，有些是外人自取汉名，而别有音译者。有些又只音译姓氏，而别取汉文名字，例如 H.

---

　　①　中国社会科学院近代史所编：《近代来华外国人名辞典》，中国社会科学出版社1981年12月第1版。

B. Morse 汉名本为马士，另有译为摩尔斯者。

其三，有些本已有历史上习惯译名，又转而音译。在已经出版的译著中，这种现象也并不少见。例如把英使 R. Alcock（即阿礼国）译为"艾尔卡克"。这使本来为人们熟悉的人物，一下子变成陌生的了！

诸如此类的译名纷杂混乱现象，由于缺乏工具书，往往使读者感到困惑彷徨，译作者为之烦忧难解。如今《辞典》问世，因之译者译名时有所遵循，实在是利莫大焉！

在这里应该指出，《辞典》编者的功夫并不全是人名的编排，其中还包含一定的考订。例如人们熟知的"史沫特莱"，乃是通行的译名，其实她自取的汉名却为"斯美特莲"。

尤其难能可贵的是，《辞典》内容并不以人名为限。每个人名项下都附有繁简不一的小传。其中既有生卒年、主要活动，还收集了一部分著作书目。这不仅为读者提供了有关外人的轮廓性认识，还为帝国主义侵华问题的研究提供了各种线索。

总之，《辞典》内容充实，取材相当丰富，看得出来，此书之能完成，非经年累月的积累不为功。

当然，就《辞典》来讲，也并非完美无缺，仍然有待陆续补充修订。小传部分还有所不足。俄日籍人名似应附上俄日文原名，庶几前后一致，读者或亦感方便，在编辑体例上也需作某些调整。

再全书主体既为近代，而将明清之际的来华外人掺和于近代人名之间，未名失之芜杂，何不将明清之际来华外人作为附录列于书后，岂不更便于读者查考利用？而在近代的 1980 名左右的来华外人中，以宗教、领事、海关、外交为业者最多。而从事经济侵略活动的各色外国商人却仅仅收入 66 名，其比重仅占 3%，这不能不说是一个弱点。

不管怎样，对于这类工具书的编辑与出版，应该给予充分的鼓励与支持。除《辞典》外，还有许多工作有待开展。例如古今地名对音就是研究工作中经常碰到的问题，但至今尚无人进行整理。特别是近百年来在华洋行中外文行名之繁琐纷杂，其情况与来华外国人名几乎没有两样。例如在一些译著中有把 Olyphant & Co. 的历史习惯行名"同孚洋行"音译为奥理芬或阿利发的。美商旗昌轮船公司（Shanghai Steam Navigation Co.），当时就有人称之为"上洋火轮公司"，现又有译为"上海汽船航业公司"的。英国的一家著名的殖民地轮船公司大英火轮公司（Penisular, Oriental S. S. Co.）竟译为"东方半岛轮船公司"，把人们熟知的英商汇丰银行（Hongkong Shanghai Banking Corporation）译为"香港上海银行"或"香港上海汇丰银行"。作为一名读者，热盼在这方面的工作有所突破。

（《读书》，1983 年第 1 期）

评《民生公司史》

　　民生公司 1925 年以 5 万元股本、一艘 70 吨的小轮"民生号"开业，到 1936 年股本已达 167.4 万元、船队 2 万余吨，到 1948 年船队将近 6 万吨、职工不下 8000 人。而且以船运为中心，横向投资企业有 67 个之多，俨然形成"民生资本集团"。单就其发展速度与规模而言，这样一家企业早就应该研究了。如今作为中国水运史丛书《民生公司史》（四川大学凌耀伦教授主编）终于由人民交通出版社出版，值得庆幸，值得欢迎。展读之余，颇有启发，亦深感这是一部颇具特色的科学专著。

　　《民生公司史》的特色不仅在于它以清晰的脉络体系，通过大量数字的加工整理，找出股本、资本增殖、公积金的历年变化及利润增减盈亏数额，为读者提供民生公司不同阶段的发展历程与总体发展图景。就个人所见，《民生公司史》还写出以下几个方面的贡献与特点。

一　一部反映战时经济发展、弘扬爱国
主义的企业史

　　民生公司自 1925 年创办到 1956 年公私合营的 31 年历史中，

经历了军阀战争、抗战、内战长达20余年连绵不断的战争。战争给予民生公司不少干扰与破坏，同时也给民生公司创造某些发展条件与机缘。《民生公司史》的作者并把它放在特定历史背景下，进行多角度的审视、多层次的考察，从而使分析兼有深度与广度。例如在创立与发展阶段（1925—1937年），民生的"化零为整"的决策，是在川江线上中外轮运业激烈竞争、地方军阀战争规模空前的背景下推行的，目的就在于"联合统一"、"避免同业竞争"，统一川江航业，以便与外商争夺航权。在"化零为整"决策的实施过程中，民生以优惠价格收买职工亦同时转为民生编制，从而得到多数华轮公司支持，进展相当顺利。这样合并的小轮公司，1931年渝叙线上7家，1932年川江线9家，1933—1934年又合并7家，仅三四年时间，民生就奠定了统一川江航线轮运的基础，足以与外轮公司抗衡，并打破帝国主义川江轮运业的垄断势力。在民生的资产负债表上也同时显示迅速增长的资本额，自1926年的4.9049万元增至1937年的350万元，船吨及资产总额增长尤速，同期船吨由70吨增至1.8718万吨，资产则由7.7515万元增至1215.6852万元，这一发展速度在国内民族资本企业中是罕见的，甚至超过著名的荣家企业。"化零为整"乃是民生初创和发展时期的一个具有决定意义的步骤。

然而牵涉到川江上、下游众多中外轮船公司的"化零为整"，也并不是轻而易举的。除公司资金举措维艰外，它还遭到来自社会各个方面的阻力。如果不是川江船运管理处及四川省当局（刘湘）行政及政治上的支持，怕也不会顺利，民生在某些航线上的专利，也未必能够实现。对于这个问题，《民生公司史》的论述是客观的，符合历史实际的。

进入抗日战争阶段，是民生公司的"壮大时期"。社会条件急剧变化，民生又及时地提出了"一切服从抗战"的决策和措施。

首先是在军情孔亟和日军轰炸情势下承担迫不及待的军用、民用物资的艰巨抢运任务。几年之间民生公司牺牲百余名船员,沉毁轮船十数只,同时还要承受战时通货膨胀、物资匮乏的困难。然而民生却又在 1938 年武汉沦陷威胁到川江下游轮运的时机,先后收购 60 余艘轮船,还能以沿海迁川工厂设备的运输费,转而作为对各个厂矿企业的投资,结果使船队进一步扩大,横向投资企业进一步增加。特别为满足战时抢运及后方工业燃料的需要,单是民生投资的煤矿就达 14 个。连同机器冶炼、纺织、保险等各种企业,截至 1945 年不下 51 个,投资额折合战前币值 320 余万元。

尽管如此,民生的轮运业由于日益繁重的公差与军运收入远不能弥补因物价上涨而造成的巨额成本负担,自 1939 年起就连年亏折。既然连年亏赔,何以公司规模还能不断扩大?《民生公司史》由此展开进一步的探讨,并提出民生业务经营中具备一般企业经营所没有的特点。例如 1939 年民生税负只占总收入的 1%,有时甚至收入与税负成反比:收入增多,税负反而降低。又如折旧率之高,亦属罕见,有时竟超过 30%。增提折旧率的目的不单是为了"扩大再生产",还在于借此减少收入以影响利润,进而减少所得税以及股红、股息的分配。事实上单靠增提折旧是不够的,为应付种种难以招架的战时负担,民生仍然不得不转而举借公司债,并向政府请求低利息或无息借款。这在恶性通货膨胀的年代里,无异无偿补贴。《民生公司史》就这样对大量资料进行分析与论证,终于解开民生何以一方面账面亏损,一方面又能扩大投资之"谜"。这种寓论于史的分析是精辟的,论证也是有说服力的。

抗战胜利后的民生(1946—1949 年),由于它借以存在、发展的国家政治、经济都处于穷途末路、风雨飘摇之中,也跟着面临崩溃边缘。《民生公司史》把这 3 年多的"困难时期"与前此的 8 年"壮大时期"所作的对比研究,对战时条件的变化与民生衰败的必然性的论证尤为生动、具体。

二　一部总结民生公司经营管理成功
经验的企业史

在改革开放的今天，对民生经营管理成功的经营进行探讨、研究与总结，无疑是有重要意义的。

一个企业经营管理的实质是"企业文化"的反映。所谓"企业文化"，它的主要内容是：塑造企业全体职工认同的价值观，加强企业对职工的凝聚力，由此逐渐形成企业精神、企业风格、企业目标、企业意识等相互关联的企业价值体系。这样才能激励和鞭策职工不断提高企业的经济效益，增强企业活力。"企业文化"这个概念从20世纪50年代起发源于美国，80年代初风行世界，直到1986—1987年间才在国内引起重视。其实在半个世纪以前民生公司推行的一套经营管理方法实际上可谓"企业文化"倡导的先驱。只不过是《民生公司史》没有使用这个词汇，而使用"民生精神"而已。

"民生精神"实际是民生公司在不同阶段创造性地推行一系列经营管理措施的概括。民生公司的创办者卢作孚首先强调的是企业与国家命运的一致性，职工个人与企业、从而职工个人与国家之间的依赖性。特别在20世纪30年代以后国家面临存亡关头，他更把轮运业提到"立国要素"的高度。通过轮业与列强进行"海洋竞争"以改变中国的国际地位，以轮业为中心扩大横向投资，发展各种实业以改变中国的落后面貌。这种抱负显然既是鼓舞人心的理想，又是形成职工群体意识的条件。职工怀有对国家、社会的志趣，也必然会引发对本职工作的兴趣。

我们所说的群体意识，即《民生公司史》所说的"集团生活思想"，即"民生精神"的核心。它有着极为广泛的内涵。首先要有一个领导层的群体意识。它是以领导者联系职工群众为前提的。在这里，民生公司管理体制中的集中与民主制度堪称行之有效。重要的是，旨在祛除经营管理中来自"家庭、邻里"封建与宗法关系的干扰，作为"建设现代集团生活"的道德标准而被提了出来。这一反封建意识纳入管理体制之中，对广大职工无异是一剂清醒的兴奋剂。这是新的群体意识形成过程有决定意义的一个标志。这对开展集团活动，保证群体纪律、激发群众热烈情感，是一个颇为关键的举措。

这样，人们就不难理解何以民生自创办之日起就特别重视职工的思想行为与管理，何以不断坚持职工的各种培训制度，甚至每年从预算中拨出一笔占纯利3％—5％的"文化基金"作为专项支出。当然，群体意识突出的表现还在于根据卢作孚的"理想社会"的原则是制订在琳琅满目的福利制度上。民生公司的职工不单是"干活吃饭"的"经济人"，而是兼有社会心理、人际关系需求的"社会人"。职工向公司承担任务，公司也向职工承担责任。卢作孚说："我们创造公司也正是要扩大我们的生活依赖关系，每一个人都依赖着这一事业，凡你所需要的生活费用、住宅、医药、娱乐、教育都由事业供给，一直到老。而每一个人的努力，亦一直到老为着这桩事业。""为职工谋取福利，不仅为当前谋福利，并须为未来谋福利，不仅为谋职工个人福利，并须为家庭谋福利。"

时至抗战胜利以后，在恶性通货膨胀、经济面临崩溃、社会风气日益败坏的社会环境中，"集团生活精神"、艰苦朴素作风荡然无存。保持20年的"民生精神"再也难于维持了。

显然，民生之取得迅速发展，为战时经济作出可观的贡献绝非偶然。《民生公司史》对之所作的多层次的深刻分析研究，颇能发人深省。惜乎在分阶段的分析之后，缺少一个概括性的结论，是为美中不足。

三 一部反映卢作孚经济思想及其成就的企业史

《民生公司史》的另一个特色是对卢作孚经济思想的深入研究及对卢作孚的历史唯物主义的评价。

在一个半殖民地半封建的社会里，作为一家民族资本轮运企业，民生公司堪称是一个典型。在它存在的 25 年间，对西南地区的经济建设，尤其在抗战期间沿海厂矿内迁运输与后方的经济发展，民生作出的贡献是不可磨灭的。

在民生的贡献中，卢作孚的成就独多，且他的成就又远不限于民生。他以毕生精力投注于包括民生轮船公司在内的诸如染织厂、造纸厂、机器制造、煤矿、保险银行以及养蜂厂等一系列经济事业。虽然他所处的社会的性质、历史的条件使他难以达到他所向往的"中国近代化"的目标，但却能给封闭的、落后的四川地区在某些方面提供了近代化的图景。就这方面讲，卢作孚算得上是中国近代的一位爱国的，成就卓著的民族企业家。

毋庸讳言，卢作孚又明显地具有与一般民族企业家迥异的气质与特点。从他的经历看，他还是一位有远见的爱国知识分子。他曾经做过中学数学教员，五四运动时期参加过少年中国学会，任过四川《川报》主笔，创办过医院及中国西部科学院，还不遗余力地张罗社会救济与乡村教育。泸州图书馆与通俗教育馆的成立，都是他的心血。或许是出于意趣相投，他与当时的开明进步人士萧楚女、蔡元培、恽代英等都时有过从。这样的经历与生活氛围，使他有可能扩大经济视野与经济建设的宏大抱负。《民生公司史》通过精辟的、多层次的分析，找出在民生的经营管理体制中所反映的卢作孚思想的某些特点。例如他创办民生等企业的目的，"不是纯为赚钱，更不是分赃式地把赚来的钱分掉，乃是要将它运用到社会上去，扩大帮助社会。"他特别强调职工的文化教育与科学技术。在他的心目中，事业的成败在于人，因而必须全面提高职工素质。"事业即学校"，这是民生经营的主导思想。在科技的倡导方面，他甚至"将航行技术悬为公开讨论之问题，使提高并普及研究兴趣，俾仅凭自力和记忆之旧法得以改进，而扩大造就之范围"。他的民主办厂思想在民生股权的分配上也有突出表现。统计数字表明，包括工商业者、民生职工、学校团体、职员等在内的小股东、股额在全部股东股额比率，历年逐步增长。1937年小股东股额竟占全部股东额的40％与30％。这种调动四川地方及民生职工积极性的相当民主的经营管理方式肯定是民生获得迅速发展的重要因素之一。《民生公司史》对卢作孚思想的具有深度的研究中，内容相当丰富，似应设置专章概括之，总结之，以引起广大读者及社会的重视。

最后，还应提到，《民生公司史》是一部力图以马克思主义为指导，以丰富翔实的资料为基础，立论严谨的企业史专著，同时它还是一部以爱国主义精神贯穿全书、弘扬爱国主义的教材。总之，这是一部好书，值得一读。

（《近代史研究》，1991年第4期）

《外国在华工商企业辞典》读后

　　黄光域先生编著的《外国在华工商企业辞典》（以下简称《辞典》）穷十年之功终于由四川人民出版社出版了。这是一项前无古人的开创性科研成果。由于没有现成的模式可资借鉴，它的发凡体例、框架结构以及资料的收集整理，无不需要作者的"匠心独运"。展读之余，颇有清新之感。

　　《辞典》收入了1840—1949年间英、美、法、德、日、意等二十余国商人在华开设的工商企业2500余家。每家都单独立项，列举该行号中外名称，起迄年代、国别、总分行所在、资产状况、营业范围、关系行号、创办人、重要伙东及历任主要买办，内容堪称完备周详。这就使每家企业行号都具备一份繁简不一的沿革史。因而《辞典》无异是一部2500余家外商工商企业沿革史的"汇编"。其工作量之大，完全可以想见。

　　外商来华开设行号，至今大约有200多年的历史。在《辞典》所涵盖的100余年中国半殖民地的历史时期内，洋行企业势力的扩张经历了不同的阶段。鸦片战争前的洋行大都属于以代理商品购销为主的"代理行号"（Agency）。鸦片战争以后，外商行号既有数量上的增长，又有性质上的变化。五口通商时期，凭借约款特权的外商除增设代理行号以扩大对华商品贸易外，为商品贸易服务的轮船、保险、银行也已陆续出现。特别是船舶修造业有了明显的发展。第二次鸦片战争后，由于通商口岸的增辟、长江航线的开放等约款特权的扩大，外商行号企业急增。专业性的轮船、保险、银行纷纷创设起来。十数年间中国江海航线几乎全为外轮势力所垄断。缫丝、纺织、榨油、制糖等加工制造业企业亦已陆续出现。迨至甲午战争，约款特权再次扩大，工矿铁路逐年成为外商企业资本角逐的场所。而且外商之间原由西方商人主宰的局面也为日本商人的有力竞争所打破。以迄20世纪，日本在华工商企业势力大有后来居上之势。

对于外商在华设立的工商行号企业的长期扩张趋势中的阶段性特点，以及由商品侵略向资本侵略性质的变化，在《辞典》中竟都能找到依据。从另一角度说，外商工商企业势力扩充的过程也是中国权益丧失的过程。

不仅如此，我们还从《辞典》中看到，众多外商工商企业并非都是经营商品买卖的行号。除自来水、电灯、馒头店、面包房外，还有宾馆、饭店、电影院、西服店、理发店、照相馆等各行各业，莫不有外商资本的插足。个中引人注目的是遍布各通商口岸的外商历年创办的印书馆、印书房、印字馆、印字房、印刷所，不完全统计也有30家以上，著名的如德臣印字馆（China Mail Ltd）（香港）、今孖素印字馆（Commercial Printing Office）、天泰印字馆（Foochow Printing Press）、直隶印字馆（Chihli Press）、巴剌加印字馆（Braga, J. P.）等。与这些印刷企业紧密联系的是历年各口出现的中外文报纸，诸如香港的《德臣西报》、《孖剌新闻报》、上海字林报馆系统的《北华捷报》、《字林西报》、《上海新报》以及英文《楚报》、《华北日报》、英文《满报》等不一而足。这些印刷企业与中外文报纸大致是与前述各类工商企业同步发展的。每逢外商设行高潮之时也必有外商报纸的出现。外来经济与文化势力间的关系在这里表现得极为明显。

难能可贵的还有《辞典》提供的成串的洋行企业创办人、伙东及买办名单。这些经理、董事之类人物，很多都不能视为一般商人。有的长期居住口岸，通晓中国语言文字，熟悉中国社会风土人情，广泛结交官府士绅，史书咸称之"中国通"。有的兼职口岸领事，并以领事身份从事商业活动，即所谓"领事商人"。有的则以自己在口岸拥有雄厚的财势充任工部局董事或商会会董之类职位。例如天津德商利顺德（Astor House Hotel），天津英租界著名人物几乎全为其股东，其中就有甲午战争前后与李鸿章关系密切、曾充海关税务司及英界工部局董事长的德璀琳（Detring）及其婿汉纳根（Hanneken）。上海英商老公茂洋行（Ilbert & Co.）及美商同孚洋行（Olyphant & Co.）行东甚至都曾以"外商代表"的身份参与1902年中英、中美间《续议通商行船条约》政府间的谈判，如此等等。对于了解各个口岸通过交叉投资形成的外商行号、企业财势地位，以及外国在华经济势力的扩张，这些无疑都是重要的必不可少的背景资料。至于买办在中国近代史、经济史中的作用则为大家所熟悉。买办既是洋行的雇员，也往往是一名自有店号的独立商人；既是外商行号的经营者（华经理），也是外商行号的合作者。因而《辞典》提供的买办名单对有关问题的研究无疑是重要的线索。

《辞典》的问世，不仅对于中国近代经济史，同时也对中国近代文化史乃至政治史都有重要的参考价值。对于中国近代史的深入研究也必然起着推动作用。我们也看到《辞典》的编纂是一项十分艰巨的工程。时间跨度一个多世纪的2000多家企业，所需资料又极庞杂琐碎，搜集固属不易，整理亦必费周章。不爬梳排比就难以定取舍，非探赜索隐，亦无由择其精华。编者既要付出大量劳动，还需具备披荆斩棘的耐力。在这种似是单调枯燥中所体现的敬业精神，自是令人钦佩。

当然，《辞典》也不无值得商榷之处。让我们就从开篇的"凡例"谈起。

不论是外商工商企业辞典、语言辞典或其他各类辞典，作为工具书，所有典籍一般都冠以"凡例"，几无例外。典籍的编纂大都"始于凡例，导于凡例，归于凡例"。就是说，藉"凡例"以阐发全书主旨、厘定全书体例，指导、规范全书编纂。"凡例"与全书构成一个整体，二者不可或缺。"凡例"与全书前后呼应，彼此印证，最终显现全书的科学性。体例与方法尽皆包含于"凡例"之中。古人云："体例不一，犹农之无畔，木之无绳墨也。"缺乏清晰的体例，有可能使全书失去章法，歧异丛生，体例一致应视为起码的要求。而且凡例不仅是编纂者编纂过程依据的纲领，也是给读者看的。没有"凡例"的导引，读者有可能不得其门而人，难于利用。本着这样的理解，个人以为这部辞典的"凡例"似嫌简略。

"凡例"的第一条宜于以简练文字首先指出外商行号发展过程的时代背景，即在半殖民地社会中外商依恃政治特权创办的各类企业，它们不仅数量庞大，而且各个行业无所不包，各个口岸无处不在的某些基本特点，目的在于阐明辞典主旨。同时在"本典共收1840—1949年间外国在华工商企业二千五百余家"一语之后，指出"可能仍有遗漏，待日后增订时继续补充"，给编者读者留有回旋余地。事实也是如此。外商企业兴废无常，历届政府缺乏有力管理，外商设行活动常常处于无序状态，很难网罗无遗。

《辞典》确实还有若干遗漏。例如在中国水域最早出现的一家专业轮船公司，即 1847 年由孖也洋行（Lyall，Still & Co.）经理的"省港小轮公司"（Hong Kong and Canton Steam Packet）、法国在华创设最早的"佛兰西银行"（Comptoir d'Escompte de Paris）、1862 年美商旗昌洋行（Russell & Co.）创办的当时号称远东最大的轮船公司"旗昌轮船公司"（Shanghai Steam Navigation Co.）、牛庄豆饼厂，以及吷唎查洋行（Fletcher & Co.）、公易洋行（Smith，Kennedy & Co.）等，《辞典》中均未见立项。

不过这里包含两种不同情况：一是纯属遗漏，如佛兰西银行、公易洋行、吷唎查洋行。这种情况比较简单，遗漏者补漏就是。二是混杂于其他立项行号企业之中。例如旗昌轮船公司、旗昌丝厂等均在旗昌洋行项下一笔带过，没有单独立项，因之它的总分行所在、资产营业状况、创办人等也就无从作系列显示。从读者角度看，由于无由查索，未予立项的行号企业等于遗漏。因此，除遗漏问题之外，还有一个立项标准的编辑体例问题。这种情况"凡例"中未见明确提出。依笔者所见，所有企业一律单独立项，不设例外。如遇行号间有特殊业务联系或资本关系，可采用其他一些辞典常用的办法，即注明"参阅××"字样，以避免重复、节省篇幅。

旗昌不过是例举一端。与此相仿的由太古洋行（Butterfield and Swire）创办的太古轮船分司（China Steam Navigation Co.）就是分别单独立项的。情况相同，处理两样，显然这是体例不一的结果。可见有必要在"凡例"中作出明确规范。

《辞典》中这种情况或许为数不多，较多的、处理上较为棘手的是对洋行企业盛衰起伏变化的追踪。100 多年中新设行号与年俱增，倒闭停业者也时有所闻，行号停业改头换面更新招牌者固然有之，利用原有招牌冒名顶替者也并非罕见。我们不妨以宝顺洋行（Dent & Co.）为例，原来这家洋行是鸦片战争前由贩运鸦片发迹的一家老牌洋行，在1866—1867年间伦敦发生的一场金融危机中倒闭，由于它声名大、历史久，它的一些行员、伙友仍利用"宝顺"招牌继续活动。1867年宝顺停业后，它的一名经理人 Evans 就创办一家"Evans & Co. J. H."；同年，它在淡水分行的经理人 J. Dodd 也在当地创办一家"Dodd & Co. J."。在天津，一名身兼葡萄牙领事的商人 John Hanna 开办一家"Hanna & Co."。这三家均以各自的创办者姓名命名的行号，中文行名却均袭用"宝顺"。另有上海"新宝顺"，则是颠地家族成员 A. 颠地于1871年创办的，其外文行名为"Dent & Co. Alfred"。在这部辞典中不知何以"厚彼薄此"，只把停业的老宝顺及武汉、天津两家新设的宝顺单独立项，淡水、上海两家却归在老宝顺条目中。

与此相对照，仁记洋行（Gibb, Livingston & Co.）又作为"另案处理"。1836年在广州出现的仁记，鸦片战争后即在新开口岸继续开设分号，经营鸦片及洋货生意，广泛代理航运及保险业务，有过一个时期它代理的保险行竟达120家之多，在洋行之中，堪称历史悠久、资本雄厚，其名声之大，不亚于宝顺。在仁记长期存在的历史中，也曾有多家"仁记"与其并存。据这部《辞典》记载，1864年仁记协理利文斯顿（Livingston）在天津开设"Livingston & Co."。1891年，又由广州仁记伙友佛必赐（Forbes）接办，更名为"Forbes & Co. Williams"，1930年又开设北京分号，定名为"Henning & Co. A. C."。西名屡次更易，华名却均沿用"仁记"。这里顺便指出，这部《辞典》记述"Forbes & Co."开设年代为1891年，不准，应为1877年。改组为"Forbes, Graham & Co."的年代疑为1886年（此说《辞典》未见，恐系遗漏），华名亦称"仁记"。这些"仁记"都分别立项，较之宝顺，既易于查检，眉目亦显清晰。

以上谈的是立项与体例问题，这里再就行名问题谈点个人看法。行名作为龙头项目，自应放在醒目位置。但一家行号企业的中文行名常随地区不同而变化，甚至同一口岸同一行号都有不同行名，例如美籍商行"Hollidy Wise & Co."上海名"义记"，福州则"义记"、"芝记"并用。香港有"何罗爹威士"及"虾剌爹威士"两种行名。特别是早期，一行多名的现象相当普遍。如"渣甸行"，后称"怡和洋行"的英籍鸦片巨商"Jardline, Matheson & Co."，其宁波行名"倍三"，福州为"义和"，厦门为"料卑士"。美商"Augustine，Heard & Co."上海名"琼记"、广州香港名"曷公司"，福州又名"隆顺"。诸如此类十分歧异的中文行名，作为工具书，《辞典》中自然都应得到反映。由此我们再联系到"凡例"的有关行名的条文，恐需重新斟酌厘定。第二条中提到的"习见之异名别称"与第七条的"中文异名别称"本属同一含义，但以不同方法处理对前者是"酌情编入"，对后者则是"未予收录者所在多有"。语义似嫌含混，体例亦觉不清。何若皆尽纳入行名问题之中，作通盘考虑。

个人认为如果将行名与其他各项内容纷然杂陈，不给以"龙头"显著地位，读者查索仍感不便，可否以总行所在口岸以其行名为首，下面罗列分行所在口岸，分别填注中文"异名别称"。其他国别、创办人、关系行号等项集中填注于总行项下。至于买办，于最后设立买办小项，除填注买办姓氏外，尽量利用近年来发现的大量买办资料，填注买办重要的政治经济活动。这样或许更能显示这些"在洋行里的中国人"的作用。

最后还有一个索引问题。《辞典》是"按中文行名首字笔画编排"的。因而《西中行名对照表》是必不可少的，惜未注明页数，难以起到索引作用，实属美中不足。

　　随着研究的不断深入及知识领域的开拓，所有各类典籍均需及时增订，以期进一步完善。不揣冒昧，谨奉刍荛，聊备黄光域先生修订《辞典》的参考。

（《中国经济史研究》，1997 年第 3 期）

学者风范长存

——怀念叔父聂公崇岐[*]

    1962年4月17日我正在上海藏书楼收集资料，突然收到妻子发自北京的电报："叔父今晨病故，速归。"我一下子懵然不知所措，简直不敢相信，一个月前临来上海的时候，曾去看他并向他辞行，问他有什么事没有，他说没有什么事，只嘱我看看他的老友上海图书馆馆长顾廷龙（起潜）先生。当时我注意到他的气色不大好，问他身体怎样，他说最近感冒，过两天就好了。没想到这次辞行竟成永别。匆忙间赶紧订票回京奔丧，来家吊唁的亲朋好友莫不为叔父的逝世而悲痛。在八宝山革命公墓的归途中，人们仍然不停地为叔父过早逝世而惋惜，而叔父时年59岁。有人说："如果他再多活十年，不知要多出多少科研成果。"一晃34年过去了，他的音容笑貌仍然不时地浮现在脑际。大家对他的怀念纯然出于对他的尊敬，尊敬他的博学广识、学术贡献，尊敬他为人处事的厚道与正直。在我来

    * 本文稿承蒙巫宝三、丁守和、张振鹤、张振鹍、张仲才、杜长河、张瑶均、陈争平、刘嘉杰、乔象钟诸位先生提出宝贵意见，特致谢意。文中讹误之处，自应由作者负责。

说，尤其怀念他对我的关怀与教诲。

一　叔父的家世与家庭亲情

　　叔父 1903 年生于河北省蓟县（今天津市蓟县）泃河边上与宝坻县隔河相望的马道庄。依稀记得祖辈说过我们这个家庭，清初自关外迁至山东淄川，后又迁至蓟州落户。属镶黄旗，大概也吃过皇粮，与宫廷还有某种联系，因而在农村风光过一阵子。盛时有过几顷土地，建置过一所像样的宅院，也曾设塾育人，族中一般都有一点文化。可能到同光年间，家族便已显现败相。子弟游手好闲，不求上进，甚而还有染吸鸦片者。家道由是日非，宅院日益变成支离破碎的大杂院。随着经济条件的衰败，人际之间难免龃龉，最终是分家析产，这时祖母嫁到我家。

　　1918 年祖父病故，家计端赖祖母支撑。祖母籍属三河县段甲岭镇，她的胞兄（我的舅爷）为清末举人。祖母虽未入塾，但在家庭熏陶，《三字经》、《千字文》之类她都熟读过。儿时常听亲友对她的称颂，说她贤淑有识，管家有道，教子有方。家人上下对她也都十分尊重。由于她的言传身教，似已形成一套家风。她的勤俭持家，给人留下深刻的印象。当我懂事以后，她已年逾花甲，仍然整日操劳，过度劳动使她手指都已变形，遗落地上的饭粒她都要捡起喂鸡。

　　祖母育三子：伯父（崇岫，号晓峰），父亲（崇山，号景峰）与叔父（崇岐，号筱珊）。除要求儿子奋发有为外，兄弟之间还要"兄恭弟敬"。兄对弟均呼名号，弟对兄均尊称"您"。在几十年当中我都默默地注意到他们兄弟之间在乡里极为罕见的长幼有序的和睦关系。兄弟间如此，妯娌间甚至不论长幼，彼此都以"您"相称。在这个家庭中，我从未见过兄弟妯娌间有什么矛盾与争执，当然也就不会有分家析产之说。在他们心目中，显然都把分家视为不光彩之事。母亲曾对我说过，你老叔是个有志向的人，年轻时就讲："分什么家，要分你们分吧，我什么都不要，只给留两间厅房将来养老用就行了。"

在祖母的教诲与安排下，父辈弟兄三人均各自兢兢业业。祖父去世不久，伯父在北京"京兆尹公署"找到一份文书工作，父亲则在家乡与祖母一道经管家计。到我记事的时候，家庭已逐步摆脱资不抵债的窘境，而有余力与人合资开设一家小杂货铺了。叔父先在乡间读小学，后又在离家6里的达屯村读当地唯一的一所"宝蓟中学"，早出晚归，全靠步行，每天携带干粮，自然冷热难保，就这样坚持4年走读生，虽备极艰辛，但成绩优异，很受乡亲父老赞许，由此决心深造，约在1921年到北京考入刚刚创立不久的燕京大学。有伯父的资助，也有自己的半工半读，终于在1928年完成4年的大学学程，成为乡里的第一位大学毕业生。

叔父是1923年由北京回乡成婚。婶母是祖母娘家远房侄女，没有文化、缠过足、管家能力不强，但是为人敦厚，出名的薄己厚人。1928年育长子宝璐。1931年叔父在燕京大学哈佛燕京学社引得编纂处工作，两年后将婶母接至北京，1934年育次子宝珣，1941年育幼女闰。

婶母迁居北京以前，叔父每年春节都回乡探亲，每次探亲都带两柳条包的礼物。其中也有给我的一份，诸如铅笔盒、铅笔刀、橡皮、纸本等，在乡村小学里，这些东西很引人羡慕。记得还有一本中华地图册，至今我还保存在手边，60多年了，硬纸皮已经脱落，纸已发黄，每睹此物，都能忆起叔父的亲情。那时候大年三十、初一，晚辈照例给长辈磕头辞岁拜年，叔父总是给大洋一元。年底家人说老叔快回来了，心中就特别高兴。

在春节叔父回乡的十几天里，他们老哥仨晚饭后常常会在祖母房间叙谈家常。有一次叔父提到孩子们将来应该深造，祖母说我早有此意，留在农村没有什么出息。父亲、伯父当然同意。叔父还问我愿不愿到北京上中学，我笑笑点头。大概作为家庭方针大计就这样在那次"御前会议"上定了下来。而事后，送北京上学的不只我一个，还有胞兄宝珩及远亲表叔刘永长。表叔的母亲（我的姑奶奶）家境贫寒，无力供子上学，表叔本村初小毕业后，即由父亲资助同宝珩一起送到蓟县高小就读，他聪敏好学，于是也纳入我家的培养计划之中。1935年我们三人一起投奔北京叔父家，参加当年北京暑期中学招生考试，结果表叔考中市立五中，宝珩四中，我为一中。

为便于我们上学，叔父把家由海淀军机处迁至城内北新桥小三条，叔父则自己住在燕京蔚秀园，每周六下午进城，周一晨搭校车返校上班。家中除婶母及璐珣二弟外，还有婶母抚养的外甥女凤妹，再加上我们三个来自农村的"大肚汉"，一下子变成七口之家，一日三餐不说，购粮、买煤，特别当时自来水尚不普及，每天还需从一百多米远的水井挑水。这些劳务断非一位保姆所能应承，因而由农村请来一位族兄帮忙。这样连同我们的学杂费，家庭开支，叔父的工资自然难以承受。叔父与父亲怎样协商的不得而知，记忆中族兄工资由农村拨付，家用粗粮由农村供应，学杂费大概由父亲、叔父共同承当。我们五个学生按时上学就是了。当时的北京，社会安定、物价平稳，算是过上几年安顺日子。

1937年7月7日芦沟桥日军的炮声打破了国内的安定局面。随着日本侵略战争的扩大，国是日非，物价日涨，人心浮动。险恶的形势触及到每个人、每个家庭。叔父的家庭也不例外。为因应这种形势，1940年我开始住校，胞兄潜离沦陷区逃至重庆，表叔半工半读就读于辅仁大学。叔父又把家搬至（海淀）城府闻家胡同。也就在这年，伯父与父亲在农村遭到日军逮捕。次年，即

1941年底爆发了珍珠港事件，燕京大学被日军封闭，叔父突然失业，未几，亦遭日军逮捕。弟兄三人被捕原因主要都是掩护抗日活动。虽然不到一个月获得释放，但对家庭的震动却十分巨大，个人安全感荡然无存。祸不单行，母亲与祖母也在这两年先后病逝。祖母去世的时候，正值日军"扫荡"，出于安全考虑，我们连夜冒着炮火草草将祖母下葬，事后才向北京叔父处报丧。

大概就在这段时间，国愁家事，叔父似乎成了另外一个人。平时他不是伏案工作就是翻阅古籍，看不到他有片刻闲暇。他最爱书籍，藏书成癖。有时书肆直接往家中送书，有时他到书摊寻购，大包小包提回。其中有的书旧得掉渣，记得不少是《缙绅录》之类。如今情变事迁，突然失业造成的生活困难，迫使他由买书转而卖书。有一套《清实录》就是这个时候出手的。他本不会吸烟，居然也拿起烟斗，我多次见他购买大量旱烟叶，还自己加糖浸制、晾制而且越吸越凶。诸如此类，显见得他的心情是相当低落的。燕京大学住不下去了，于是再把家搬回城内地界偏僻房租低廉的雍和宫东的炮局三条。

尽管陷入失业困境之中，叔父坚持不入敌伪机关工作。1942年应中法大学汉学研究所之邀，负责它的"通检部"工作。"通检部"与"引得"工作性质近似，对他来说可谓驾轻就熟，生活也有了着落。1945年抗战胜利，燕京大学复校，叔父则又回到燕京，家也随之迁回，先是燕京南门外冰窖胡同，后是南大地（燕南园）。

这个时候，日本虽败，"内战"又起。农村战乱频仍，难以平安度日。祖母不在了，叔伯父弟兄三人的情义犹存。农村家中保存一件祖传的珍贵卷轴，宽约五尺、长约一丈水彩画《盘山图》，装裱考究，由特制木盒包装。出于安全考虑，父亲特地送到北京交由叔父保存。随后父亲也离乡在北京女二中谋得一职。伯父有一女宝莹，早聘，因而老年无依，就住在叔父家。1956 年病逝，由叔父备棺殓葬于东北义园，1957 年由我扶柩迁葬原籍。1961 年父亲 71 岁，或许是出于成分原因，他不能退休，只能"退职"，一次性付 10 个月工资了事。父亲深恐生活困难，犹豫不决，迁延不办手续。在叔父坚持下，应以每月助他 40 元，再由我补助 30 元，父亲这才办了"退职"。不料不到一年，叔父遽尔病逝。父亲伤痛之余，连呼"此天命也"！

综观几十年他们弟兄间投之以桃报之以李的手足亲情，实在感人至深，应该说足以为后人垂留典范。

二　叔父与哈佛燕京学社引得编纂处

自 1931 年叔父 28 岁时进入哈佛燕京学社引得编纂处工作，一干就是 20 年，占去他一生 1/3 时间。

哈佛燕京学社（Harvard—Yenching Institute）缘由美人赫尔（C. M. Hall）提供一笔捐款，为研究东方历史文化而于 1928 年成立的，本部设于哈佛大学。随后在燕京大学设立北平办事处（Havard—Yenching Institute，Peiping Office）及国学研究所。前者的领导机构名为"托事部"，下设"执行干事"，初为美人博晨光，后为历史系教授洪业。后者所长陈垣，不几年该所因故停办。引得编纂处则是 1930 年秋由洪业倡办的。1931 年开展工作时，主任由洪业兼，叔父为编辑，1933 年改组，洪仍为主任，总揽行政，叔父为副主任，专主编纂。

所谓"引得"（Index），过去我不甚深知，以为引得只是索引而已，对其意义浑然不察，引得实寓导引之意。中国古籍浩瀚，且均无标点，内容又十分广泛。像十三经、二十四史这类古籍文献，政治、经济、天文、地理乃至文化、教育与军事无所不包。

各种古籍还常有多种版本。初学者展读、研究古籍固甚吃力，难免有不得其门而人之苦，即使有汉学根柢者，亦每感寻检之难。有引得可循，即可无需费力地寻检历史典故，得心应手地查索古籍中的词章、文句。在古籍文史研究的推动上，引得的编纂，功莫大焉！

引得的编纂，既是一项开创性的深有意义的工作，同时也是一项繁重复杂的巨大工程。据熟悉此项工作的专家讲，一部古籍引得编纂全过程，要经过选书、择本、钩标、校抄、撰序等多个环节，其中钩标是一个关键。为便于学者寻检，更大的发挥引得功能，钩标要求精密、合理，因而有"文录"、"钥"、"目"、"注"、"数"等讲究。例如"文"，是说引得编纂细密到一字、一词、一句、一节、一笔的程度。古籍版本有多种多样，编纂引得也就有一个选择版本的问题，是谓"择本"。例如《说苑》有 12 种版本，《白虎通》有 17 种。这就要求编者熟悉版本，方始谈到选择。特别是撰序。一篇序言实即一篇专题论文。序言要求阐述该书的历史背景、版本源流，还要给予学术评论。有些序言曾获得国内外术界的极高评价。如洪业的《礼记引得序》，法国著名汉学家伯希和对之倍加赞誉。叔父的《艺文志二十种综合引得序》长达 5 万字，时人评为"不啻一部中国目录简史"。因此，出于工作性质的要求，引得编纂者对所选古籍要"无处不通、无字不知、无事不明"，没有深厚的国学研究功力是很难胜任的。

引得编纂处的工作也有一个逐步开展的过程。最初是由《说苑》、《白虎通》、《历代通姓名录》等篇幅较小、学术界急需的古籍人手的。1933 年底，编纂重点开始转向十三经、廿四史和先秦诸子。十三经中除顾颉刚先生主编的《尚书通检》外，其余十二经均为编纂处所完成。在当时整个引得编纂规划中，还涵盖在中国古籍占相当比重的文学典籍、人物传记及笔记。其中文学方面的有《全上古三代秦汉六朝文作者引得》、《宋诗记事著者引得》、《元诗纪事著者引得》、《文选注引书引得》以及前述《艺文志二十种综合引得》。传记方面的有《四十七种宋代传记综合引得》、《辽金元传记三十种综合引得》以及《崔书壁遗书》、《世说新语》、《容斋随笔五集》、《琬琰集删存》等文集、小说等都先后编纂出版。

叔父在引得编纂处的领导岗位上，为人称道的还有他的以工作为重、摒弃门户之限的开明风度。有些学者自编的具有较高学术价值的引得如许地山的《佛藏子目引得》、翁独健的《道藏子目引得》、顾颉刚的《尚书通检》，虽都属"外稿"，都经他联系、争取纳入引得编纂处的出版计划。甚至像杜联喆自制相当数量的清代传记索引卡片，都婉请房兆楹最终据以编成《三十三种清代传记综合引得》。

综计自 1931 年引得编纂处创办起，到 1950 年停办止，中间除去遭日寇封闭的 4 年时间不计外，约共 16 年的时光，共编纂 41 种正刊，23 种特刊（附原文的为特刊），合计 64 种。其中 7/8 为引得编纂处所完成，外稿只占 1/8。有的学者赞誉这项引得编纂成果"功著于世"，评价叔父操持的这项工作为"开创性工作"、"奠基工作"，实不过分。

1952 年院系调整，燕京大学撤销，引得编纂处也一起"寿终正寝"。数年后叔父不无遗憾地说："十三经已经全部编印出版了，二十四史还有二十史没有编，先秦诸子只编印庄墨荀三家，还有些着手编印的东西，如《晋书引得》、《宋人文集篇目综合引得》，或进行至少半，或接近完成，到 1951 年冬已全部搁置了。"这项工作既是空前的，恐怕也是绝后的，参与其事的老人大部都已作古，未必能再有人"重整河山"了。

这套已出版的"汉学引得丛刊"，一度人们避而不谈，惟恐招惹政治是非。但它在开拓古籍研究中的重要作用却又难以抹煞。据说：直到今天，除一些被更新的索引所代替，中华书局曾重新影印出版《艺文志二十种综合引得》、《食货志十五种综合引得》、《四十七种宋代传记综合引得》、《辽金元传记三十种综合引得》、《八十九种明代传记综合引得》、《三十三种清代传记综合引得》等6种，时叔父尚健在。迨至叔父逝世25年的1987年，中华书局复将宋辽金元明清传记4种综合引得重加订正，并附《四角号码人名索引》影印出版。与此同时，上海古籍出版社将引得编纂处所出版的正、特刊引得64种、81册全部缩小影印出版。我想这足以表明社会对这项工作的肯定。叔父在九泉之下是会感到慰藉的。

至于抗战期间在中法大学汉学研究所负责通检方面的工作，他同样未辱使命，兢兢业业，3年多如一日，每天骑车往返炮局三条住所与皇城根办公室间。就在这3年多的时间里，《春秋繁露》、《淮南子》、《吕氏春秋》、《潜夫论》、《新序》、《风俗通义》等系列通检，都已先后编就出版。如此高的效率，不能不令人叹服。

"引得系列丛书"只是一个方面，叔父同时还在宋史研究方面作出突出贡献。早年燕京图书馆一位老先生谈起叔父对宋史研究的造诣时说："聂先生宋史非常熟悉，人们都称他是'活宋'"。我也曾看到叔父为历史系授课，从不带讲授提纲、参考书之类，总是拿两支粉笔，轻装走上讲台。据听课学生讲："聂先生讲起历史典故、历史事件等等，总是头头是道，如数家珍。"当然，叔父对宋史研究的功力与贡献，主要还是体现在他的著述上。

早在1934年31岁的时候，他就在顾颉刚等主持的《禹贡半月刊》上发表名篇《宋史地理志考异》。这是一篇参考《太平广记》、《元丰九域志》等大量古籍进行艰巨的校勘与辨误写出的专题论文，长达5万余字。文章发表后，很快在学术界引起反响。

连同他编纂的《艺文志二十种综合引得》的一篇"副产品"《补宋史艺文志》两篇宋史专文一起被收入1936年开明书局出版的《二十五史补编》。

以迄1949年，他发表多篇文章，探讨宋代的政治、军事、文化乃至外交等问题。总体来讲，比较重要的是制度史方面的研究。如《宋役法述》、《宋代府州军监之分析》等。其中《宋词科考》、《宋代制举考略》可谓研究举仕制度的姊妹篇，与《宋代地理制考异》同为填补宋代史研究空白的力作。在官制史的研究上，显然他已不再局限于宋代的范围，而向通史领域发展。《汉代官俸质疑》与《满官汉释》两篇研究官制的论文就是这个时期发表的。

姑以宋代举仕制度的研究为例，他广征博引，于1938年写出的《宋代制举考略》一文中，深刻地剖析了宋代各项制度的沿革与特点，精辟地论证了宋代策论的宏旨。特别是他常用比较方法突出问题的实质。在论及制举制度时，文章说："制举制度所持以取士之策论，远超于贡举之诗赋帖经，谓既可由策以观其识，复可借论以查其学。识学兼优，真材斯得，不似诗赋之徒取虚文也。"经过如此权衡，文章又进一步审视宋代制举的社会作用及实际效果，提出犀利的客观评论："殊不知能言者未必能行，而笃行者又每不好多言。策论衡材，亦不过取其言之是否成理，至能否力行，则决非由几千文字所得体现。""本来科举之设，本为拔取非常之材，故历朝皆重视焉，宋代亦不例外。""御试制举，为国家大典，故上自宰制，下至带职庶僚，皆须陪侍"，不能不说是隆重。但具体实施，却又与原旨相左。御试策题，或是"伤于繁冗"，或是"支离破碎"，"颇类今日大学入学试验之国学常识。以此取士，而曰能得非常之人，宁非奇谈！"文章最后指出："汉策贤良，目的每在旁求直言。宋廷只重文彩，直言者反遭摈斥。汉策贤良，出于求治之衷，宋举制科，流宕所及，徒为读书人多开一进身之径而已"。这样的分析，实已近乎时论，读来颇发人深省。

在《宋役法述》一文中，开篇即指出："昔人尝曰：'有治人，无治法，历来政治之坏，盖莫不基于此'。宋之役法之所以屡改而终未至臻妥适者，枉法官吏实应负其大部责任"。这样的史实论证，即使到今天，也仍然有借鉴的价值。

叔父宋史研究的丰硕成果，在他逝世后 18 年，即 1980 年，已由中华书局结集出版，题为"宋史丛考"。然而在官制史的研究上，却只开论文之花，未及结专著之果。他生前曾说过准备写一部《中国官制史》，显然经过长期探讨与积累，已"胸有成竹"。1961 年冬，他应北京大学中文系之邀，曾为其古典文献专业的《中国文化史讲座》讲授中国官制史的专题。内容分为中枢机构、中央各部门及地方机构三个部分，自先秦一直讲到清末，以课时讲一套官制通史，自然只能提纲挈领，不过也能显现出叔父心中《中国官制史》的轮廓与架构。下面还要谈及他在一生最后的年份里，多方面的任务也使他实在难以抽出时间完成这份酝蓄已久的未竟事业。这不能不说是史学研究领域的损失。

三　在近代史研究所

在燕京大学的 20 年，叔父主持的引得编纂处的工作以其累累成果曾经赢得燕园及社会上的赞誉。除引得编纂处的副主任职务外，他在历史系的职称，记忆中似乎没有经过副教授而是于 1946 年由讲师直接升为教授的，时年 43 岁，较之他的同窗友好算是比较晚的，这可能与他没有出国的经历有关。当时一般都是先出洋留学，回国后升任教授。叔父正好相反，是先任教授而后于 1948 年应哈佛大学之邀前往讲学的。

　　1945年抗战胜利，燕京大学复校。在此后的几年中，叔父曾出任哈佛燕京学社北平办公处的代理执行干事，兼任燕京大学图书馆长，并代理过教务长。当时我正就读于天津南开大学，叔父这一段经历不甚详知。还是"十年动乱"（1966—1976）期间听到与叔父时相过从的我的表叔（叔父表兄）、北京师范大学历史系教授张艺汀曾谈起："筱珊说过除去对图书比较熟悉外，其他两项均非所愿。哈佛燕京学社北平办公处的执行干事陈观胜以时局紧张急于离华返美，而推给筱珊'代理'的。这里'代理执行干事'当时已没有多少具体工作，只是名义而已。教务长一席，校方急切间难以确定人选，校长陆志韦力邀承乏，情不可却，允为临时代理属于过渡性质。因而他的精力仍然放在治学上。《大中》杂志的编辑事务也要占用他一部分时间。尽管如此，这几个头衔使他声名在外，人们都把他看成是燕京大学领导层的重要人物。这对他在解放初期政治运动中受到冲击自然不无影响"。

　　这里的"政治运动"指的是1951—1952年结合院校调整的知识分子思想改造运动。燕京大学就是在这次运动中"调整"掉的。包括校长陆志韦在内的一些校方高层领导人均在被冲击之列，叔父也未能幸免。既然是运动，总要有一个被团结的95％与一个被孤立的5％，历次运动都强调这一点；既然是运动，就要发动群众。运动"又不是请客吃饭"、"不能那样温良恭俭让"。但叔父却缺乏足够的思想准备。被发动起来的群众，在炽热的斗争气氛中，哪怕是虚无飘渺的问题，也可以无限上纲上线。像叔父赴美讲学之事，他曾与我当面讲过，由于伯父年老，婶母管家能力较弱，幼女不过7岁，因而有些放心不下。到年底时，战火已迫近北平城郭，深恐战火隔绝，有家难归，同时他的事业又在燕京，由此决定提前回国。事情就是这样简单。但运动中有人竟向他提出何以如此匆匆回国，究竟肩负什么使命的问题。纯属子虚乌有，哪里来的什么"使命"。本来没有，如说是有，是说"瞎话"，岂肯撒谎，如照实说没有，又被斥为"不老实"，被发动起来的群众必难以通过。诸如此类的问题，确曾使叔父这样一位自尊自守几十年、性格耿介的学者感到极度困惑、彷徨。在他给我的信中，曾引用宋人诗句："身后是非谁管得，满村听唱蔡中郎"，表白他当时的心境，甚至向我嘱托照顾婶母及弟妹的后事。

经过半年的磨难，风暴终于过去。叔父苦闷、沉默好一阵子。我注意到他的卧室高悬嵌镶镜框之中、出自名家的两个斗方大字："制怒"。这表明他在调整自己的情绪，加强自己步入老年阶段的修养。不过他的积郁、苦闷主要还是通过他的敬业精神逐步解脱的。

院校调整的结果，燕京大学与引得编纂处都不复存在。在这个际遇上，经翦伯赞推荐、应范文澜之邀，转入中国科学院近代史研究所工作，叔父为又能在史学研究领域"安身立命"感到宽慰。从此他的工作便进入一个新阶段。

由古代史的研究一下子转入近代史，是个不小的变化。但他并未介意，因为他对近代史也并不生疏。在他的藏书中，近代史籍占很大部分。他开过近代史课。前面提到他的官制史讲座，就是由先秦一直讲到晚清的。在燕京大学的课堂上，他讲过北洋军阀史及抗日战争史，而且脉络清晰，内容丰富，很受学生称赞。

从他到近代史研究所，就一直带有强烈的使命感，一头扎进工作，达到"奋不顾身"的程度。自1952年到他逝世的1962年春，10年之间他又做出令人瞩目的科研成果。

首先是中国近代史资料丛刊的编辑。如《中日战争》、《中法战争》、《洋务运动》等由近代史所或由中国史学会名义付印出版的共计11部、3000万字以上。这是建国以后开展中国近代史研究的一项巨大基础工程。从资料的收集、整理、标点到编辑，其中包括极为繁杂的史料汰选、鉴定与数量可观的外文资料翻译。其工作量之大，可以想见。还不止这些。除这套丛刊外，还有《金钱会史料》、《捻军史料别集》、《刘坤一遗集》、《锡良遗稿》等专题资料书也是在这个时期出版问世的。

所有这些大都是"集体性工作"。有的在扉页上标明编者姓名，有的只署名"中国史学会主编"。例如《洋务运动》只在"叙例"中提到"全部资料的标点（译文除外）和编辑工作，又皆出自聂段二位同志之手"。《中日战争》的"叙例"中则提到"其中中文资料由聂崇岐负责搜集"。由此可见，在这套资料丛刊的编辑工作中，叔父起的是"牵头"作用。他不是虚衔主编，而是主力。据一起参加这项工作的同志讲，近代史所这个编辑组，在叔父带动下，平均每年编出上百万字资料，使这个仅有五六个人的班子，成为近代史所人数最少成绩最大的编辑室，因而"范文澜先生对他优礼有加"。后来让他兼任工具书组组长的职务。领导任命，固不宜违抗。实际上他一心扑在工作上，对此不会有什么兴趣。此事从来没有听他提起过。据同组的一位同志回忆说："当时聂先生对培养青年科研人员在古籍的整理、史书的学习、古文标点方面都花了不少心血，也曾在组内片断地讲授过官制史"。另外，已经停刊3年的《近代史资料》，也是在他的主持下于1961年复刊的。

这套丛刊的陆续出版，无疑对开展中国近代政治史、经济史、文化史乃至军事史都起着很大的推动作用。姑以洋务运动的研究为例。众所周知，自19世纪60年代以迄90年代的洋务运动，是涉及到政治、外交、军事、经济的清政府的一项极为重要的"新政"，几十年来一直是国内学术界研讨的热点课题。到1991年全国范围的"洋务运动学术讨论会"共举办五届。有人作过不完全统计，1979—1988年间共发表洋务运动论文1000篇，平均每年约在百篇之数。有关专著已出版者不下三四十部。专家就此指出：

"毫不夸张地说，近十年来洋务运动史的研究，无论就广度和深度来说，从新的成果来说，都远远超过以往几十年所取得的成绩"。这一幅学术研究繁荣景象的出现，取决于许多因素。但《洋务运动》资料的出版所起的作用是至为明显的。上述的有关论文与专著，几乎没有不利用《洋务运动》资料的，有的还大量引用。《洋务运动》如此，其他如《中法战争》、《捻军》、《中日战争》等之被科研工作广泛引用的情况亦大致如此。还有人笼统地提到这套书为美国培养不少历史学博士，意思是说很多人撰写论文利用了这套资料丛刊，并取得了博士学位。

在这段时期里，除近代史资料丛刊的编辑任务外，叔父还承担一项很有意义的古籍整理工作，主要是《资治通鉴》与《宋史》的标点与校勘。

我们知道，《资治通鉴》是司马光耗时19年编成的一部共294卷、约300余万字的编年体历史巨著。全书涵盖1362年（起自公元前403至公元959年）的历史。上至天文历算，下至地理山川，其内容可以说是无所不包。《宋史》同样卷帙浩繁。没有深厚史识与古文字功力，标点与校勘都是难以胜任的。叔父长于宋史、专于宋史，《宋史》整理任务固属责无旁贷。据说《资治通鉴》的标点是"上面交下来的"，因之当时视为"政治任务"，自然不能推卸。顾颉刚先生承接任务后，指名请叔父参加。参加者还有王崇武、张政烺、容肇祖等著名学者，分任各个部分的标点与复校。但承担全书的标点与复校者，似仅叔父一人。其工作量之大，可想而知。

此外，还有《续资治通鉴》，编年记事计411年，凡220卷。标点与复校则由容肇祖与叔父分任，由中华书局出版。值得注意的是，如出版说明书所言："本书收的各种缺点（讹误之类），大大小小的统计约近2400条，其中标点时发现180条，校阅时发现约 1900 条，古籍出版社校阅发现 200 余条。这样的校勘足以表明古籍整理的意义，也体现标校者严肃认真的科学精神。"在校勘方面，叔父的功力实在令人钦佩。他有一篇遗稿：《校宋史本记札记》，这是他以百衲本《宋史》为底本，参照有关宋史史书多种，运用"本校"、"对校"、"意校"的校勘方法所写的"札记"，对《宋史本记》纠谬达 840 余条之多。一位学者说这篇札记"使人读来心悦诚服，拍案叫绝"。

还不能不提的是，在近代史所这段时期里，除上述硬性任务外，他还与翦伯赞、齐思和、刘启戈共同编成一部前所未有的大型工具书《中外历史年表》。

据上所述，叔父一生堪称"著作等身"。遗憾的是他计划撰写的《中国官制史》，由于繁忙，抽不出时间，终未能提上日程。他的丰硕成果，究竟是怎样取得的，人们都为他的高效率啧啧称奇。1951 年西南地区土改工作团在重庆停留时，我有幸与辽金史专家民族所教授冯家昇先生同居一室。不愧为同窗好友，他对叔父知之甚详。一次他曾谈起："筱珊为人耿直正派，广受师友爱戴尊敬。他记忆力超群，过目不忘。其勤奋治学尤为突出。伏案工作，一坐就是 4 个小时。而且条理性奇强，无论讲话、写文章，都是头头是道。这与他读过数学系，受过逻辑思维的训练可能不无关系。"诚然，无论是历史年代、人名、地名、史实掌故乃至家族人的生辰属相、祖辈人的轶事，他都记得清清楚楚。最近我检出他在 50 年代标点《资治通鉴》后应《新建设》之约写的一篇不足万字的短文：《〈资治通鉴〉和胡注》。文章主旨在于介绍司马光编纂《资治通鉴》的经过、动机以及它与胡三省音注的优点与缺点。当年他曾说过，这是他用不到两天时间一口气写出来的。这篇白话体的介绍性文章算不上他的代表作，但也能体现他的文采与特点：行云流水、自然畅达，全无斧凿痕迹。历史年代清晰、条目有序，结构严谨。使我这样一个没有读过《资治通鉴》的人丝毫不觉得生分，我也是一口气读下来的。搞历史的人都知道通俗性的文章有时并不见得好写。此文之所以生动引人，我想主要是叔父已把复杂的千头万绪的史实消化成自己的东西、在腹稿中形成条理的结果。

文采确如其人。条理性在他的生活中也有体现。1962年我出差上海，承叔父老友顾廷龙先生之邀在上海政协餐厅便餐，顾先生曾回忆30年代他与叔父在燕京大学共事时的情景时说过："筱珊是一个干净利落的人，工作极有条理，从不拖沓。连他的书桌都保持一尘不染。"我也曾注意到在他的硬木书桌上，不工作的时候，桌面上只有笔筒与砚台（后来又添一烟灰缸），不留任何杂物。他的藏书不多，可也不少，历来井然有序，用时可随手拈来，可以说这是他的天性。看来不难，其实不易。我就只是注意到，终究没有做到，书桌上总是百物杂陈，乱糟糟的。

谈到叔父的成就时，就不能不谈他的刻苦拼搏和崇高的敬业精神。他每天工作时间一般都不少于10个小时，每天晚上总要熬到午夜。我每次看他时，他都在伏案工作，几乎没有例外。那时还没有半导体、电视机，但收音机并不少见，他从未购置，怕是干扰工作及儿女作业。他喜欢京剧，但很少进剧院听戏。他没有晨练习惯，只是晚饭后散步遛弯，回来后与家人谈一阵子家常，或是讲些历史故事，诸如苏东坡兄妹互嘲诗之类笑话，说完自己也哈哈大笑。他也喜欢摆弄应季花草，每年还在庭院墙根处不足五、六平方米的土地上种些豆角之类菜蔬，为此按时浇水上肥。有时他还把取暖烧饭用煤积存下来的煤末掺土加工制成煤饼煤球，以利再用。这项劳动虽不是经常的，但每次干下来也能满头大汗。所有这些都是他围绕工作的自我安排。

在饮食上他也极为平常。平时家中只有叔婶伯父三位老人。

午晚两餐由阿姨负责，每晚都是一菜一汤。有时我遇上吃饭时间，就加上一菜，变成两菜一汤。俭朴家风，几十年如一日。1961年"困难时期"，我在城内碰巧排队买到两瓶奶粉送给他，事后知道主要还是留给上中学的闺妹食用。他的生活就是这样的平淡无奇。他日常紧张工作中惟一的消遣物，就是他那支烟斗。

人不是机器。"人到中年"后生理上的变化被他忽视了。知识分子"英年早逝"现象只是近年来才引起人们注意。总归是事出有因。1962年4月17日午夜，叔父仍伏案工作，突感腹背剧痛，他自己判断为腹膜炎，实为心肌梗塞，还未及抢救，叔父即与世长辞了。临终他留下惟一的一句话就是嘱咐婶母次日（近代史）所会议如不能参加要电话请假。1954年我曾操持过伯父的生日，全家在丰泽园聚会一次。本来我还筹划当年八月为叔父60整寿再办一次家宴，竟未能赍志以偿！

四　叔父的言传身教

叔父的一生是治学的一生，这是他自始至终的坚定选择，从未为利禄诱惑所动摇。在30年的治学道路上，披荆斩棘，一往直前，终于在学术上取得累累成果。翁独健先生曾在某一场合向青年推崇叔父为学习的榜样，不料到颠倒是非的"文化大革命"期间却为此遭到大字报的攻击。翁先生自然一笑了之，因为"听不听在你，说不说在我"。

作为青年，从叔父身上获取的教益，我深有感受。有些可以言传，有些只能意会。

令人尊敬的不只是他的勤恳坚毅的治学精神，还有他那高尚的文人气质。日寇占领期间，他表现出鲜明的爱国主义民族气节，即使在家庭经济状况极为拮据情况下，他也不接受敌伪的周济，不接受敌伪机构的聘请。在被敌伪逮捕之时，他已有全家回乡务农的思想准备。对于亲友逃离沦陷区的种种行为，莫不给予掩护、接济。在那段难忘的日子里，全家老小都抱定这种精神，小字辈没有一个报考敌伪大学的。我就是 1941 年春潜离北平到昆明西南联大就学的。

经过几年大后方艰苦抗战生活与纷扰不定时局的煎熬，我也默默地向往学术道路。这里固然有机遇问题，也有叔父作为榜样对我产生的影响。1946 年联大复校分到南开。1947 年毕业后本来就业就难，因而刻意报考南开经济研究所继续深造。这样，我也终于进入现在的中国社会科学院经济研究所，走上了科研岗位。从 1952 年起开始了中国近代经济史的研究。

我搞这门学科的研究，纯属"半路出家"，苦于无从下手，很想从叔父处得到一些启示。适逢经济所自城内迁至中关村，与叔父城府街蒋家胡同寓所近在咫尺，因而更便于当面聆听他的教诲。我的研究是从编辑中国近代航运史资料入手的。至今还记得他就编辑资料问题与我的一次长谈。他认为从收集、整理资料起步不失为一条途径。接着他说资料工作实际是研究工作的一环、一个组成部分，也是研究工作的基础，不能轻视这项工作，真正作好这项工作也非易事。资料工作首先要求博览群书，广泛涉猎，从中积累目录学知识，开扩眼界。当有一定的史识时，你就会有一个资料精选汰劣与辨伪的问题，有时还会逐渐进入欣赏资料的佳境。其实这已经就是研究了。资料的收集、整理是相当艰巨的，没有多少省力捷径。他也曾针对青年中有人对资料工作不够重视时说过："资料工作好汉子不愿干，赖汉子干不了"。对于我这个当时刚刚起步的青年来说，他这一席话无疑起着启蒙与鼓舞作用。

与叔父之间既然是闲叙，也就随随便便，不管幼稚与否，什么问题都可以提。有一次问他年代怎么记得这样清楚，对历算星座那样熟悉。他说搞历史研究年代可是一个重要问题。任何一个史实都有其藉以发生的历史时代背景。缺乏时间观念，忽略年代，历史就会变成"盲史"，重要的史实就难以显现它应有的意义，历史可能变成人家看不懂的一笔糊涂账。史学研究者都应具备这个基本功。关于历算、天文、星座之类问题，他说很多古籍都常有这方面的内容，不具备这方面的知识，古籍就不容易看懂，自然谈不上研究。而且看不懂的东西，读起来就会兴味索然，成为拦路虎、绊脚石，同样影响你深入研究。有意义的东西就应抓住不放。搞研究就要做有心人，千方百计为自己创造条件。他接着说，有志史学研究者，只有在不断克服困难的进程中才能产生兴趣，直到上瘾着迷。一到上瘾着迷的程度，就可登堂入奥了。叙谈时他常引用古史研究例证，无奈我缺乏古史根柢，年代久远都已被我淡忘了。叔父也知道，深谈我吸收不了，所以谈的以方法问题为多。

方法问题之外，还有一个态度问题。一次他谈起青年往往有"急功近利"的毛病，"刚会爬就想跑"，没有不摔跤的。写文章不能勉强，要水到渠成。一般说研究不能没有资料。资料需要反复消化，论点需要长期酝酿。历史发展过程要大致理出头绪，历史事件背景也要进行探讨。这样写出文章才能自然流畅，内容充实。胡拼硬凑，文章必然晦涩难懂。有时甚至写一半就写不下去了。研究有研究的规律。超越这些规律，"急于求成"，结果是欲速不达。他特别强调说，这些只要踏踏实实、艰苦努力，也还不难做到。比较难的，且易被青年忽视的是"清心"。所谓"清心"，是说消除杂念。诸如"急功近利"、"名利思想"等都属于杂念。因为有杂念就不能专心。不专心什么事都难作好，何况学术研究。为杂念所累，就难以在学术领域里自由驰骋，发挥自己的才智。凡有贡献的学者，大都是比较专心的。俗话说："一心不能二用"。

一旦他心有旁骛，也就谈不上学术成就了。有了兴趣，加上专心，常能使人废食忘寝，哪能不出成绩。

与此相联系的，叔父还曾讲过，做学问要"虚怀若谷"。大家都知道"学海无涯"，在学问面前任何人都没有自满的余地，骄傲自满是科研的一大忌讳。因为科研的要求是创新与进取，骄傲自满实质上是固步自封，二者是矛盾的、不相容的。但创新并不是"标新立异"。"标新立异"是缺乏科学依据的"主观臆断"，是不踏实不正派学风的表现，其目的是"哗众取宠"，终归是站不住脚的，最多只能风光一时。称得上"名家名著"的，总是贡献较大、水平较高、值得人们借鉴学习的，不然不会历久不衰。当然也不能"迷信"。限于各种社会的、历史的及个人的种种条件，"名家名著"中也难免碰上某些讹误或不足。匡其讹误，指出不足，不能算是"吹毛求疵"，而是一种贡献。其"名家名著"仍然是"名家名著"，这就是"瑕不掩瑜"。

或许他认为这是关乎我未来学术道路的事，应由自己定夺，对于我由经济研究转向经济史研究的"改行"，叔父始终没有表示可否。但由他语重心长的谈话来看，他对我期望颇深，不止一次地表示他的近代史藏书，需要就可以取用。当时我主要在编辑资料，还谈不上展开研究，经济所借书也还方便，他的书我只拿了一本梁嘉彬的《广东十三行考》。至今此书还在我手边保存。

叔父的言传，都是出自他自己治学的经验体会，对我几十年的中国近代经济史研究的指导作用固然弥足珍贵。10年前当我带硕士生、博士生的时候，我也都把这些纳入教材。每思及此，更加对叔父怀念，由怀念而及于景仰、尊敬。景仰他的自我严格要求的敬业精神，工作上一丝不苟的严谨作风之外，在接人待物方面都有其行之有素的道德规范。比如在他多次谈话中谈及他的师辈、同辈乃至生辈，他从不道人之短，总是扬人之长。令人尊敬的是，他不汲汲于名利的安于寂寞甘于平凡的踏实学风。叔父一生的治学，人们不难感受到一位高尚的、终生勤奋、不计名利、默默作出巨大贡献的学者风范。联系到当前学术领域里出现的抢镜头、占山头、出风头、剽窃成风、盗版等丑恶现象，能不令人感慨万端！但愿学者风范长存。

后　记

主要参考文献：

聂崇岐：《简述哈佛燕京学社》，《文史资料选辑》第 25 辑，中华书局，1962 年 1 月版。

《宋史丛考》上、下册，中华书局，1980 年版。

《〈资治通鉴〉和胡注》，《新建设》，1956 年 7 月号。

段昌同：《聂崇岐先生生平轶事》，《燕大文史资料》第 3 辑，北京大学出版社，1990 年版。

王钟翰：《哈佛燕京学社引得编纂处》，同上书。

闻黎明：《聂崇岐》，《当代中国社会科学名家》，社会科学文献出版社，1989 年版。

著 述 目 录

《中国近代经济史统计资料选辑》（合著），科学出版社，1955年出版。

《中国买办资产阶级的发生》，中国社会科学出版社，1979年出版。

《中国近代航运史资料，1840—1895》，第一辑，上、下册，上海人民出版社，1984年出版。

《中国近代航运史资料，1895—1927》，第二辑，上、下册，中国社会科学出版社，2002年出版。

作者年表

1922年　生于河北省蓟县马道庄。

1935年　考入北平市立第一中学。

1941年　毕业于北平市立一中，考入天津私立工商学院国际贸易系。

1944年　春离校转赴内地。

1945年　春入读昆明国立西南联合大学商学系。

1946年　西南联大各校复校，分配到天津南开大学商学系。

1947年　南开大学毕业，获学士学位；同年考入南开大学经济研究所。

1949年　南开经济研究所毕业，获硕士学位。同年6—8月参加华北各大学毕业生暑期学习团，9月分配到南京中央研究院社会研究所任助理研究员。

1950年　任中国科学院社会研究所助理研究员。

1979年　任中国社会科学院经济研究所副研究员。

1983年　任中国社会科学院经济研究所研究员。

1984年　任中国社会科学院研究生院教授及博士生导师。

1988年　离休。